Carl Heyner

Das erste Bundesschießen in Deutschland

abgehalten zu Frankfurt a. Main im Juli 1862 - Treu nach den Erlebnissen

mitgeteilt

Carl Heyner

Das erste Bundesschießen in Deutschland
abgehalten zu Frankfurt a. Main im Juli 1862 - Treu nach den Erlebnissen mitgeteilt

ISBN/EAN: 9783743476424

Hergestellt in Europa, USA, Kanada, Australien, Japan

Cover: Foto ©ninafisch / pixelio.de

Weitere Bücher finden Sie auf **www.hansebooks.com**

Das erste Bundesschießen in Deutschland

abgehalten zu

Frankfurt am Main,

im Juli 1862.

Treu nach den Erlebnissen mitgetheilt
von
Karl Heyner.

Vervollständigter Abdruck aus den Frankfurter Familienblättern, belletristische Beilage zum Frankfurter Anzeiger.

Mit einem Stahlstich: Ansicht des Festplatzes und der Festhalle.

Inhalt:

Die Entstehung des Festes, Verzeichniß der Orte nebst Anzahl der Schützen, die sich aus denselben am Feste betheiligten, Verzeichniß der eingegangenen Gaben, Beschreibung der Festhalle und der anderen Gebäulichkeiten, die Thätigkeit der Comité's, den Festzug, gehaltene Reden, das Treiben auf dem Festplatze und seinen Umgebungen, die geschmückte Stadt, die ausgetheilten Prämien und Preise, Festgrüße ꝛc. —

Frankfurt am Main,
Druck und Verlag von C. Krebs-Schmitt.
1862.

Das erste Bundesschießen in Deutschland

abgehalten zu

Frankfurt am Main

im Juli 1862.

Von Carl Heyner.

Besonderer Abdruck aus den Frankfurter Familienblättern, Belletristische Beilage zum Frankfurter Anzeiger.

Ein erfrischender Hauch durchzieht in den letzten drei Jahren die einzelnen Länder und Ländchen des großen Vaterlandes; mancher, der früher nie an Politik und das, was außer seinem engsten Kreise vorging, dachte, beginnt sich die schläfrigen Augen zu reiben und, wie aus schwerem Traum erwacht, greift er mit um so viel größerem Eifer nach dem längst Vermißten und meint in um so viel kürzerer Zeit nachholen zu müssen, was er so lange versäumt. Die Spalten, welche bislang den Süden vom Norden, den Westen vom Osten und alle die einzelnen Theilchen des großen Ganzen wieder von einander trennten, werden immer enger, das Volk greift, ohne sich an die von Oben ausgehenden entgegengesetzten Strömungen zu kehren, mit kräftiger Hand seine Einigung selbst an und setzt so, indem es die Zwiespalte mit Duldung auszugleichen und gefaßte Vorurtheile durch Aufklärung zu entkräften sucht, einen Stein an den andern zu dem hehren Tempel der Einheit.

Einen mächtigen Hebel bei diesem großen Werke bilden die nationalen Feste; hier kommen die verschiedenen Aeste des einen Stammes zusammen und wenn auch der eine nach Süden, der andere nach Norden seine Zweige und Blätter ausbreitet, so fühlen doch alle, daß sie eins sind und sein sollen. Hier bei diesen Festen schwinden am ehesten gefaßte Vorurtheile und bei eigener Anschauung schmilzt durch den Strahl der richtigen Erkenntniß jahrelanges Eis. So geschah' es in Coburg, so in Nürnberg und Gotha. Und auf dem Coburger Turnerfest im Jahr 1860 war es, wo die erste Anregung zur Gründung eines deutschen Schützenbundes, zu den ersten Anfängen einer Nationalbewaffnung gegeben wurde. Das Gothaer Schützenfest kam zu Stande. Von allen Orten Deutschlands kamen Abgesandte, um dort ihre Geschicklichkeit in Führung der Waffen zu erproben. Leider aber traten der Mängel, der veralteten und unzweckmäßig gewordenen Gebräuche bei den alten Schützenvereinen so viel zu Tage, daß an eine Umgestaltung derselben vor allen Dingen gedacht werden mußte. Die ein Jahr früher in Coburg aufgetauchte Idee wurde nun auf dem Schützenfest zu Gotha wieder aufgenommen und die Schützenvereine von Gotha, Frankfurt a. M. und Bremen mit der Gründung eines allgemeinen deutschen Schützenbundes beauftragt. Drei Abgeordnete aus jeder dieser drei Städte traten zuerst in Bremen als Ausschuß zusammen und vereinbarten die Grundzüge des Bundes, worauf sie später in Braunschweig die Satzungen desselben und die Fest- und Schießordnung feststellten.

Nach diesen Satzungen ist der Zweck des deutschen Schützenbundes die Verbrüderung aller deutschen Schützen, die Vervollkommnung in der Kunst des Büchsenschießens und die Hebung der Wehrfähigkeit des deutschen Volkes. Durch den Bund hoffte man den mit dem Schützenwesen zusammenhängenden Bestrebungen überhaupt einen Mittelpunkt zu schaffen, die einzelnen Vereine zu heben, manchen alten Schlentrian auf den Schießplätzen derselben abzuschaffen, Einheit der Waffe und des Kalibers, sowie gleichmäßige Führung derselben zu erzielen. Und die Hoffnung hat nicht betrogen, denn in den meisten Orten versucht man der festgesetzten Schießordnung gemäß seine Waffen zu führen, man hat die schwerfälligen Gewehre abgeschafft, bemüht sich, das Auflegen der Büchsen auf den Standpfahl außer Gewohnheit zu bringen, und die Bundesbüchse, sowie das freie Handschießen einzuführen.

Zur Förderung der Bundeszwecke soll, nach den Satzungen des Bundes, alle zwei Jahre während der Monate Juli und August, ein allgemeines Schützenfest stattfinden. Frankfurt wurde unter drei Städten als die gewählt, in welcher zum ersten Male die deutschen Schützen ihr Bundesschießen abhalten sollten. Konnte die Wahl auf eine andere Weise ausfallen? Gewiß nicht; zieht es doch jeden Deutschen nach der Stadt, die, auf der Grenze zwischen dem Süden und Norden liegend, so recht dazu bestimmt ist, den Vereinigungspunkt der beiden entgegenstehenden Theile zu bilden. War doch Frankfurt der Ort, wo in längst geschwundener Zeit der Fürst gewählt wurde, welcher die Krone tragen und das Scepter führen sollte über ein Land, das man einig nannte und war es doch

Frankfurt, in dessen Mauern noch vor kaum einem Decennium intelligente, vaterlandsliebende Männer zur Nationalversammlung einzogen, um nach kurzem Wahn entweder wieder heimkehren oder im Ausland das bittere Brod der Flüchtlinge essen zu müssen. War es doch Frankfurt, in dem schon im Mittelalter das Schützenwesen blühte und in den Jahren 1582, 1671 und 1701 große Schießen abgehalten wurden.

Unser Stadtarchiv enthält noch an vierzig an die Stadt Frankfurt gerichtete Einladungsschreiben zu auswärtigen Schützenfesten. Da diese wahrscheinlich während des Schützenfestes ausgestellt wurden, so dürfte es von Interesse sein, die Namen der Städte und Orte zu erfahren, von wo diese ausgegangen. Den Reigen eröffnet der Zeit nach Augsburg mit einer Einladung zum Schützenfest des Jahres 1432; dann folgen, chronologisch gereiht: 1485 München, 1497 Worms, 1527 Amberg, 1538 Büdingen, 1556 Butzbach, 1560 Stuttgart, 1564 Hagenau, 1567 Augsburg, 1575 Landau und Worms, 1576 Straßburg, 1577 Passau und Fulda, 1578 Mergentheim, Marburg, Wonbach, Kronberg, Zwingenberg, Bretheim, Grünberg, 1579 Eschwege und Simmern, 1580 Kreuznach, 1581 Mergentheim, 1586 Regensburg, 1596 Mainz, 1599 München, 1603 Wehen, 1611 Darmstadt, 1654 Kassel, 1664 Paderborn, 1700 Wetzlar, 1701 Mainz, 1747 Gotha, 1756 Marburg, 1763 Göppingen, 1764 Mainz und Darmstadt, 1769 Mainz und Gießen, 1803 Würzburg. Die Blüthezeit der altdeutschen Schützenfeste fällt demnach, wie in dieser Liste zu sehen, in den Zeitraum von 1575—1582; die Lücke von 1611 bis 1654 erinnert an die jammervolle, den friedlichen Schützenfesten ungünstige Periode des dreißigjährigen Krieges und schließlich gewahrt man auch keine Einladung aus den Tagen des siebenjährigen Krieges, indem derselbe bekanntlich im Spätherbst, also später als das Schützenfest zu Marburg von 1756, begonnen, und im Frühjahr 1763, also vor dem zu Göppingen, bereits beendet war.

Der Ort war gewählt und da von Seiten der hiesigen Behörde nichts gegen die Wahl eingewendet wurde, so konnte man sofort zu den Vorbereitungen für das Fest selbst schreiten. Ein aus Mitgliedern des hiesigen Schützenvereins und andern bewährten Persönlichkeiten bestehender, fünfzig an Zahl betragender Kreis von Männern nahm für den Anfang die Leitung der Geschäfte in die Hand und verstärkte sich, durch die Wege der sich häufenden Arbeiten gedrängt, im weiteren Verlaufe so, daß derselbe jetzt an zwei Hundert beträgt. Diese zweihundert Personen vertheilen sich in zehn Comités, deren jedes eine bestimmte Function hat und die von Zeit zu Zeit sich zu einer Gesammtcomitésitzung vereinigten, um sich gegenseitig Bericht über den Fortgang der Arbeiten zu erstatten und Fragen von allgemeinem Interesse zu erledigen. Die oberste Leitung hat das Centralcomité, dem sich ein Schießcomité, ein Finanzcomité, ein Baucomité, ein Wohnungscomité, ein Preßcomité, ein Festcomité, ein Empfangscomité, ein Wirthschaftscomité und ein Ordnungscomité anschließen. So complicirt diese Einrichtung auch auf den ersten Blick erscheinen mag, so hat sie sich doch in Anbetracht der großen Dimensionen, die das Fest angenommen, als praktisch erwiesen, denn jedes der einzelnen Comités hatte und hat noch mit der Lösung der ihm anvertrauten Aufgabe hinreichend zu thun. Auf die Thätigkeit der einzelnen Comités werden wir im weiteren Verlauf unseres Berichts zu sprechen kommen.

Mit einer Anfangs Februar veröffentlichten Ansprache begann das Centralcomité seine Thätigkeit dem deutschen Volke gegenüber. „Das Schützenwesen in unserm Vaterlande", heißt es in derselben, „muß sich emporschwingen zu jener Bedeutung und Vollkommenheit, welche die nationale Wehrfähigkeit zur Wahrheit machen. Wir richten uns vertrauensvoll an das deutsche Volk mit der Aufforderung, zum Gelingen des ersten Bundesschießens in warmer Begeisterung mitzuwirken und dasselbe durch allseitige Betheiligung zu einem Nationalfeste zu erheben. Ehrengaben, so zahlreich und glänzend dem ersten deutschen Schützenfest gewidmet, werden, wir sind es überzeugt, auch das erste deutsche Bundesschießen verherrlichen. Deutsches Volk! Du willst die Einheit deines Vaterlandes. Laß das erste Bundesschießen ein treues und wahres Zeugniß sein des Einheitsgedankens und deines Einheitsstrebens! Bestegle die Verbrüderung unter dem schwarz-roth-goldenen Banner, dem Banner der Einheit und Freiheit, der Macht und Größe unseres Vaterlandes!"

In allen deutschen Gauen und allüberall, wo Teutsche wohnen, fanden diese Worte warmen Anklang und von Norden und Süden liefen Anmeldungen von theilnehmenden Schützenbrüdern und ihren Festgaben ein. Ein Mißklang, der durch eine irrige Auffassung von Seiten der bayerischen und östreichischen Schützen hervorgerufen, in die allgemeine Freude über das bevorstehende Fest hereintönte und durch einige fanatische Blätter in stärkere Schwingungen zu bringen versucht wurde, schlug ins Gegentheil um, und wo früher Abneigung, ist jetzt um so größerer Eifer, ja Enthusiasmus für das Fest.

Auch unsere Schweizer Stammesgenossen, welche anfangs wohl eine Ehrengabe verabreichen wollten, sich aber „zur Anordnung eines Schützenzugs mit officieller Betheiligung wegen der Konsequenzen, welche ein solcher Schützenzug über die Grenzen der Schweiz hinaus nach sich ziehen dürfte", nicht recht gut entschließen konnten, haben ihre Bedenklichkeiten schwinden lassen und werden jetzt in einem imposanten Zug in Frankfurts Mauern einziehen.

— 3 —

Die im Ausland lebenden Deutschen schicken, wenn keine Abgeordnete von ihnen erscheinen, doch Ehrengaben, ja selbst unsere jenseits des Oceans lebenden Stammesbrüder denken, obschon mitten im erbitterten Bürgerkampfe lebend, an das Friedensfest im alten Vaterland, wie das folgende, vor einigen Tagen dem hiesigen amerikanischen General-Consul zugegangene Schreiben beweist:

„Philadelphia, 6. Juni. Herrn General-Consul H. A. Murphy.

Geehrter Herr! Die Mitglieder des hiesigen „deutschen Schützen-Clubs" beabsichtigen, dem im nächsten Juli in Frankfurt a. M. stattfindenden großen deutschen Bundesschießen eine amerikanische Flagge und, — als Ehrenpreis — ein Etui zu überreichen, welches sämmtliche amerikanische Münzen enthält, — begleitet von einer kurzen Adresse an den deutschen Schützenbund. Sie hoffen, daß Sie, ihrem Wunsche gern entsprechend, bei dieser Gelegenheit als ihr Sprecher fungiren und — begleitet von den Herren August Gläser, Henry Hett, John D. Hofmann und andern in Frankfurt wohnhaften Amerikanern als Comité — die Fahne öffentlich der Versammlung mit solchen Bemerkungen überreichen werden, welche Sie für passend erachten mögen. Sie sind überzeugt, daß Sie mit Vergnügen die Gelegenheit ergreifen werden, um einige eindrucksvolle Worte an eine so große Anzahl intelligenter Männer aus allen Theilen Deutschlands, ja vielleicht Europa's, zu einer Zeit zu richten, wo in unserer alten Heimath so viele irrthümliche Ansichten über die gegenwärtige Lage der amerikanischen Republik verbreitet sind. Sagen Sie ihnen, daß das Banner, welches wir ihnen senden (heilig und hoch gehalten von bewaffneten Streitern, von Hunderttausend ihrer eigenen Landsleute, von denen die meisten noch Verwandte und Freunde in der Heimath haben und in guter Erinnerung drüben leben), sich wieder mit neuem Glanze, unberührt von sectirerischer Tyrannei über einem Bürgerstreite erheben wird, welcher durch die Cristen einer Institution über uns gebracht worden ist, die nicht aus unserem republikanischen Wesen hervorgegangen, vor dem unaufhaltsamen Fortschrittsgeiste der Zeit zusammenbrechen muß! Sagen Sie ihnen, daß dies Banner binnen kurzem wieder über dem freiesten und herzlichst verbündeten Volke wallen wird; denn — der heilige Geist der Freiheit! welcher jeden Winkel dieses Landes durchdringt, ist unvertilgbar und unüberwindlich und wird alle zeitweiligen Mißverständnisse und den häuslichen Kummer rasch beendigen. Nehmen Sie im Voraus unsern herzlichen Dank für die Ihnen verursachte Mühe! — Die Flagge, das Kästchen mit den Münzen und die deutsche Adresse werden mit dem, am 14. d. M. von New-York abgehenden Steamer an Sie befördert werden. Mit der Versicherung vollkommener Hochachtung u. s. w. Der deutsche Schützen-Club zu Philadelphia. (gez.) G. F. Kolb, Präsident."

Die Theilnahme ist, je näher wir dem Feste kommen, nicht geringer geworden, im Gegentheil, sie ist in fortwährender Zunahme begriffen, so zwar, daß bis jetzt aus den gesammten deutschen Ländern 3476 Schützen angemeldet wurden, wozu wohl noch 150—250 aus Bayern und Oesterreich, die Schweiz mit 631 Mann, Holland mit 27 (Arnheim) und die Niederlande mit 4 (Empel) kommen. Sämmtliche zu Deutschland gehörige Länder schicken Abgeordnete, mit Ausnahme von Anhalt-Bernburg, Lichtenstein, Lippe-Schaumburg, Lübeck, Mecklenburg-Strelitz und Reuß j. Linie. Die meisten Schützen kommen aus Preußen, nämlich 683, die wenigsten aus Reuß-Greiz, nämlich 1 Mann.*)

Die Schützen vertheilen sich nach den Ländern, wie folgt:

Preußen mit 583, nämlich: Aachen 14, Altenberg (Grube bei Aachen) 3, Altenkirchen 6, Andernach 2, Arnswalde 2, Barmen 12, Beckum 1, Berlin 71, Bielefeld 4, Bonn 27, Boppard 3, Bübingen 2, Burg bei Magdeburg 3, Camin 1, Coblenz 10, Cöln 31, Crefeld 13, Tingelstedt 1, Dortmund 10, Dreeß 3, Düren 8, Düsseldorf 40, Eisleben 9, Elberfeld 31, Elbing 1, Erfurt 2, Frankfurt a. d. O. 5, Friesheim 3, Görlitz 6, Gorzyn (Posen) 3, Hagen 20, Halberstadt 6, Halle 10, Hechingen 1, Heinrichs 1, Herzberg 5, Hückeswagen 2, Kreuznach 9, Langensalza 3, Lautenburg 1, Minden 2, Merseburg 5, Möhringen 1, Monzingen 8, Mühlhausen 10, Münster 1, Münster b. Bingerbrück 1, Naumburg 3, Neuhaldensleben 1, Neustadt b. Magdeburg 15, Neustettin 1, Neuwied 4, Reviges 3, Nordhausen 11, Oelde 6, Olpe 3, Potsdam 5, Rode 2, Saarbrücken 25, St. Goar 16, Sayn 1, Siegen 12, Sigmaringen 5, Soberuheim 10, Solingen 11, Sonneberg 9, Spandau 1, Stargard 8, Stelberg 2, Suhl 3, Trier 13, Weißenfels 17, Wetzlar 12, Züllichau 1.

Bayern mit 535, nämlich: Anspach 1, Arzberg 4, Aschaffenburg 8, Augsburg 6, Baireuth 4, Bamberg 2, Benedictbeuern 1, Bergshausen 1, Cremach 16, Donauwörth 5, Dürkheim 40, Eggenfelden 2, Erkling 3, Erlangen 24, Forchheim 5, Frankenthal 14, Freising 1, Fürth 30, Geiselhöring 3, Gerolsed 3, Grünstadt 25, Gunzenhausen 1, Hersbruck 4, Holzkirchen 1, Ingolstadt 2, Kaiserslautern 8, Karlstadt 2, Kaufbeuern 5, Kelheim 4, Kempten 23, Kissingen 4, Landsberg 4, Landshut 1, Landstuhl 6, Lindenberg 5, Marktbreit 3, Marktheidenfeld 8, Markt Redwitz 1, Miesbach 11, Mindelheim 11, München 38, Neustadt a. H. 15, Neustadt a. d. S. 3, Nördlingen 2, Nürnberg 47, Otterberg 2, Ottobeuren 5, Prichsenstadt 1, Rodenbach 2, Rohrbrunn (höchster Ort in Bayern) 2, Rothenburg a. T. 2, Rotthalmünster 1, Schauberg 1, Schönfeld 2, Schwabach 2, Schwarzenbach 2, Schweinfurt 11, Sonthofen 3, Speyer 15, Straubing 5, Teisendorf 1, Uffenheim 3, Unterpleichfeld 6, Velden 1, Viechtach 1, Vollach 3, Wald 1, Winesheim 9, Wöhrt b. Nürnberg 7, Wunsiedel 3, Würzburg 20, Zell 5, Zweibrücken 1, Ziesel 1.

Hessen-Darmstadt mit 497, nämlich: Alsfeld 10, Alsheim 6, Alzey 10, Bechtheim 2, Biedenkopf 1, Bingen 6, Büdingen 14, Butzbach 22, Darmstadt 20, Erbach 1, Frieberg 2, Gießen 32, Mainz 40,

*) Die Zahl der oben angeführten Schützen wird von der an dem Fest hier wirklich angekommenen bei weitem überstiegen, so kamen aus der Schweiz nahe an 1100. Oesterreicher, Bayern und Tyroler in weit größerer Anzahl, als früher angemeldet, und man kann die Zahl der an dem Festtagen ausweisenden „Schützen" recht gut auf 7000 anschlagen.

Neuhfenburg 12, Niederwöllstadt 10, Oberingelheim 8, Offenbach 200, Oppenheim 34, Pfungstadt 1, Sprendlingen 6, Worms 47.

Baden mit 470, nämlich: Baden-Baden 1, Bruchsal 10, Donaueschingen 1, Durlach 2, Emmendingen 9, Endingen 8, Eppingen 10, Feldkirch 28, Freiburg 13, Furtwangen 2, Haßlach 2, Heidelberg 31, Helmstedt 1, Karlsruhe 30, Kehl 8, Krumbach 1, Lahr 10, Lenzkirch 13, Limbach 2, Lörrach 16, Ludwigshafen 23, Mannheim 87, Meisenheim 8, Mosbach 24, Müllheim 12, Neckargemünd 6, Neustadt a. Schw. 3, Oberbach 5, Offenburg 20, Pforzheim 6, Riedlingen 2, Rehrbach 1, St. Georgen 2, Schoppach 2, Schopfheim 6, Singen 6, Sinsheim 1, Thiengen 16, Böhrenbach 3, Waldkirch 4, Waldshut 4, Wangen 1, Weinheim 10, Werthheim 10, Zell a. Harmersbach 1.

Nassau mit 296, nämlich: Biebrich 37, Camberg 11, Catzenelnbogen 4, Dietz 3, Eltville 11, Ems 18, Grenzhausen 6, Hachenburg 10, Hammermühle (bei Selters) 1, Herborn 29, Höchst 22, Höhr 4, Holzappel 6, Idstein 3, Königstein 9, Limburg 6, Niederlahnstein 4, Oberlahnstein 14, Oestrich-Winkel 12, Weilburg 21, Wiesbaden 2, Wiesbaden 63.

Sachsen-Coburg-Gotha mit 159, nämlich: Dienstadt 4, Coburg 5, Dietharz 1, Eisenach 9, Gotha 97, Neudietendorf 4, Ohrdruf 7, Rodach 3, Ruhla 10, Tambach 6, Tonna (Gräfen-) 4, Zella St. Blasii 9.

Württemberg mit 158, nämlich: Aalen 6, Alpirsbach 1, Bläsiberg 1, Bietigheim 14, Böblingen 2, Bopfingen 2, Calw 1, Ehingen 1, Eßlingen 9, Freudenstadt 1, Geislingen 5, Göppingen 3, Heidenheim 10, Heilbronn 16, Mäckmühl 11, Neustadt 4, Oberdischingen 1, Oberndorf 9, Ravensburg 6, Reutlingen 4, Roth a. S. 2, Saulgau 2, Schramberg 2, Stuttgart 11, Tübingen 1, Tuttlingen 4, Ulm 20, Waldsee 4, Winnenden 4.

Oesterreich mit (vorläufig) 146, nämlich: Berchtesgaden 4, Bregenz 10, Buchau 3, Cahn 4, Carlsbad 3, Freistadt 4, Gablonz 2, Innspruck 60, Kahlwang 1, Klagenfurt 1, Lauterbach 17, Leipa 3, Leonstein 2, Lichtenstein 2, Marienberg 1, Meran 10, Michelsdorf 3, Moskirchen 4, Neunkirchen 1, Obernberg 2, Reichenberg 3, Rumburg 6, Sct. Lambrecht 5, Steyrling 1, Wiedhofen 3, Wibach 1.

Kurhessen mit 110, nämlich: Fulda 29, Gelnhausen 2, Hanau 18, Hersfeld 8, Kassel 40, Langenselbold 1, Rauheim 1, Rüdigheim 1.

Königreich Sachsen mit 104, nämlich: Annaberg 1, Chemnitz 1, Dresden 13, Eckersberg 6, Großenhain 3, Leipzig 17, Leißnig 8, Löbau 3, Marktneukirchen 2, Mylau 2, Oberlungwitz 9, Oschatz 4, Reichenbach 1, Riesa 4, Schneeberg 5, Sebnitz 4, Treuen 4, Waldheim 4, Werda 1, Zwickau 1.

Oldenburg mit 68, nämlich: Birkenfeld 10, Herrstein 1, Ivar 40, Oldenburg 6, Varel 1.

Braunschweig mit 64, nämlich: Braunschweig 39, Königslutter 1, Oder 1, Vorsfelde 5, Wolfenbüttel 8.

Hannover mit 52, nämlich: Andreasberg 1, Aschen 1, Goslar 6, Hameln 1, Hannover 18, Meppen 3, Moringen 1, Münden 10, Nordheim 5, Osterrode 6.

Bremen mit 49, nämlich: Bremen 47, Scharnbeck 2.

Waldeck mit 41, nämlich: Arolsen 15, Corbach 16, Wildungen 10.

Sachsen-Weimar mit 39, nämlich: Apolda 17, Berka 1, Jena 1, Ilmenau 7, Lengsfeld 5, Weilar 3, Weimar 5.

Sachsen-Meiningen mit 33, nämlich: Camburg 1, Hildburghausen 14, Meiningen 12, Pößneck 1, Salzungen 2, Wasungen 1, Wernshausen 1.

Schwarzburg-Rudolstadt mit 27, nämlich: Frankenhausen 14, Königsee 12, Unterschöbling 1.

Sachsen-Altenburg mit 22, nämlich: Altenburg 12, Kahla 10.

Hessen-Homburg mit 15, nämlich: Homburg 15.

Schwarzburg-Sondershausen mit 10, nämlich: Arnstadt 1, Breitenbach 6, Plaue 1, Sondershausen 2.

Hamburg mit 7, nämlich: Hamburg 6 und Ritzebüttel 1.

Schleswig-Holstein mit 7, nämlich: Barmstedt 4, Cappeln 1, Pinnau 1 und Rendsburg 1.

Anhalt-Dessau, Lippe-Detmold u. Mecklenburg-Schwerin mit je 2, nämlich: Zerbst 2, Brake 2, Britzenburg 1, Rostock 1 und schließlich Reuß ä. L. mit 1 Vertreter aus Greiz.

Nächst dem Centralcomité hatte das Schießcomité mit seinen Arbeiten zu beginnen, es mußte — eine schwierige Arbeit in dem an großen Plätzen armen Frankfurt — den Platz aussuchen, auf welchem ein so großes für einen täglichen Verkehr von 50,000 Menschen berechnetes Fest gefeiert werden konnte. Nach mancherlei Schwierigkeiten kam die Gemeinde Bornheim dem Comité zu Hülfe, indem sie demselben ihr Gelände unentgeltlich zur Verfügung stellte, während ein an dasselbe angrenzendes, 10 Morgen großes Feld — zu der im Besitz des Herrn Banq. v. Rothschild befindlichen Günthersburg gehörig — mit 60 fl. per Morgen bezahlt werden mußte.

Der Festplatz war also gefunden und nun mußte das Finanzcomité in Thätigkeit treten, um das zu den sofort zu beginnenden Arbeiten nöthige Geld zu schaffen. Hier war weniger Mühe, denn es ist bekannt, daß Alles, was sich in Frankfurt mit Geld machen läßt, schnell zu Stande kommt; binnen wenig Tagen waren von 100,000 fl. gezeichnet und nun konnte das Baucomité die von Hrn. Architekt O. Pichler entworfenen Baupläne prüfen, die dann auch in einem

Kostenanschlag von 75,000 fl. fast unverändert angenommen wurden.

Jetzt konnten die Arbeiten ihren Anfang nehmen, und im März ertönten auf dem am Nordostende der Stadt, etwa 100 Schritte vom letzten Hause der Friedbergerlandstraße im rechten Winkel nach Bornheim zu liegenden Platze die ersten Artschläge zu den ungeheuren Gebäulichkeiten, die jetzt insoweit vollendet dastehen, daß binnen wenig Tagen die Festhalle ihre ersten Gäste aufnehmen kann, um die Leistungen der Küche unsrer schweizerischen Festwirthe, der Herren Guggenbühl und Hafner zu prüfen.

Der Eingang zu dem von Planken eingeschlossenen, 480,000 ☐' großen Festplatz geschieht von der Friedberger Chaussee aus durch eine jetzt im Gerüste fertige Ehrenpforte, von welcher während der Festtage die Fahnen sämmtlicher deutscher Bundesstaaten, überragt von der Tricolore, hernieder wehen werden. Auf deren innerer, dem Festplatze zugekehrten Seite, wird eine riesige Uhr angebracht, welche während des Festes nur heitere, sonnige Stunden anzeigen, zugleich aber die aus allen deutschen Gauen hier zusammenströmenden Männer daran mahnen möge, daß es hohe Zeit sei, die viel gesprochenen Worte vom einigen Deutschland wahr und zur That zu machen.

Der Ehrenpforte gerade gegenüber, in der Mitte des Festplatzes liegt der 64 Fuß hohe im gothischen Styl gehaltene Gabentempel. Er bildet zwei Gallerieen, auf deren ersterer die Fahnen der verschiedenen deutschen Stämme angebracht werden, während aus der zweiten, mit Bialen und Strebepfeilern verzierten, heraus sich die von A. von Nordheim in Gyps modellirte, über 20 Fuß hohe Statue der Germania erheben wird. Dieselbe, in freier, jedoch nicht antiker Gewandung, hält in der herabfallenden Linken den Schild mit dem Reichsadler und dem Schwert, in der wie zu einer Bekränzung hoch erhobenen Rechten einen Eichenkranz. Der untere Raum des Tempels soll die Gaben aufnehmen, derselbe wird eine Art Glashaus bilden, so daß die darin aufgestellten Ehrengaben mit Muße betrachtet werden können. Ob aber der Raum gestattet, alle schon eingesandten und noch eingehenden Ehrengaben aufzunehmen, ist eine große Frage, denn wiewohl man auch für diesen Raum den großartigen Maßstab anlegte, der für die übrigen Gebäulichkeiten angenommen worden ist, so könnte doch Niemand erwarten, daß "so weit die deutsche Zunge klingt" sich alles Volk in so ungeahnter Weise mit Ehrengaben betheiligen würde.

Größere und kleinere Städte, Vereine und Privatpersonen haben Gaben gespendet, der Rhein und die Pfalz schickten Wein in kunstvoll gearbeiteten Fässern und an silbernen und anderen Pokalen mangelt es auch nicht; der Schwarzwald sendet Kirschenwasser und selbst an den Katzenjammer hat ein Geber mit seinem "Malakoff Magenbitter" gedacht. Die einzelnen Provinzen schicken ihre industriellen Erzeugnisse und sogar für die nöthige Ruhe nach gethaner Arbeit ist durch Bettdecken und Schlummerrolle gesorgt. Am zahlreichsten sind, wie nicht anders zu erwarten, die verschiedenen Schießgewehre vertreten und in hinlänglicher Anzahl sind die Gelepreise da.

Die meisten Gaben sind natürlich von Frankfurt gestiftet, ihm nach Gotha und Stuttgart, doch wozu noch weiteres anführen, die Leser mögen aus dem möglichst genau zusammengetragenen Verzeichniß der Gaben dessen Reichhaltigkeit selbst ersehen.

Aalen (Einige Frauen): Ein mit zahlreichen Allegorien versehener gußeiserner Blumentisch; Aarau (Schützen): Ein silberner Pokal mit Inschrift, ein silberner Teller, sowie eine Sammlung Schweizermünzen, Werth 400 Frcs. — für die Scheibe Deutschland —; Alsfeld: ein Dutzend silberne Theelöffel im Etui, Werth 25 fl.; Altenburg (dortige Mitglieder des deutschen Schützenbds., und die aus Borna, Großenhain u. Löbau): verzierten Feldstutzen, Werth 40 Rthlr.; Amsterdam (dortige Deutsche): einen silbernen prachtvollen Tafelaufsatz; Annaberg (Hr. A. Oeser): 2 silberne Pokale; Arnstadt (Schützengilde): 1 schweizer Stutzen; Aschersleben (Schützengilde): 1 silberner Vorleglöffel; Augsburg (Feuerwehrschützenverein): 1 Feldstutzen, 1 Etui mit 7 Ducaten, 1 goldne Krone, (Schützenverein): 2 Feldstutzen; Baden-Baden (Hr. Reichel): 2 Wappentafeln sämmtlicher Städte des Großherzogthums Baden in Rahmen, (Schützengesellschaft): 1 Büchse im W. von 80 fl.; Balingen: 1 Besteck mit Elfenbein, 2 Stahlmesser mit Schildkrot, 2 Jagdmesser mit Schildkrot; Bamberg (Hr. Carl Schmidt): 2 Porzellangemälde "Herzog Ernst von Coburg", Werth 70 fl. und "Ein Hirsch in der Bay", Werth 40 fl.; Barmen (Schützengesellschaft): 150 Rthlr.; Basel (dortige Deutsche): eine Gabe im Werth 800—900 Frcs., (Feuerschützengesellschaft): Ordonanzstutzen im Werth von 550 Frcs., (Hr. J. Wust): 1 Emmenthaler Käs, Werth 80 fl.; Berlin (Hr. A. Behrends): eine gläserne Wasserkaraffe, (Hr. G. Jürst): 1 Thl. Löffel, Gabeln und Messer in Neusilber; Bern (deutscher Hülfsverein): schweizer Stutzen und ein silberner Pokal; Biedenkopf: ein Büchse; Biel (dortige Deutsche): 1 goldene Chlinderuhr, welche binnen 12 Stunden aus dem Rohstoff gefertigt werden ist und für deren Güte zwei Jahre garantirt wird, Werth 200 Frcs.; Bingen (Schützencorps): 2 Kisten feinen Weins; Bockenheim (Schützenfreunde): 1 Revolver im W. von 100 fl.; Bonn (Schützengesellschaft): 1 Fußteppich; Bradford in England (dortige Deutsche): 2 Revolvers mit vollständigem Zubehör in 2 Etuis; Braunschweig; 12 silberne Eßlöffel, 12 silberne Messer, W. 175 fl.; Bremen (Hr. Hennigs): Ein Album, (Schützenverein): 1 silb. Pokal im W. von 220 fl. und 1 Schützenwaffe im Werth von 40 fl.;

Bruchsal (Schützengesellschaft): 44 fl. 6 kr. zur Umwechslung in Festthaler — für Scheibe Deutschland —; Bübingen: eine Standuhr; Butzbach: 1 Büchse, Werth 60 fl.; Camberg und Idstein (Schützen): 1 Marmorvase; Carlsbad: 1 große Blumenvase im Werth 50 fl.; Chemnitz: (Scheibenschützengesellschaft): 2 halbseidene Tischteppiche; Coburg (Nationalverein): 1 Revolverbüchse und 1 silbernes Trinkhorn mit getriebener Arbeit. Der untere Theil zeigt den Kaiser Rothbart, wie er von einem deutschen Schützen aus dem Schlafe geweckt wird, während ein Turner nach der Sage an des Kaisers Schild schlägt. Am mittlern Theil findet sich die Wartburg, die Feste Coburg und das Ziel der nationalen Bewegung, die Paulskirche in Frankfurt. Oben auf dem Deckel des Horns steht die Germania, (Schützenverein): 1 Büchse im Werth von 60 fl.; Cöln (Hr. C. Inden): 1 silberner Orden; Constanz: 1 Stutzen, W. 60 fl.; Couvet i. b. Schweiz (Hr. G. Lechler): 21 fl. grünen Extrait d'Absynthe i. W. v. 100 Frcs. — Scheibe Deutschland; Darmstadt (Mitglieder des deutschen Schützenbundes): 1 Stutzen, (Mitgl. u. Fr. des Nationalver.): 1 Büchse i. W. von 80 fl.; Diez (Schützenverein): 2 Thermometer u. 2 Aschenbecher in Marmor; Dresden (Schützenverein der Bohnsdorfer): 1 silberner Vorlegsöffel, (Schützenverein): 2 prachtvolle Meißner Porzellanvasen, (12 Mitglieder des deutschen Schützenbundes): 1 goldener Becher, Werth 38 Rthlr.; Dürkheim (Schützengesellschaft): 1 Fäßchen Dürkheimer Wein; Durlach: ½ Dtzd. silberne Löffel, W. 43 fl.; Düsseldorf (Schützengesellschaft Wilhelm Tell): 1 Pokal von Parianmasse, vergoldet; Eisfeld (Schützenfrauen): 1 silb. Spinteluhr; Eisleben (Schützen): 1 silb. Pokal, W. 15 Rthlr.; Ems (Schützengesellschaft): Photographien des v. Stein'schen Hauses und der Stein'schen Burgruine in einem aus dortigen Mineralien zusammengesetzten Rahmen; Endingen (Schützenverein): 72 Flaschen Kaiserstuhler Wein; Eppingen (Schützengesellschaft): 1 Büchse; Eßlingen (Schützengesellschaft): ¼ Dtzd. silb. Eßlöffel in Etui — Scheibe Heimath —; Feldkirch (Schützen): 100 fl.; Franenthal: 90 fl.; Frankfurt a. M. (die Stadt): 1750 fl. als erster Ehrenpreis, (das Comité des deutschen Bundesschießens): 300 silberne Becher, Werth à 30 fl., (ungenannte Gesellschaft durch Bürgermeister Senator Fellner): 2000 fl., wofür folgende Gegenstände von dem Comité angeschafft worden: 2 Sessel à 50 fl. W. 100 fl. 1 Uhr in Marmorgehäuse W. 100 fl. 1 Statue Goethes in Bronze W. 100 fl. Prachtausgabe der deutschen Kaiser W. 100 fl. 2 halbe Chronometer à 100 fl. W. 200 fl. 4 silb. Leuchter W. 100 fl. 1 goldene Uhr mit Kette W. 100 fl. 1 goldene Vorstecknadel W. 100 fl. 2 silb. Brodkörbe W. 100 fl. 1 Krug mit Gläser (Antique) W. 50 fl. 1 Punsch-Bowle W. 50 fl. 1 Standuhr W. 50 fl. 1 Liqueurkasten W. 50 fl. 2 Kandelaber W. 50 fl. Prachtausgabe von Schillers Leben und Goethes Werken W. 50 fl. 2 silb. Leuchter W. 50 fl. 2 Lampen W. 50 fl. 2 Reisetaschen à 50 fl. W. 100 fl. 1 Kasten mit Geräthschaften für einen Schützen W. 50 fl. 4 goldene Uhren à 50 fl. W. 200 fl. 1 Cigarrenkasten W. 50 fl. 1 Fußteppich W. 50 fl. 2 Aquarellbilder à 50 fl., W. 100 fl. 2 silb. Leuchter, W. 50 fl., (Schützenverein): 800 fl., Turnverein): 3 Büchsen, W. 200 fl., (Turngemeinde): schweizer Stutzen — Scheibe Schill —, alter Bürgerverein): Etui mit Silberzeug, W. 350 fl., (neuer Bürgerverein): 1 große Standuhr, (Urschützengesellschaft): silb. Becken mit 25 Ducaten, (freiw. Scharfschützencorps): 1 silb. Gemüslöffel nebst 1 Dtzd. silb. Eßlöffel, (Kegelgesellschaft auf dem Klapperfeld durch Juwelier Spelz): 1 goldner Chronometer, W. 600 Frcs., (Liederkranz): 1 silberner Pokal, W. 400 fl., (verbündete Frankfurter Männergesangvereine): 6 Preise: 1 silb. Pokal, 1 goldne Ankeruhr mit reicher Gravure, 1 Stutzen, 1 silb. Besteck, 1 silb. Dose — Uhrmacher Curich lieferte die Uhr zum kostenden Preise —, (Sachsenhäuser Vereine): Goethe's sämmtliche Werke, (Bierbrauer): 1 Dtz. silb. Eßlöffel und 1 Dtz. silb. Theelöffel in Etui, (Frankfurter Verein): Goethe's sämmtliche Werke, (Gesellschaft j. Verbreitung nützl. Volks- u. Jugendschriften): Auerbach's gesammelte Werke, Prachtausgabe, (Colleg j. sittl. Entrüstung): 1 Bierglas mit silb. Deckel, (Hr. H. H. Goldschmidt): 300 fl. in Festthalern, (Hr. W. Hohenemser): ⅕ Dtzd. Eßlöffel — Scheibe Deutschland oder Heimath —, (Hr. Dr. S. Müller): 1 türkeskisches Dolch, (Hr. W. Bing jun.): einen Toilettenspiegel mit Hirschhorneinfassung, (Hr. I. B. Jacquet): ein Trinkhorn auf Gestell in Holz, (Hr. Gastwirth J. G. Strauß): 1 Oelgemälde von Merrell, (Hr. C. W. Pose): 1 Oelgemälde — Scheibe Deutschland —, (Hr. Burgholt): 600 Havannah-Cigarren, (Hr. Vogelsang): 1 großen Glaspokal, (Porzellanmalerei von N. Franz): 1 großen reich vergoldeten Porzellanpokal, auf dessen einer Seite der deutsche Reichsadler mit der Ueberschrift: „Einigkeit macht stark", (Hr. Schlesicky): 1 Schützenuhr, (Hr. F. A. Fleischmann): 1 mit Stickereien verzierte Pfeifengalerie, sammt Pfeifen und Zubehör, W. 40 fl., (Hr. Christiani): 1 Fernrohr f Schützen, (Hr. F. L. Berninger): 1 Schützen-Pokal in Parianmasse, mit Farbendruck, (Hr. Weinhändler Sauerländer): Rückert's Liebesfrühling, Prachtausg., (Hr. Buchhändler Keller): 1 Schilleralbum, Prachtausg., (Hr. Buchhdlr. Rütten): Börne's sämmtl. Werke, 6 bis jetzt erschienene Bände, die übrigen werden nachgeliefert, (Hr. L. St. Goar): Engel's Schriften, Reichart's Sagen a. d. Schweiz, Vogt's Bilder a. d. Thierleben, (Hr. Kunsthändler Donderf): 2 Kupferstiche in Rahmen, „der vom Blitz erschlagene Schäfer und eine Madonna", (Hr. A. Rahlau): Bilder a. d. Jägerleben, Prachtausg., (Frau Hermann): 6 Hemden; Freiburg i. Br. (Hr.

Kuemzer u. Sohn): 3 Kistchen moussirenden Markgräfler Wein, (Schützenverein): 1 Feldstutzen auf eine Feldscheibe und 1 Pokal auf e. Standscheibe, (Schützengesellschaft): 1 Stutzen i. W. v. 60 fl. — Feldfestscheibe — 1 goldne Uhr, Chronometer i. W. v. 48 fl. — Standfestscheibe —; Fürth (Schützengesellschaft): 1 goldnen Ovalspiegel, W. 70 fl. — Scheibe Deutschland —; Fulda: Ordonanzbüchse mit Zubehör; das l. priv. Schützencorps in Gablonz sendet einen pokalartigen Humpen, ein wahres Meisterstück der böhmischen Glasfabrikation. Massiv und schwer, doch sehr handsam, aus tadellosem, (vorwiegend weißem, mit lieblichem Blau unterbrochenen) Kristallglase erhebt sich auf rundem niedrigen Postamente der 14 Zoll hohe, an 6 Zoll breite Ritterbecher, auf dessen äußern Flächen in erhabener geschnittener Arbeit die ganze Höhe einnehmend als Verzierungen sich befinden: ein aus saftigen Weintrauben aufgethürmter majestätischer Baum, oben auf einem Fasse sitzend der heitere Bacchus, welcher mit der einen Hand einen schäumenden Humpen erhebt und in der andern eine Schleife mit der Devise schwingt: „Gott erhalte unser junges Blut und alten Wein", während beim Stamme unter den schattigen Aesten eine malerisch situirte Gruppe von 4 Personen mit Bechern fröhlich ſich zutrinkt; auf der entgegengesetzten Seite, an die beschriebene symmetrisch anschließend, und so ein Ganzes bildend, zwei unten in einander geschlungene, nach oben sich ausbreitende Weinreben mit üppigen Blättern, zwischen welchen die Widmungsschrift in gothischen und lateinischen Buchstaben eingravirt ist; Geislingen (Schützengesellschaft): 2 silb. Leuchter, W. 44 fl. — Genf (Gesellschaft Germania): 1 Büchse mit Zubehör und Pulverhorn; Glan-Nahe (Schützenverein): ein Fäßchen Wein, W. 50 fl.; Göppingen (Schützen): 1 Becher in Etui; Gotha (Schützenverein): 2 lederne Feldtaschen, 1 Arbeitskörbchen, 2 Schock Leinen, eine Bettdecke, 1 Yatagan, 1 Schlummerrolle, das Scepter des bei Eckernförde von der deutschen Artillerie in Brand geschossenen und in die Luft gesprengten Linienschiffes Christian VIII., (Frau v. E.): Notizbuch mit Schale von Holz aus den Planken desselben eroberten Schiffes, (Bezirks-Schützenverein): 1 großer silb. innen vergoldeter Römer mit Deckel (Hirschgruppe), W. 70 Thlr., (vom vorjährigen Schützenfest): 1 silbernes Bentilhorn, (vom vorjähr. Festausschuß): 2 silb. innen vergoldete Becher, mit dem Portrait des Herzogs und der Denkmünze vom Fest in Gotha, (Altschützengesellschaft): 1 Schützenwaffe nebst Zubehör; Gorzyn (Hr. E. v. Braut): 1 Cigarrenständer in Holz geschnitten in Teufelsgestalt; Groß-Breitenbach (Schützen): 1 Blasrohr mit 1000 Kugeln und 1/4 Tzd. porzell. Obstteller, (Schützengesellschaft): 1 silb. Becher; Grünstadt (Schützengesellschaft): 1 silb. Becher mit W. von 30 fl.; Halberstadt (Mitgl. d. dtsch. Schßbds.): 25 Rthlr.; Halle (Lokalverein d. deutschen Schützb.): 1 silb. Pokal, W. 35 Rthlr.;

Hamburg (Hr. Kroll): Schützenanzug, (Schützen): 1 silberner Pokal, W. 600 Mk.; Hanau: 1 Paar Scheibenpistolen in Etui, W. 225 fl., (Turner): das Hermannsdenkmal in Gold, Silber und Bronze, W. 200 fl.; Hannover (Schützenfreunde): 1 Doppelflinte mit Jagdhorn ⁊c.; Heidelberg (Schützenverein): 1 deutsche Wehrbüchse mit Zubehör auf die Feldscheibe; Heidenheim 5 Preise als: 2 rothe wollene Bettdecken, W. 27 fl., 2 weißbaumwollene Bettüberwürfe, W. 15 fl., 1 Stück (64 Ellen) gedruckten Piqué, W. 18 fl., 1 Stück weißer Hemdenshirting, W. 15 fl., 1 Stück Brillantine, W. 25 fl.; Heilbronn (Stadt): 1 Dutzend silberne Löffel, (Peter Bruckmann): 1 großer kunstvoll gearbeiteter Pokal aus Silber in der Höhe von 9 1/2". Die Grundfläche des Theiles des Pokals, der zur Aufnahme des Getränkes bestimmt, ist, wie ein Correspondent der „Schw. M." schreibt, glatt, der andere Theil, der Fuß, cannelirt, hält den Becher in einem Kranze von Eichenlaub, in welchem mit erhabener gothischer Schrift die Worte stehen: Deutsches Schützenfest. Frankfurt a. M. 1862. Die Form ist die des Römers, gewählt mit Rücksicht auf die bedeutendste nationale Stätte in Frankfurt, den Römer. Die Mitte des Bechers zieren die nachher näher zu bezeichnenden vier größeren Medaillons, die mit einander durch dazwischen liegenden Renaissance-Arabesken verbunden sind. Oberhalb am Rande ist mit römischer Inschrift eingravirt: Ehrengabe des . . . . . Der Fuß ist mit einem Eichengewinde geziert, zwischen welchem vier kleinere Medaillons, entsprechend den oberen größeren, liegen. Beim Anblicke der Vorderseite des Pokales erblicken wir in dem größeren Medaillon den deutschen Reichsadler mit schwarzem Leib, rother Zunge und rothen Klauen und goldenen Flügeln, darunter die Worte: Deutsches Schützenfest, und auf dem Medaillon des Fußes der Spruch: Seid einig, einig! Schiller. Auf der Rückseite sieht man innerhalb des großen Medaillons das Bild des Kaisers Barbarossa, schlafend auf einem Stuhle sitzend, das Schwert in der Hand, und unten auf dem Fuße die Worte: Deutsches Herz, verzage nicht! Arndt. Von dem Seitenmedaillons zeigt das eine zwei Schützen, einen Norddeutschen und einen Süddeutschen, jener mit einem lebhaften Temperamente und in einem eleganten Anzuge dargestellt, dieser, ein Tiroler von ernstem Aussehen, hinter jenem die Ferne und das Meer mit einem Schiffe der deutschen Flotte, hinter diesem seine Berge, beide sich über die Scheibe Eintracht die Hand reichend mit einem entsprechenden der Spruch: Frisch auf mein Volk! Körner. Das vierte Medaillon gibt die bekannte Ansicht der Weibertreue und Weinsberg mit Justin. Kerners Haus, darunter die Worte: Weib, Wein, Gesang! Luther. So sind in dieser herrlichen Komposition auf einer Seite die Symbole der deutschen Einheit, der Macht und Fülle

Deutschlands und der Zusammengehörigkeit des nord- und süddeutschen Volkes dargestellt, auf der andern erinnert uns die Weibertreue an die Heimath des Gebers; Herborn (Schützenverein): 45 fl.; Hildburghausen (Bibliographisches Institut): 1 Conversationslexicon — 15 Bde. —, 21 Bde. Universum und die Männer der Reformation; Höchst a. M. (Kranzschützen): 1 Krystallpokal, (Graf v. Bentheim-Tecklenburg): 1 Cigarrenspitze, (freie Handschützen): Ladkasten; Homburg v. d. H. (Schützenfreunde): 1 Büchse i. W. v. 100 fl.; Ybar (Schützenverein): 2 Achatschaalen; Ichtershausen (Schützen und Schießfreunde): 1 Tintenfaß und 1 Cigarrenetui mit Elfenbeineinlagen; Innsbruck (tiroler Landesausschuß): 1 Ehrengabe in Silber, W. 400 fl.; Jeny (Schützen und Schützenfreunde): 1 silb. Becher, W. 30 fl.; Kaiserslautern (Schützengesellschaft): Ansicht von Kaiserslautern mit 12 Ducaten (Intrwerein): 60 fl.; Kassel (einige Schützen): 1 Flinte, W. 60 Thlr., (Kasseler Schützen): 1 zweiläufige Büchsflinte mit eingelegten goldenen Arabesken und entsprechender Inschrift, 1 geschmackvoll gearbeiteter silberner Pokal; Kehl (Schützengesellschaft): 1 silb. Becher, W. 30 fl.; Kempten (privil. Schützengesellschaft): 1 silb. Pokal, welcher beim ersten Anblick als ein ganz naturgetreu modellirter und mit vollendeter Kunstfertigkeit in Silber ciselirter Kehlkopf erscheint, mit Unterlage, um denselben, wie dies mit dem Rehgewichten geschieht, an der Wand befestigen zu können. Dreht man aber den Kopf um, so wird ein Pokal daraus, der vermöge seiner originellen Form und vorzüglich gelungenen Ausführung mit Recht als Kunstwerk bezeichnet werden darf, — Scheibe Deutschland —; Königsee: 1 Büchse und 1 Theeservice: Königshütte (Hr. M. Costirer u. Co.): 19 Fl. Malakoff Wagenbitter; La Chaux de Fonds (Gesellschaft Frohsinn): 1 Büchse mit Zubehör und Tasche: Lahr (Schützengesellschaft): 1 Stutzen; Landau: 6 Stutzen nnd 1 silb. Becher; Landstuhl (Schützengesellschaft): 1 silb. Becher im W. von 24 fl.; Lauterbach: 2 wollene Tischdecken; Leipzig (Schützengesellschaft): 2 Porzellanblumenvasen, (einige Bürger): 1 silbernes Füllhorn und 1 prachtvolle Uhr, (Hr. J. G. Hüter): 12 Fl. Punschessen; Lenztirch: 1 Pendule; Limburg a. d. L. (Schützenverein): 1 silb. Pokal, W. 60 fl.; Lindau (Schützengesellschaft): 1 silb. Pokal — Scheibe Deutschland —; Lindenberg: 1 Laib Emmenthaler Käse; Liverpool (der dortige Nationalverein): 1 Patentbüchse mit Zubehör; Lörrach: 1 Feldstutzen und 1 silbernen Pokal — Scheibe Heimath —; London (Hrn. Gebr. Hayn): ein 1½' hoher silb. Pokal — Freihandscheibe —, (deutsche Turner): 1 silb. Pokal — Scheibe Deutschland —; Ludwigshafen (Schützengesellschaft): 1 silberner Becher, W. 80 fl.; Magdeburg (Hr. L. Ruprecht): 1 Fest- und Tafelmarsch; *Mainz (Schützen): 1

kunstvoll gearbeitetes, mit feinem Wein gefülltes Bier-telohmfaß, das auf einem aus lauter Champagnerflaschen gebildeten Felsen ruht, (Schützen): 150 fl.; Mannheim: 1 silb. Pokal, 2 Suhler Büchsen; Marktheidenfeld (Schützengesellschaft): 1 goldene Ankeruhr i. W. v. 60 fl. — Standscheibe zum Auflegen —; Meisenheim: 1 Fäßchen Wein, Werth 50 fl.; Milwaukie in Nord-Amerika (dortige Deutsche): 1 Revolver mit Zubehör; Müllheim (Schützengesellschaft): 1 Fäßchen Wein im Werth von 100 fl.; München (Schützen): 1 Preisfahne, deren eine Seite ein werthvolles Oelgemälde, ein heimkehrendes Brautpaar darstellend, und die andere das bayerische und Münchener Stadtwappen zeigt; außerdem ist dieselbe mit einer Anzahl, einen Kranz bildender Vereinsthaler geschmückt, (bayr. Turnerbund): 1 werthvolles Oelgemälde von einem Münchner Künstler; Neubietendorf: 1 Krystall-Zuckerbecher mit silb. Fuß; Neuenburg i. d. Schweiz (Deutsche): 1 goldne Uhr — Scheibe Deutschland —; Neustadt a. A. (Schützenverein): 1 silberner Pokal; Neustadt a. H. (Schützengesellschaft): 2 Kisten — 100 Litre — Wein, 1 silb. Römer — Standsfeldfestscheibe —; Neustadt im Schwarzwald: 1 Tafeluhr, W. 50. fl.; Nördlingen: 1 Fußteppich; Nürnberg: 1 silb. Humpen in Form der Thorthürme Nürnbergs ausgeführt und gegen 5 Maß haltend, W. 400 fl., (Hr. Utendorfer): 100,000 Zündhütchen in 10 Cartons à 20 Schachteln, 200 Preise mit je 1 Schachtel von 500 St.; Oberndorf a. N. (Schützengilde): 1 Ordonnanzstutzen; Offenburg (Hr. Leisenberg): 25 Blechflaschen Scheibenpulver, (Schützengesellschaft): 50 fl. Ortenauer rothen und weißen Wein; Oldenburg (Bezirksschützenbd.): 1 Büchse; Oppenheim: 50 Fl. des besten daselbst wachsenden Weines, ferner: 1 Oelbild — Fruchtstück — gemalt von dem talentvollen Maler Forster in Oppenheim. Im Vordergrunde des Bildes zeigt sich, auf einem Marmortische, ein Crystallbecher mit edlem, topasfarbenem Oppenheimer Rebensafte, eine eingeschliffene Inschrift, die Widmung tragend; links ein umgestürzter Korb mit rothen, blauen und weißen Trauben, Feigen, Pfirsichen und anderen Früchten; rechts Johannisbeeren, Pflaumen u. s. w. Im Hintergrunde des Bildes erheben sich, unweit von der deutschen Tricolore, die Trümmer der alten Landeskrone, der früher so stattlichen Burg, erbaut von Lothar um 1100, die Kaiser Adolph von Nassau so gerne bewohnte und wo Ruprecht von der Pfalz 1410 sein Leben endete; und am Fuße des Berges, den sie krönt, verfolgt Vater Rhein, der alte Holländgänger, ruhig durch grünes Gelände seinen oft sich trümmenden Pfad. Osnabrück (Mitgl. d. dtsch. Schützenbds.): 1 silb. Pokal — Scheibe —; Osterode (Schützengesellschaft) ein Krystallglas mit silb. Deckel, W. 9¾ Rthlr., 1 silb. Vorlegelöffel, W. 14 Rthlr.; Pappenheim (Schützengesellschaft):

25 Fl. Porter und 25 Fl. Ale; Paris (Deutsche): 1 Hirschfänger — Scheibe Deutschland —; Pforzheim (Schützengesellschaft): 1 Feldstutzen; Pfungstadt: 2 Ohm Bier; Philadelphia (deutscher Schützenclub): 1 Münzkästchen, worin eine Scala von amerikanischen Münzen von 20 Dollarstück bis zu 1 Centstück herab; Pöhneck (Hr. Chr. Schmidt): 1 Paar feine Blumenvasen, (Mitgl. d. deutsch. Schützenbundes): 1 porzell. Zuckerdose und 1 Cigarrenbecher; Potsdam (Schützengilde): 1 gr. Blumenvase; Reichenberg (priv. Schützencorps): 1 Scheibenstutzen; Rhodt: 1 Fäßchen Traminer, W. 25 fl.; Rippoldsau i. Schw.-W. (Schützengesellschaft): 100 fl. Kirsch-, Heidelbeer-, Himbeer-, Brombeer- und Wachholdergeist, von dessen Qualität geschrieben wird:

„Der Kirschengeist ist fein,
„Famos wird auch der Brombeer sein,
„Der Himbeer ist 'ne Rarität,
„Zur Seite ihm der Hei'beer steht;
„Wachholder schmeckt zwar nicht so süß,
„Doch sait der Bernhard, sell isch gewiß,
„Wenn i da gloffe Wei und Bier
„Und druf Schmerz im Leib verspür
„(Daß i meen, 's verreiß mi schier)
„So nimm i halt Wachholder i —
„Üernehmer kömmt tal Mittel si!
„Und der Tobias sagt zu seiner Frau:
„So main i au!"

Rotterdam (dortige Deutsche): 1 silb. Tafelaufsatz i. W. 600 fl.; Saarbrücken: 1 Ansicht von Saarbrücken, umgeben von 12 Dukaten in Scheingold, (Saargauer Schützenbund): 25 Rthlr.; St. Gallen (dortige Deutsche): 1 silb. Pokal und 2 Stutzen; St. Goarshausen (Hr. Ph Adam): 1 silbernen Becher; St. Lambrecht: 1 Schützenanzug; Schneeberg (Schützengilde): 2 silberne Leuchter; Schopfheim (Schützengesellschaft): 1 silb. Pokal, W. 60 fl.; Schweinfurt (Schützengesellschaft): 1 Revolver, W. 25 fl.; Solingen (Hr. G. A. Hirschbaum): 1 fein vergold. Hirschfänger, W. 25 Thlr.; Solothurn (deutsche Arbeiter): 1 Feldstutzen i. W. 150 Frcs.; Sonnenberg (Schützengesellschaft): 6 Bierkrüge, W. 18 fl.; Speyer (Schützengesellschaft): 1 silb. Becher; Stans (Centralcomite des eidg. Schützen.): 2 Feldstutzen, W. 600 Frcs.; Stettin (Handwerkerverein): 1 silb. Trinkhorn; Straubing (Schützengesellschaft): 1 Glaspokal im W. von 55 fl.; Stuttgart (Stadt): 1 Pokal, W. 100 fl., (Schützengesellsch.): 1 silb. Becher, W. 66 fl., 1 silb. Becher, W. 30 fl., 1 silb. Zuckerbecher, W. 25 fl., 1 silb. Schnupftabacksdose, W. 25 fl., 1 goldne Ankeruhr, W. 77 fl., ½ Dtznd. silb. Löffel, W. 42 fl. und 1 silberner Vorlegelöffel, W. 25 fl., — Scheibe Deutschland und Heimath (Suhl (Gewehrfabrik, Hr. Ch. Schilling): 1 Büchse i. W. v. 30 Rthlr.; Ulm (Schützenverein): 1 Feldstutzen; Usingen (Schützengesellschaft): 12 Paar Gamaschen; Böhrenbach (Hr. F. Hebting): 1 Fäßchen Wein i. W. v. 50 fl. ohne Faß; Borsfelde (Schützenbrüderschaft) 1 silb. Pokal, W. 20 Thlr. — Scheibe Deutschland —; Walded (Schützenbund): 1 Büchse; Waldshut (Schützengesellschaft): 1 silberner Pokal; Weilburg (Schützenverein): 1 silb. Besteck; Weinheim (Schützengesellschaft): 25 Fl. Wein, W. 30 fl.; Weißenfels (ein Mitgld. d. deutsch. Schbs.): 1 silbernen Pokal; Wertheim (Schützengesellschaft): 1 silbernen Pokal; Wetzlar (Schützengesellschaft): 1 Bierglas mit silbernem Deckel; Wien (Stadt): 1 großer silb. Humpen im W. von beiläufig 1300 fl. mit der Aufschrift: „Die Stadt Wien der Stadt Frankfurt für das deutsche National-Festschießen 1862," (Schützen von Wien und Umgegend): 1 Trinkhorn von Silber im beiläufigen Werth v. 700 fl. mit der Inschrift: „Gedenke der Wiener Schützen 1862", (Herr Ohligs, Vorstand der Wiener Schützengesellschaft): 1 sehr werthvoller, aus massivem Elfenbein kunstvoll geschnitzter und mit reichem Bilderwerke verzierten Pokal von nahezu 2 Fuß Höhe, (Turnverein): 1 Büchse — Scheibe Deutschland —; Wiesbaden (Schützengesellschaft): zwei Pistolen i. W. v. 40 fl., (Schützenverein): 1 Büchse; Winterthur (dortige Deutsche): 1 Büchse, W. 150 Fr.; Wolfenbüttel (Schützengesellschaft): 1 silb. Pokal; Worms (Schützengesellschaft): 1 silb. Pokal; Würzburg (Schützengesellschaft): 22 Goldgulden nebst dem Würzburger Stadtwappen in 1 Tafel; Zell am Harmersbach: 25 Fl. Kirschenwasser; Zell (Rheinpfalz): 25 Fl. Wein, (Hr. Advocat Golsen): 25 Fl. Wein; Zürich (Cantonalschützengesellschaft): 2 Feldstutzen, W. 4—500 Fr., (dortige Deutsche): 2 Stutzen, (Borort der deutschen Arbeitervereine in der Schweiz): 1 Büchse, W. 250 Fr.

Daß bei der Menge der eingetroffenen und noch eintreffenden Gaben das Bertheilen derselben auf die einzelnen Scheiben große Schwierigkeiten bot, war vorauszusehen, doch hat sich der schweizerische Schützenmeister Hr. Obrist nebst mehreren verdienstvollen Mitgliedern des Schießcomites dieser Mühe unterzogen und sind bis jetzt auf die einzelnen Scheiben folgende Preise festgesetzt, nämlich auf die Stand-Festscheibe: Deutschland 417 Preise im Werth von 7299 fl. 30 kr., Rhein 378 Preise im Werth von 4241 fl., Donau 379 Preise im Werth von 4227 fl., Elbe 277 Preise im Werth von 4242 fl., Weser 374 Preise im Werth von 4343 fl.; auf die Feld-Festscheibe: Heimath 393 Preise im Werth von 6262 fl., Schill 382 Preise im Werth von 4393 fl., Körner 387 Preise im Werth von 5330 fl., Hofer 387 Preise im Werth von 4299 fl. 30 kr. und Kuhn 389 Preise im Werth von 4314 fl. 24 kr.; auf die Stand-Festscheibe zum Auflegen, Scheibe Oder 254 Preise im Werth von 2653 fl. Die Standkehr-Nummern-Prämien sind im Voranschlag auf 25,000 fl., die Tagesprämien auf 518, die Wochenprämien auf 291 fl.; die Standkehr-Nummern-Prämien zum Auflegen auf 2000 fl., Tagesprämien 196 fl., Wochenprämien 52 fl. 30 kr.; die Feldkehr-Nummern-Prämien auf 25,000 fl., die Tagesprämien 518 fl., Wochenprämien 311 fl. gebracht. Noch nicht eingetheilte Preise betragen 2000 fl. Als Ehrenpreis für die meisten geschossenen Nummern im Feldkehr sind 150 fl. und im Standkehr 130 fl. ausgesetzt. Die Totalsumme der auszuschießenden Prämien erreicht die Höhe von 108,300 fl.*)

Dem im Bau noch befindlichen Gabentempel gerade gegenüber liegt der Eingang zu der 410 Fuß langen und 164 Fuß breiten Festhalle, in deren Räumen nebst der materiellen Befriedigung der Schützen, auch andere hauptsächliche Momente des Festes ihren Abschluß finden werden. Dies zeigt die dem Eingang gegenüberliegende Rednerbühne inmitten vier die besonderen Arten der Reden verherrlichenden Statuen. An dem Giebel des Haupteingangs befindet sich nach außen W. Lindenschmit's Carton, die „Germania", den deutschen Stämmen — ein Oesterreicher, ein Preuße und ein Bayer — Waffen überreichend, wodurch der Zweck des Festes, Streben nach Volksbewaffnung, ausgedrückt werden soll.

Der Grundriß der Festhalle selbst bildet ein ungeheures Kreuz, an dessen Längen sich 30 einzelne Pavillons zur Ausfüllung anlehnen. Den einen kürzeren Arm dieses Kreuzes bildet der Haupteingang und an den beiden Enden dieser Arme sind die Tribünen für die Sänger und die Musik angebracht.

Unterhalb dieser Tribünen befinden sich die größeren Lindenschmit'schen Cartons, dem Eingang gegenüber, oberhalb der Rednerbühne, bildet die Mitte Kaiser Karl im vollen Kaiserornat, ihm zur Rechten die Teutoburger Schlacht, zur Linken die Hunnenschlacht, an den beiden Enden rechts Hermann der Cheruskerfürst, links Kaiser Otto I. der Große. Ueber dem Eingang, der Rednerbühne gerade gegenüber, ein merkbares Zeichen für die auf derselben Befindlichen, sieht man das Bild des Frhrn. von Stein, dem zur Linken die Schlacht an der Katzbach, mit Blücher, zur Rechten die letzte Türkenschlacht vor den Mauern Wiens, mit Eugen v. Savoyen angebracht ist.

Die weite Halle faßt gegen 150 Tische, an deren einem 30 Personen bequem Platz haben, und gegen 300 Bänke. Ein großer Kronleuchter in der Mitte und vier nicht weniger umfangreichere an beiden Seiten geben das nöthige Licht dem Hauptgang, während die kleineren Gänge durch zahlreiche Armröhren erleuchtet werden. Sämmtliche Trag- und Stützpfeiler sind mit Moos umwunden und zwischen den einzelnen schweben grüne Laubgewinde. Die Fahnen und Schilder sämmtlicher deutscher Länder, untermischt mit Tricoloren, zieren den Hauptgang, während an dem Hintergrunde der Halle unter dunklem Grün die Wappen der verschiedenen Länder angebracht sind.

Mit der Festhalle in engster Beziehung steht die Festküche, unstreitig eine der wichtigsten und einflußreichsten Gebäulichkeiten des Festplatzes, denn, wenn diese nicht wäre und unsere schweizerischen Festwirthe nicht für deren fortwährende Betriebsamkeit sorgen würden, wo bliebe das Fest selbst, wo die Ausdauer der Schützen in der Schießhalle, wenn sie nicht wüßten, daß hier ihre gesunkenen Kräfte wieder auffrischen und hier — woran es auch nicht fehlen wird — ihre erschossenen Festthaler in Schaumwein verjubeln könnten.

Doch jetzt, heiliger Geist der Berichterstatter, stehe mir bei und leihe meiner Feder die Kraft, diese ungeheuren Anstalten für die Befriedigung der menschlichen Kau- und Schluckwerkzeuge würdig beschreiben zu können. Meine Leserinnen, lächeln Sie nicht, es ist keine Kleinigkeit für Einen, der in Verlegenheit kommen würde, wenn er in Ihrer Küche alles genau benennen und beschreiben sollte, jetzt so Großartiges getreu und für Sie anschaulich schildern zu müssen, denn auch Ihre größte Küche verhält sich zu der Festküche, wie ein anderer Berichterstatter ganz richtig bemerkt, „wie die Puppenküche der hoffnungsvollen ältesten Tochter zu der betreffenden Familienküche."

Wenn den aus der Festküche hervorgehenden Speisen würzige Gerüche entsteigen, so mag ein gut Theil daher rühren, daß dieselben Bogen, welche in diesem Frühjahre den Tempel der Flora auf dem Schillerplatz überwölbten, auch jetzt über dem Heerd der Festküche ausgespannt sind. Wenn Dir, Schütz oder Gast, aber je eine angebrannte oder weniger munde Speise unter die Zähne kommt, so wundere Dich nicht, denn gewiß hat irgend einer der Blumengeister, empört über die Profanirung seines Heiligthums, die Sinne des geschickten Koches umnachtet und dessen gewandte Hand irre geführt.

Auf der großen, unter der Aufsicht des Festwirths, Herrn Hafner, stehenden Kochbühne spielen 5 Köche und 10 Kochfrauen die Hauptrollen, während an 24 Tranchiere und 100 Mädchen für Gemüserüsten und Geschirr-Reinigung die Nebenrollen gefallen sind.

Die Bühne selbst besteht aus sechs Heerden, von denen der hinterste, der größte, 8 Bratöfen, je zwei neben- und zwei übereinander enthält, in welche die nahezu sechs Fuß langen Bratpfannen von stärkstem Eisenblech eingeschoben werden, und welche dazu bestimmt sind, die zu verspeisenden Kälber und andere vierbeinigen Individuen mundgerecht den Tranchieren in die Hände zu liefern. Neben dem Bratofen befinden sich zu beiden Seiten zwei Kochheerde, in welche zwanzig umfangreiche Kessel eingemauert sind und hinter diesen der ungeheure Kessel für die Zubereitung der Suppe.

Vor dem größeren Heerd sind fünf kleinere Heerde. aufgestellt, welche weniger große Bratöfen, Löcher für

---

*) Durch die vielen im Verlaufe des Festes noch hinzugekommenen Übergaben wird der Werth der Prämien auf nahezu 140,000 fl. kommen.

Töpfe, Kasserolen und Pfannen enthalten. Einer derselben ist nur für die Bereitung von Cotelettes, Beaf- und Rumsteaks, ein anderer für Gemüse, und ein dritter für Geflügel und Fische bestimmt. Auch dem Kaffee ist ein Heerd gewidmet und verschiedene, fast 3 Fuß hohe Blechtöpfe werden den edlen Motta, der auf in der Nähe befindlichen Mühlen gemahlen wird, so in der schönsten Frische mit dem brodelnden Wasser in Berührung bringen, das in einem, mehrere Ohm haltenden, mit Dampf geheizten Fasse fortwährend heiß gehalten wird.

Unmittelbar unter den Heerden befindet sich der Anrichtetisch für die warmen Speisen, gegenüber die Abgabe von Kaffee, Mineral- und gebrannten Wassern. In den beiden an die Küche angebauten Flügeln werden Bier und kalte Speisen verabreicht; ebenso befinden sich daselbst die ungeheuren Vorrathsgestelle für Weingläser, Welschgeschirr und Bestecke. Hier werden die gebrauchten Teller, Platten, Messer ꝛc. von den Aufwärtern abgegeben, gereinigt und sorgfältig abgezählt in die einzelnen Gefächer gestellt, so daß jedesmal 30 flache, 30 tiefe Teller, 30 Paar Messer und Gabeln mit einem Griffe verabfolgt werden können.

In dem Flügel rechts von der Küche befindet sich auch noch die Werkstätte der Metzger, die Fleischhalle; ihr gegenüber die Vorrathskammern für „Torten und Tafelbrod", Fleischspeisen, Fisch und Geflügel, an welche der Eiskeller angebaut ist. Links von der Küche sind die Aufbewahrungsräume für Gemüse, Spezereien und Tafelzeug, so wie das Bureau der commandirenden Generale, der schweizerischen Festwirthe. Von hier aus dirigiren dieselben ihr großes Personal, das zusammen 457 Personen besteht, nämlich 1 Buchhalter, 40 Cassabeamte, 5 Controleure der Lieferungen, 1 Hausmeister, 1 Kellermeister, 13 Sectionschefs, 135 Aufwärter, 65 Küferkellner, 5 Köche, 10 Kochfrauen, 24 Trancheurs, 100 Mädchen für Gemüse- und Geschirrreinigen, 16 Bierburschen, 10 Taglöhner, 16 Gehülfen für Cenditerei und Gefrornes, 10 Gehülfe der Gasanstalt, 2 Ausläufer, 2 Portier.

Aber, wie ist es möglich, daß diese Leute alle beaufsichtigt werden, daß alles Hand in Hand geht, werden manche meiner Leserinnen fragen, denen die Noth recht wohl bekannt ist, welche ihnen ein oder zwei dienstbare Geister machen.

Nicht schwer, die Herren Guggenbühl und Hufner, welche schon seit einer Reihe von Jahren bei den Schweizer Schützenfesten die Festwirthschaft führen, haben dafür gesorgt, daß jeder seine Pflicht und Schuldigkeit thue, und für die, welche säumig sind, zeigt das Straf-Verzeichniß empfindliche Benachtheiligungen, so z. B. haben die, welche beim Morgenappell (5½ Uhr) nicht zugegen sind, keine Ansprüche auf Biermarken, welche um diese Zeit für den ganzen Tag verabreicht werden, und wer beim Nachtappell fehlt, dem wird sein Taglohn nicht gutgeschrieben.

Wer sich eines Betruges schuldig macht und wer sich in betrunkenem Zustand betreffen läßt, wird sofort entlassen und im Mittelpunkt der Küche sind die Namensverzeichnisse sämmtlicher Bediensteten angeschlagen, um dort allenfallsige Reclamationen verzeichnen zu können.

Die bekannte Klage, daß „sie nicht genug zu essen bekämen", können die in der Festwirthschaft Dienenden nicht anstellen, denn, sowie ein Verzeichniß der Strafen existirt, so ist auch eine Verpflegungsordnung aufgehängt, und nach dieser ist um 7 Uhr Frühstück: Kaffee mit Milch und Brod, um 11 Uhr Gabelfrühstück: Ragout, kaltes Fleisch und Brod, um 3 Uhr Mittagessen: Suppe, Rindfleisch, Gemüse und Bret, um 7 Uhr das weibliche Dienstpersonal: Kaffee, Milch und Bret und um 10 Uhr Nachtessen, das aus ähnlichen Speisen, wie das Mittagessen besteht. Getränk wird dem Dienstpersonal — mit Ausnahme der Kaffeebeamten — nicht aufgestellt, dagegen enthält dasselbe Biermarken zum beliebigen Gebrauch im Werth von 6 kr., von denen die Sectionschefs, Aufwärter, Küferkellner und Trancheure, jeder fünf, die Kochfrauen und Handlanger vier, das übrige weibliche Dienstpersonal und die Metzger jedes zwei bekommen.

Um nun die Verbindung der Küche mit der Festhalle kennen zu lernen, gehen wir in die Halle, und setzen uns an einen der vielen für 30 Personen gedeckten Tische. Jedes Couvert besteht aus 1 Suppenteller, 2 Fl. Tellern, 1 Brödchen und ⅕ Fl. Schützenwein (1 Fl. für je 2 Couverte). Auf dem Tische befinden sich schon, ehe wir uns setzen, 2 Wasserkaraffen, 2 Senf- und Salzbüchsen, 3 flache Teller mit Schwarzbrot, 2 Sauciéren, die wir gebrauchen, wenn uns der Kellner das Ochsenfleisch servirt, 2 tiefe Teller mit Meerrettig und Salat, 3 Dessertteller mit süßer Butter, 3 flache Teller mit geräuchertem Schinken oder Zunge und 2 Torten.

Die Kellner stehen bereit, doch warum beeilen sie sich nicht, uns zu bedienen? Sie warten auf das Zeichen mit der Trompete, das für jedes Gericht ertheilt wird. Früher darf keiner in die Küche kommen, dafür sorgen die von dem Hausmeister an den vier Eingängen aufgestellten Männer zur Handhabung der Ordnung.

Während der Zeit haben in der Küche die Kochfrauen die leeren Suppen-Terrinen oder später die Gemüs-Platten mit einem Ausschütten ihrer großen Geräthe gefüllt, welche die den Kochfrauen untergeordneten Spülmädchen ergreifen und an die bezeichneten Tische tragen, wo ihre Chefs sie erwarten, um die Schüsseln und Platten zu ordnen und dieselben zum Abholen durch die Aufwärter bereit zu machen.

Das erste Signal ertönt. Die Kellner stürzen fort in die Küche, ergreifen dort jeder eine Suppen-Terrine und stellen sich vier Mann hoch in Reihe und Glied. Bevor alle ihre Suppe haben, darf aus der Küche nicht abmarschirt werden, da der nahe

Tisch, wie der entfernteste zu gleicher Zeit dieselben bekommen soll. Die Kellner erscheinen an unsrem Tisch, stellen ihre Suppenschüssel ab und holen so schnell wie möglich, ohne gemeinschaftliches Abmarschiren, die zweite Schüssel. Hierauf bleiben die Kellner an unsrem Tische stehen, bis das zweite Zeichen ertönt, nämlich der Trompeteruf für das Ochsenfleisch und die Kartoffeln. Der Abmarsch der Kellner geschieht wieder wie bei der Suppe gemeinschaftlich. Indessen ist in der Küche das Gemüse mit der Beilage bereitet worden, der dritte Ruf erschallt, die Kellner eilen und jeder bringt uns zwei Platten auf ein Mal. Jetzt beginnt die Arbeit der Spülfrauen in der Küche, denn während der Pause, welche nach dem Auftragen des Gemüses in dem Serviren eintritt, nehmen die Kellner die gebrauchten Schüsseln und Teller von den Tischen weg und tragen sie in die Küche, damit dieselben dort, obschon, wenn auch die Halle vollständig mit Essenden gefüllt ist, noch ein Vorrath von 1000 verschiedenen Tellern ꝛc. da ist, gereinigt und von Neuem wieder aufgestellt werden. Ist dies Geschäft beendet, haben die Trancheurs den Braten zum Auftragen bereitet und die Kochfrauen ihre Hunderte von Salatièren gefüllt, so erschallt der vierte und letzte Ruf, die Kellner marschiren ab und erhalten das letzte Gericht der Festtafel.

Doch während wir mit Wohlbehagen den saftigen Braten verzehren, naht sich uns der Kellner, um uns an das unangenehmste Geschäft bei allen Genüssen, an das Bezahlen zu erinnern, das wir durch Abgabe der vorher gelösten Marke oder, haben wir dies versäumt, durch Baarzahlung erledigen. Der Kellner gibt die gesammelten Marken und das Geld an den Sectionschef ab — und die Tafel ist beendet. Eine halbe Stunde nach dem Essen werden die Tafeln abgeräumt und die Tischtücher durch den Sectionschef gesammelt, welcher für jedes fehlende einen Schadenersatz von 10 fl. zu leisten hat.

Doch, woher das Material nehmen, um die tägliche Festtafel und außerdem die Restauration für den übrigen Theil des Tags zufrieden zu stellen? Dafür ist hinreichend gesorgt, denn die hiesigen Metzger liefern täglich 4 schwere Ochsen und je 25 Stück Schweine, Kälber und Hammel; die Bäcker 16000 Stück Brötchen und 1000 3pfündige Laib Brot; Hr. Chr. Enders Hunderte von Tauben, Hühnen, Enten, Gänsen, Wild; die hiesigen Fischer Salm, Aal, Hecht und Karpfen; und Conditor Knecht täglich 400 Stück große Obst- und Bisquit-Torten. Butter kommt alle Morgen von Würzburg, 4—500 Maß Milch von der Wetterau; 20,000 Stück Eier sind von München fest bestellt und ebenso sind 20,000 Stück in Reserve. Ganze Wagenladungen von Kartoffeln, Salat, feinem Gemüsen und Suppen-Gewürzen besorgen die großen Hökerinnen von Frankfurt und Bornheim die Frauen Schreiber, Lehner, Heister

und Rüsch. Das Bier, ca. 1500 Ohm, liefern die Hrn. Schwager und Henrich. An Weinen haben zu liefern: Peter Arnold Mumm hier: 60000 Flaschen 1859r Deidesheimer als Schützenwein, 2000 Fl. 1858r Johannisberger, eigenes Gewächs, 6000 Fl. 1859r Bordeaux St. Julien; J. H. Bruder hier: 10000 Fl. Forster Jesuitengarten 1858r, 8000 Fl. Affenthaler 1858r; Manskopf-Sarasin hier: 6000 Fl. 1858r Marcobrunner; G. H. Mumm u. Comp. in Rheims: 5000 Fl. Champagner Sillery; P. J. Cornil hier liefert Portwein und Madeira; die deutschen Schaumweine C. Lauteren und Sohn in Mainz und die Hochheimer Actiengesellschaft. In der Halle selbst am Haupteingang befinden sich die Buffets der Conditorei von Jos. Engelhardt aus Offenbach und des Herrn J. F. Röder von hier für Gefrorenes.

Ja, das ist Alles recht schön und gut, und wir sehen, daß man in der Festhalle nicht Noth zu leiden braucht, aber was kostet es, dort ist gewiß Alles sehr theuer, wird Mancher sagen. Nun, ein Couvert an der Festtafel mit ½ Fl. Schützenwein kostet 1 fl. 24 kr. Die Restaurations-Speisekarte unsern Lesern vorzuführen, ist nicht gut möglich, sie ist zu umfangreich, wir können aber versichern, daß die Preise nicht zu hoch sind, 1 Portion Schinken z. B. kostet 24 kr., 1 Kalbscotelette 18 kr., 1 Schweinscotelette und Wiener Schnitzel 21 kr., 1 Tasse Kaffee 9 kr., 1 Glas Bier 6 kr., und — die Weine, hier lesen Sie die Karte: 1) Schützenwein, Deidesheimer 1858er, per Fl. 48 kr.; 2) Affenthaler 1858er, per Fl. 1 fl.; 3) Forster Jesuitengarten 1858er, 1 fl. 24 kr.; 4) Marcobrunner 1858er, 1 fl. 48 kr.; 5) Bordeaux St. Julien 1859er, 1 fl. 30 kr.; 6) Johannisberger 1858er, 3 fl.; 7) Schaumwein, leichtere Sorte, 2 fl. 48 kr.; 8) Schaumwein, schwerere Sorte, 2 fl. 24 kr.; 9) Champagner Sillery, per Fl. 3 fl. 30 kr.; 10) Portwein, per ¼ Fl. 48 kr.; 11) Madeira, per ¼ Fl. 48 kr.; gefüllte Eiskühler 12 kr.

„Wo rohe Kräfte sinnlos walten,
„Da kann sich kein Gebild gestalten."

Mit diesen Worten unseres Schiller sei es mir vergönnt, meinen fortlaufenden Bericht zu unterbrechen, um zu versuchen, den Lesern ein anschauliches Bild des fürchterlichen Naturereignisses vorzuführen, das am 6. Juli Nachmittags das fröhliche Bankett in der Festhalle mit so greller Dissonanz unterbrach.

Wohl an dreitausend Personen, darunter die Mehrzahl dem schönen Geschlecht angehörig, hatten sich eingefunden, um die Leistungen der Küche der Herren Guggenbühl und Hafner zu prüfen, und die weitläufige Halle war zum größten Theil gefüllt. Ein Tisch von 30 Personen, Weinkellner, die in der Tracht unseren Schubkärrnern gleichen, brachten Wein herbei;

eine Anzahl dieser Kellner standen unter der Aufsicht eines Sectionschefs, welcher die Anordnung an den Tischen zu prüfen und das Geld für die Couverts im Empfang zu nehmen hatte; allesammt gehorchten, aber dem Horne des Hausmeisters, auf dessen Ruf sämmtlich nach einem Punkt flogen, gewärtig der dort auszutheilenden Befehle. Kurz, Alles ging so vor sich, wie wir oben beschrieben, das Essen war zumeist gut, wenn auch die schweizerischen Portionen nicht gerade die frankfurter Welt an Größe übertrafen; die Geister des vortrefflichen Schützenweins begannen bereits zu wirken und die Wangen der uns gegenüber sitzenden liebenswürdigen jungen Damen in höherem Roth zu strahlen; Fr. Stolze hatte eben, da, wie er meinte, zwei glänzende Gestirne, die Sonne und die Frauen der Festfeier hold wären, ein Hoch auf das weibliche Geschlecht ausgebracht, als plötzlich eine vorher kaum bemerkte graue Wolkenschicht die Sonne verdunkelte und ein leiser Wind sich erhob, der, in der allgemeinen Fröhlichkeit nicht beachtet, sich mit rasender Geschwindigkeit in einen Sturm verwandelte, welcher, mit Strömen von Regen und mit Schloßen untermischt über den großen Festplatz daherbrauste. Außerhalb der Halle befindliche Besucher des Festplatzes drängen in dieselbe, in der Halle selbst aber springt Alles auf und sucht, in der Meinung, daß es nur ein gewöhnlicher vorüberziehender Gewittersturm sei, sich vor den an den Eingängen hereinströmenden Regen zu schützen und drängt nach dem hinteren Theile der Halle. Da aber zeigt sich erst die gewaltige Kraft der Natur; was vorher Sturm war, wurde Orkan, die Wolken öffnen sich und die beiden Geister des Windes und des Regens vereint, schleudern Wassermassen in die dichte Menschenmenge, die sich zitternd vor den empörten Naturgewalten zusammendrängt und so einigermaßen zu schützen sucht. Verzierungen fallen herab, Fahnen fliegen in das Freie, transparente Fenster stürzen, Tische mit allem, was darauf ist, werden abgedeckt, Hüte und Mantillen mit Füßen getreten, da — ich werde diesen Augenblick mein Lebtag nicht vergessen — ein Knattern und Krachen. Die Windsbraut hat das Dach der Halle gefaßt und ein Theil desselben stürzt herab — ein Schrei durchzittert die dichte Menge, Alles meint die Halle breche zusammen und sucht darum möglichst schnell in's Freie zu kommen. Kein Zureden hilft, keine Rücksichten gelten, Einer stürzt über den Andern, Eltern rufen nach ihren Kindern, Mütter nach ihren Töchtern, Männer nach ihren Frauen und dazwischen das fortwährende Krachen des einstürzenden Daches, das Geheul des Sturmes und der herabströmende Regen. Es war fürchterlich! Jeder suchte nur sich und, wenn nicht von ihnen getrennt, die Seinigen zu retten, jede Prüderie war mehr bei den Damen zu finden, jede vertraute sich gern dem ihr zunächst stehenden Manne an; nur in's Freie, das war der allgemeine Ruf,

lieber dem Unwetter aussetzen als in der Gefahr schweben, von den herabstürzenden Brettern und Balken getroffen zu werden.

So stand die Mehrzahl der Anwesenden unter offenem Himmel, den Elementen preisgegeben, während drinnen in der Hall ein kleines Häuflein, eng zusammengedrängt unter der Eingangspforte das Ende des Unwetters abwartete.

So schnell es gekommen, eben so schnell war es vorbei; doch hat es trotzdem vieles und schweres Unglück angerichtet, zwei Frauen des Dienstpersonals sind von herabstürzenden Balken getroffen und getödtet worden, mehrere Personen, man sagt acht, schwer verletzt, der vielen leicht Verwundeten und Gequetschten nicht zu gedenken.

Welch ein Bild der Zerstörung nach dem Unwetter, welches Chaos in der vorher so zierlich geordneten Festhalle! Die Fahnen und Blumengewinde herabgerissen, die Tischtücher mit allem, was darauf, in Schmutz liegend, der ganze Fußboden der Halle mit zollhohem Schlamm bedeckt, darin Hüte, Regen- und Sonnenschirme, Mantillen, Stöcke, Röcke, Weinflaschen, Brotstücke, fast zerweichte Torten von der Conditorei am Eingang der Halle, Bretterstücke, Dachfilz ꝛc. kurz, alles durcheinander. Und wie sahen die feinen Sommertoiletten der Damen aus! Zerrissen und beschmutzt, viele ohne Kopfbedeckung, so mußte ein gut Theil nach Haus wandern, zwar gerade nicht heiter gestimmt, doch zufrieden, keine weitere Beschädigung erlitten zu haben.

Die Festhalle selbst hat, außer dem Dach, den transparenten Fenstern und Verzierungen nicht zuviel Schaden gelitten, man arbeitet bereits mit vollen Kräften daran, denselben auszubessern, so daß das Fest ungestört in acht Tagen Frankfurt würdig begonnen werden kann. Die sonstigen Gebäulichkeiten haben nicht gelitten, mit Ausnahme des vor der Schießhalle stehenden Comitégebäudes, dessen Fenster eingedrückt wurden und unbeschädigt, trotz dem an ihm sich brechenden Sturm, steht in Mitten des Festplatzes, hoch oben auf dem, durch den Sturm seines Gerüstes entkleideten Gabentempel, frei und groß, — das hehre Bild der Germania.

Das Unwetter, das in einer Stärke, wie gestern, erlebt zu haben, sich nur sehr wenige Leute zu erinnern wissen, hat nicht nur auf dem Festplatz, sondern auch in der Stadt und deren Umgebung mancherlei Schaden angerichtet. Dächer wurden abgedeckt, Schornsteine herabgeworfen, Fenster eingedrückt und von den Bäumen in der Promenade, auf dem Goetheplatz, in den umliegenden Gärten und Chausseen ist mancher arg zerzaust oder gar umgestürzt worden.

"In diesem Jahrhundert, schreibt die "Südd. Ztg.", hat Frankfurt keinen ähnlichen Orkan erlebt; am 14. Juli 1841 und am 14. Juli 1853 tobten ähnliche Orkane wie gestern, und merkwürdigerweise ebenfalls an Sonntagen und zu derselben Nachmittagsstunde, doch waren sie lange nicht so heftig.

Daß ein Orkan, der mit tiefwurzelnden kräftigen Bäumen und neuen steinernen Häusern so arg umsprang, auch an der großen, dem Sturm eine ungeheure Fläche bietenden, wenn auch nicht auf die Ewigkeit berechneten, doch immerhin äußerst solid erbauten Schützenfesthalle weitgreifende Zerstörung verursachen mußte, ist leicht begreiflich. Das Comité des Schützenfestes ist deßhalb aber keineswegs entmuthigt, es wird vielmehr seine Anstrengungen nur verdoppeln, wohl bewußt, daß es jetzt erst recht auf die energische Mitwirkung aller Bürger rechnen kann. Um 6 Uhr schon sollten Telegramme nach allen größeren Städten Deutschlands gehen, um zu melden, daß alle Verwüstung in acht Tagen beseitigt, daß das Fest selbst weder Aufschub, noch Unterbrechung erleiden werde. Aber nach allen Richtungen ohne Ausnahme waren die Telegraphenleitungen zerstört, erlitt ja doch selbst die Taunusbahn einen Unfall. Um 7 Uhr war die Festhalle, namentlich unter Mithilfe der Turner, von allen herabgestürzten Balken, Brettern u. s. w. vollständig geräumt. Montag früh 7 Uhr wird das Comité mit sämmtlichen hiesigen Zimmermeistern zusammentreten, um die nöthigen Anordnungen zu treffen. Um 8 Uhr werden alle in Frankfurt befindlichen Zimmergesellen an der Arbeit sein. Unter dem Zusammenwirken Aller wird in wenigen Tagen die Halle eines zu ernster männlicher That berufenen Nationalfestes in größerer Pracht und Herrlichkeit, in größerer Stärke sich wieder erheben, unsere theueren Brüder aus Süd und Nord, aus Ost und West würdig zu empfangen.

Nördlich von der Festhalle steht die 1170 Fuß lange und 50 Fuß breite Schießstätte. In ihr sind 100 Scheiben aufgestellt, nämlich 90 für Freihandschießen — 50 Standlehrscheiben, 10 Standfestscheiben, 20 Feldlehrscheiben und 10 Feldfestscheiben — sowie 10 für Aufgelegtschießen — 8 Standlehrscheiben und 2 Standfestscheiben. Die Entfernung von dem Auflegstand bis zu den Standscheiben — gewöhnliche 1,50 Meter hohe, 1,20 Meter breite weiße oder schwarze Scheiben mit schwarzem oder weißem Centrum — beträgt 175 Meter; die Entfernung zu den Feldscheiben — Mannscheiben, mit einer Höhe von 2 und einer Breite von 1,20 Meter, ihr Grund ist weiß, der Mann schwarz — 300 Meter.

Während auf jede der fünf Standfestscheiben aus freier Hand und auf jede der beiden Standfestscheiben zum Auflegen jeder Schütz nur einen Schuß und auf jede der fünf Feldfestscheiben jeder Schütz zwei Schüsse hat, ist die Zahl der Schüsse auf die Standlehrscheiben und die Feldlehrscheiben unbeschränkt.

Die Vertheilung der auf den Festscheiben gewonnenen Ehrengaben und der Wochenprämien findet am Ende des Festes statt. Die Geldpreise und Ehrenbecher auf die Lehrscheiben werden täglich den ganzen Tag über verabfolgt: die Tagesprämie am nächsten Tage 12 Uhr; verbunden mit Verlesung der Tags zuvor herausgeschossenen Geldpreise und Ehrenbecher auf den Lehrscheiben.

Die Schußgänge werden durch Fichtenbäume bezeichnet, hinter den Kugelfängern und rechts und links sind Tausende von der Stadt unentgeltlich geliehene Klaftern Scheitholz aufgehäuft, damit von denselben die Kugeln, welche sich etwa verirrten, aufgehalten und schadlos gemacht werden.

Das vor der Schießhalle aufgerichtete Bretterhaus, in dessen Giebelfeld sich der deutsche Reichsadler, mit den Flußgöttern Rhein und Donau zur Seite befindet, ist zur Aufnahme verschiedener Bureaus, der Secretaire für Ertheilung der Schießkarten ꝛc. bestimmt.

Den Schießständen gerade gegenüber, die südwestliche Seite des Festplatzes abschließend, liegt die 800 Fuß lange und ca. 15—20 Fuß breite Verkaufs- und Bierhalle. Von ihr aus werden die wichtigsten Nachrichten der Festtage schnell in alle Weltgegenden verbreitet werden, denn in ihre Mitte kommt das Post- und Telegraphenbureau zu liegen. Verschiedene elegante Verkaufsstände auf das Fest bezüglicher Dinge bieten hier den auswärtigen Besuchern Gelegenheit, ihren Angehörigen daheim allerlei Andenken an das Fest mitzubringen; nicht reglementmäßig gekleidete Schützen können ihren Anzug vervollständigen und sollte es vorkommen, daß Einer in der Zerstreuung oder in fideler Laune seinen Hut irgendwo liegen ließe, hier kann er, wenn er nicht auf telegraphischem Weg seine Frau in der Stadt um Ersatz des Verlorenen ersuchen will, was Mancher wohl vermeiden möchte, seiner Vergeßlichkeit zu Hülfe kommen, denn Schützenhüte und Schützenkappen sind hier in hinreichender Zahl zum Verkauf. Auch Büchsen und Waffen allerlei Art werden hier zu haben sein, sowie Doctoren der edlen Schneiderei ihre spitzigen Werkzeuge bereit halten werden, an allenfallsige entstandene Risse und Wunden sofort zu heilen. Daß Anstalten dafür getroffen sind, schadhaft gewordene Büchsen auf dem Festplatz sofort repariren lassen zu können, versteht sich von selbst und sogar an die Frisur der Schützen und Schützinnen hat man gedacht, denn ein „Coiffeur und Parfümeur" wird hier sein „Atelier" aufschlagen.

An den beiden Enden der langen Halle wird König Gambrinus herrschen, und hier wird mancher Trunk gethan werden, manche kleine Gesellschaft ihre muntere Laune schießen lassen.

Wenn die Halle in ihrem vollen Schmuck dasteht, werden grüne Laubgewinde ihre Bogen verzieren und vier große Bilder, welche den Gambrinus, den halbtrunkenen Silen, den Gott des Handels, Merkur, und die Industrie darstellen, sollen ihre Eingänge schmücken.

Da man eingesehen, daß die Ehrenpforte, welche in der Mitte der Linie an der Frietberger Landstraße steht, für den Zudrang zu dem Festplatz zu klein, so hat man, schnell entschlossen, angefangen, eine neue und größere zu bauen, welche quer über die Straße, da wo dieselbe eine Ecke mit dem Bornheimer Weg bildet, zu stehen kommt und an 50 Fuß hoch und 42 Fuß breit werden soll.

Indem wir nun, Nachträge vorbehalten, mit der Beschreibung des officiellen Festplatzes zu Ende sind, wenden wir uns zu dem nicht officiellen, d. h. zu der Budenstadt auf der Bornheimer Haide. Während auf dem Festplatz selbst die ernsteren Momente des Festes ihren Abschluß finden werden und derselbe überhaupt ein mehr aristokratischeres Aeußeres zeigen wird, dürfte sich hier das Volksleben in seiner schönsten Blüthe entwickeln, dürfte hier, wenn nur das Wetter einigermaßen günstig, der Wälzchestag en gros zu finden sein.

Getränke allerlei Art sind hier zu haben, Frankfurter Bier in einer Menge von größeren und kleineren Wirthschaften, mit Erlanger Bier versieht uns der „Gambrinus" und mit Weinen aller Sorten verschiedene Weinwirthschaften. Die einzelnen Boutiquen sind jetzt schon oder werden noch festlich geschmückt und verziert und manche tragen bedeutungsvolle Namen, so gibt es eine „Deutsche Sängerhalle", so gibt es eine Weinwirthschaft zum „Wilhelm Tell".

Daß es bei unserem liederreichen Volke nicht an dichterischen Ergießungen auf den Wirthschildern fehlen würde, war vorauszusehen, und auf die verschiedenste Weise laden poetische Wirthe der Bornheimer Haide ihre Gäste zum Eintritt in ihr Räumlichkeiten ein, so „soll der eine stets Hülfe gegen Hunger und Durst" und der andere hat sogar „das Erwachen des deutschen Herzens" in's Jahr 1862 verlegt; wer hätte wohl geglaubt daß das deutsche Herz eine so große Schlafmütze wäre, daß es erst im Jahre 1862 auf der Bornheimer Haide erwachen würde? Aber nicht bloß für die niederen materiellen Genüsse ist gesorgt, auch dem Geist ist hier Gelegenheit geboten, sich zu beschäftigen, denn ein „Perpetuum mobile", ein merkwürdiger Versuch" ist aufgestellt, wo man „die Geheimnisse der Telegraphie kennen lernen kann, so daß ein kleines Kind von sechs Jahren selbst telegraphiren kann". Zur Uebung für Schützen sind „Schießtheater" da und die Pferdeliebhaberei der Kleinen befriedigen acht bis zehn Carousels, die der Großen der Circus Suhr und Hüttemann.

Am Eingang der Bornheimer Haide, der Festhalle gerade gegenüber, hat die Polizei ihre Bureau's, die Gendarmerie ihr Commando und die Feuerwehrmannschaft ihr Wachlokal aufgeschlagen.

Nachdem wir nun auch hier uns umgesehen haben, kehren wir nach der Stadt zurück, um uns dort,

während auf dem Festplatz das Baucomité, Wirthschaftscomité und Schießcomité in angestrengtester Arbeit gehalten wurden, nach der Thätigkeit der übrigen Comités umzuschauen und da tritt uns vor Allem das Wohnungscomité als das vielbeschäftigste entgegen, da es an ihm war, 5000 Freiquartiere für die anlangenden Schützengäste zu beschaffen. Und diese Aufgabe war nicht klein hier in Frankfurt, wo jedes Familienoberhaupt des hohen Miethpreises wegen sich veranlaßt sieht, in Bezug auf die Wohnung sich einzuschränken, wo jede Familie, die Fremdenzimmer besitzt, dieselben selbst braucht für die von ihr privatim eingeladenen Fremden und auch dazu noch zu einer Zeit, wo Frankfurt ohnedies von Fremden überfüllt ist. Dazu kam ferner, daß im Anfang sich vorzugsweise unsre Aristokratie von den hier eintreffenden Schützengästen und ihren Gewohnheiten ein gar zu abschreckendes Bild machte und dadurch abgehalten wurde, ihre Räumlichkeiten zur Verfügung zu stellen. In dem Maße jedoch, als die Wohnungsverlegenheit wuchs, steigerte sich die Thätigkeit des Central- und Wohnungscomités, man wandte sich an die hiesigen Behörden, man wandte sich sogar an den Großherzog von Baden und erhielt sowohl von jenen gütige Gewährung als von diesem hochherzigen Fürsten die Zusage von 1000 neuen Betten, welche zur Verwendung in einigen zu Schlafsälen umgewandelten größeren Räumlichkeiten benutzt wurden. Aber auch die Anerbietungen von Freiquartieren nahmen, je näher man dem Feste rückte, mehr und mehr zu, und nachdem einige dem aristokratischen Theil unserer Bevölkerung Angehörige mit einem guten Beispiele vorangegangen, brach auch — Ausnahmen sind natürlich überall — hier das Eis und wo nicht Wohnungen angeboten wurden, da wurde Geld gespendet zur Untersützung des arg bedrängten Comités. Doch noch ist dieses nicht aus seiner Verlegenheit, da sich in den letzten Tagen, wie eine Ankündigung des Comités sagt, die Anmeldungen, namentlich aus der Schweiz, ungemein vermehrt haben. Ein großer Theil der bei uns einziehenden schweizerischen Gäste wird in der Lederhalle untergebracht, die zu diesem Zweck festlich geschmückt wird, das Innere derselben in einzelne nette Schlafräume eingetheilt, das Aeußere mit Laubgewinden und den Wappen der einzelnen Schweizer Kantone geziert, während über dem Haupteingang Wilhelm Tell mit seinem Meisterschuß den ankommenden Landsleuten ein Willkommen zuruft. Die Thaten des Wohnungscomités führen uns unmittelbar zu einem Comité, dessen Thätigkeit erst in den nächsten Tagen beginnen wird, nämlich die des Empfangscomités, dessen Mitglieder sich während des Samstags und Sonntags früh auf den verschiedenen Bahnhöfen aufhalten werden, um dort die anlangenden Gäste unter entsprechenden Feierlichkeiten zu empfangen, wobei natürlich die Kanonendonner unsrer freiwilligen Artillerie nicht fehlen darf.

Unter allen hier eintreffenden Schützen dürften unsere schweizerischen Gäste das meiste Interesse erregen. In einer Anzahl von jetzt nahezu tausend Mann werden dieselben Samstag Nachmittag nach 4 Uhr mit der Main-Neckarbahn anlangen. Jeder Schütz ist ordonnanzmäßig gekleidet, d. h. dunkler Rock, graue Beinkleider, schwarzer Filzhut mit eidgenössischer Kokarde und künstlicher Alpenrose, sowie eidgen. Ordonnanzstutzen. Eine stattliche Schaar, unter ihr ein kräftiger Vierundachtziger, Altrichter Steinauer aus Einsiedeln, wird so unter dem Banner der freien Schweiz in das geschmückte Frankfurt einziehen.

Während von Westen unsre stammverwandten Schweizer Schützen in Frankfurt anlangen, wird kurz darnach, nämlich gegen 6 Uhr von Osten her ein nicht weniger zahlreicher und hervorragender Zug wackrer deutscher Schützenbrüder das Weichbild der Stadt betreten, wir meinen die vereinigten bayrischen, tyroler und österreichischen Schützen. Nachdem dieselben sich in München, Nürnberg, Bamberg und Würzburg dem Zug angeschlossen haben, werden sie sich in Aschaffenburg, als der äußersten Grenzstadt zusammenschaaren, um im geordneten Zuge in Frankfurt einziehen zu können. 14 Musiker (13 Trompeter und 1 Paukenschläger) des ersten bayrischen Artillerie-Regiments eröffnen den Zug, dem sich dann die einzelnen Abtheilungen, mit ihren Fahnen und Abzeichen anschließen werden, so die Münchner mit ihrer neuen geschmackvollen Fahne, und den Schützenabzeichen, blau-weiße Cocarde, in deren Mitte das schwarzgelbe Stadtwappen; die Abgeordneten der Stadt Nördlingen mit ihrer über 120 Jahre alten Schützenfahne; die Wiener und die sich ihnen anschließenden anderen benachbarten österreichischen Vereine mit ihren prächtigen Fahnen, auf der einen Seite sich die Landesfarben mit dem Stadtwappen, auf der andern Seite Schützenembleme ic. befinden; vor allen andern aber die Tyroler in einer Schaar von 200 Mann, und unter dieser die berühmten Passeyrer Schützen Prantl und Moosmaier. Sämmtliche Schützen erscheinen entweder in ihrer Nationaltracht oder sonst in schmuckem Schützengewand, den Hut mit den schönsten Federn geschmückt, den dortigen befiederten Wild zu bieten vermag. Die städtischen (herrischen) Schützen tragen den grauen Schützenrock mit grünen Aufschlägen, Beinkleider und Gilet von Segeltuch oder russischer Leinwand und den grünen Schützenhut mit Edelweiß und der weißgrünen Cocarde, in deren Mitte der rothe Tyroler Adler prangt; die Bauern erscheinen in Nationaltracht. Dem stattlichen Zuge gehen außer dem Trommel und Schwögel, der alt hergebrachten Schützenmusik der Tyroler Schützen, zwei von würdigen Männern getragene Fahnen voraus, die Fahne von Spinges, zwar von französischen Kugeln durchlöchert, aber ein makelloses Kleinod vaterländischen Ruhms, ferner eine mit dem deutschen Bunde gezierte, noch von Erzherzog Johann herstammende Schützenfahne.

Sämmtliche Schützen Oberhessens, denen sich die Nassauer aus dem Dill- und Lahnthal anschließen, treffen mit dem hier 2 Uhr 30 Min. anlangenden Zug der Main-Weserbahn ein und werden unter dem schwarz-roth-goldnen Banner Gießens und anderer Städte ihren Einzug halten. Die Wiesbadener kommen 3 Uhr 55 Min. mit ihrer prächtigen Bürgerwehr-Fahne und werden sich mit ihnen unterwegs noch andere Schützen vereinen. Die Pfälzer Schützen fahren erst den Rhein hinab mit eignem Boote bis Mainz und kommen von dort aus hierher; die Karlsruher Schützen treffen mit den sich ihnen anschließenden Vereinen schon vor 2 Uhr mit der Main-Neckar-Bahn hier ein. Die Heidelberger lassen ihrem Zug eine prächtige Fahne in den Farben der Stadt Heidelberg, schwarz-roth-grün und den pfälzischen Löwen in Gold gemalt, voran wehen, die Freiburger bringen ihre, ihnen von dem Großherzog. Paar geschenkte Gesellschaftsfahne mit und die Stuttgarter nebst den sich ihnen anschließenden anderen württemberger Schützen werden der Fahne der Stuttgarter Schützengilde nachfolgen.

Alle einzelnen Vereine und Gesellschaften, wie sie und wann sie hier eintreffen, unsern Lesern vorzuführen, ist unmöglich; viele Schützen, namentlich die aus den Norden, werden erst Nachts $^1/_4$ 11 Uhr mit der Main-Weser-Bahn und des Sonntags früh ankommen, überhaupt jeder Samstags und Sonntags anlangende Bahnzug wird uns Gäste bringen, aber Alle, die kommen, sie mögen sein aus dem Süden oder aus dem Norden, aus dem Osten oder dem Westen, Alle sollen und werden uns willkommen sein.

―――――

Haben wir die Thätigkeit der anderen Comités bis jetzt in ihrem Thun verfolgt, so kommen wir schließlich an dasjenige von ihnen, welches sich erst Sonntags in seinem vollen Glanz zeigen wird, das Zug-Comité. Während sich schon im Bahnhofe die einzelnen Vereine zusammengefunden, stellt sich gegen 10 Uhr der große Festzug am Untermainquai auf, der zum Theil für das Publikum abgesperrt wird. Gegen 11 Uhr setzt sich der Zug durch die Neue Mainzer Straße, die große Bodenheimergasse und den Steinweg nach dem Roßmarkt zu in Bewegung. Hier hält der Zug still, die Bundesfahne wird übergeben und weiter nimmt er seinen Weg über die Zeil, durch die Fahrgasse, Brückhofstraße, Fischerfeldstraße, Allerheiligengasse, große Friedbergergasse, die Altgasse, Bleichstraße durch das Friedberger Thor, über die Friedberger Landstraße durch die Ehrenforte auf dem Festplatz, woselbst für das bis 12 Uhr eintreffende Publikum ein besonderer Raum reservirt ist.

Auf dem Festplatz wird der Zug mit einer Festrede und Gesangchören — „Großer Gott, wir loben Dich ic." —, während welchen die Fahnen um den

Gabentempel gruppirt sind, empfangen. Darauf werden sämmtliche Fahnen in der Festhalle abgegeben.

Um 2¹/₂ Uhr beginnt das Banket und im Laufe des Nachmittags ist Probeschießen, wobei jedoch für die Treffschüsse nur Fähnchen gegeben werden. Montag Morgens 6 Uhr beginnt das Schießen, welches jeden Tag von früh 6 Uhr bis Mittags 12 Uhr und von Nachmittags 1¹/₂ Uhr bis Abends 8 Uhr dauert, und dessen Anfang und Beendigung durch Signalschüsse bezeichnet wird.

Im Verlauf der Festwoche ist jeden Mittag 12¹/₂ Uhr Banket, den Tag über Concert der verschiedenen Musikcorps, Montag und Samstag Abends Production der Verbündeten Männergesangvereine, sowie Mittwoch Aufführung eines von Dr. H. Weißmann gedichteten und von L. Gellert componirten patriotischen Festspieles durch den Liederkranz. Freitag Abend ist großes Feuerwerk.

So sind wir am Ende unseres vorbereitenden Festberichts angelangt und nachdem wir die Thätigkeit der einzelnen Comités der Reihe nach geschildert, sei es uns vergönnt, uns nach dem, was während der Zeit die Stadt zum Empfang der Gäste gethan, umzuschauen und einen Rückblick auf alles Geleistete zu werfen.

Das Vorhaben, hier ein allgemeines deutsches Schützenfest zu feiern, fand Anfangs bei der Bürgerschaft nicht viel Anklang, da man eben vermuthete, es ginge von einer einzelnen politischen Parthei aus, doch je näher man dem Feste rückte, um so mehr sah man ein, daß es mehr als dies sein müsse, und Alle durchdrang schließlich die Gewißheit, daß es sich hier weder um eine einzelne Parthei, noch um einzelnes Land, sondern daß es sich um ein Verbrüderungsfest sämmtlicher deutschen Stämme, um eine nationale Feier in höchster Bedeutung des Wortes handle.

Und je mehr jene Gewißheit Eingang bei der Bürgerschaft fand, um so mehr nahm sie Theilnahme an dem Fest zu; waren erst der Wohnungen wenige angeboten, so stehen jetzt dem Comité mehr zur Verfügung, als es braucht, und so ging es mit allem auf das Fest Bezüglichen, da zu der Gewißheit des hier zu feiernden großen nationalen Festes noch der Stolz des Frankfurter Bürgers kam, daß alles, was er biete, auch hübsch und seiner würdig sein müsse. Sehet hin auf die festlich geschmückte Stadt, sehet hin auf die fahnenprangenden Straßen, wie sie der Gäste warten, die heute einziehen sollen in unsre Mauern! Bürgt Euch dieses Zeichen nicht, daß man begriffen hat, was hier begonnen, was hier gefeiert werden soll? Jeder hat sich angestrengt, das Beste zu thun, was er konnte, sein Haus und die Pforte, durch welche seine Gäste einziehen, mit dem Schönsten zu zieren, was seine Kräfte aufbringen konnten, und die kleinsten Gassen und Gäßchen, die versteckesten Winkel sind zum Theil am prächtigsten geschmückt. Die Bewohner einzelner Straßen sind zusammengetreten und haben, außer dem Schmuck ihrer Häuser, noch am Eingang ihrer Straßen Triumphbögen oder Ehrenpforten errichtet und gehen hierin, wie schon mehrmals, die patriotischen Bewohner der Altgasse voran, so folgen ihnen die Granpengasse, die Krögerstraße, die Bockenheimergasse und Sachsenhausen.

Einzelne Hausbesitzer und Bewohner haben im Schmücken ihrer Behausungen das Aeußerste gethan und, wenn die Villa des Hrn. v. Bethmann in vollem Schmuck auch einen prächtigen Anblick gewähren wird, so concurriren mit ihr doch auch andre Häuser der Stadt, und insbesondere der Allerheiligengasse, Döngesgasse, Schäfergasse, Zeil ꝛc. ꝛc. Da, wo das Aeußere des Hauses wenig Gelegenheit zur Verzierung bot, wurde dem Schmuck des Innern desselben eine besondere Aufmerksamkeit gewidmet, so z. B. hat der Lindenfels seine engen Pforten in einen Blumengang verwandelt, der bei Nacht in magischer Beleuchtung erstrahlen wird. Fahnen und Flaggen aller deutschen Länder flattern in mitunter großartigen Dimensionen von fast allen Häusern herab, und ist auch, wie vorauszusehen, die deutsche Tricolore und das Rothweiß am meisten und überall vertreten, so bemerkt man doch auch die Farben der Schweiz, der Niederlande, des Sternenbanners der Vereinigten Staaten, ja selbst türkische und chinesische Flaggen. Noch im Bau begriffene Häuser haben sich geschmückt, die Ruine in der Neuen Kräme hat ein Feierkleid anzulegen versucht und selbst der Pfarrthürmer hat seinen Theil zum allgemeinen Festschmuck beigetragen, denn auf der höchsten Spitze des Thurmes, auf der sogenannten Reichslaterne, zeigt ein Fichtenbaum, daß auch dort oben Leute wohnen, welche fühlen, daß hier unten ein Fest gefeiert wird, woran Theil zu nehmen auch sie die Verpflichtung haben.

So ziehet denn ein, Ihr Gäste, die Ihr gekommen seid, in unsern Mauern ein Fest zu feiern, dessen Klänge hinüber klingen sollen über den Rhein an die Pforten des Kaiserpalastes, um dort zu zeigen, daß sich hier deutsche Männer mit Helvetias kräftigen Söhnen zu fröhlichem Feste vereinen, zu auch später, wenn das Vaterland ruft, in ernstem Kampfe miteinander zusammenzustehen; so ziehet denn ein in unsre Mauern zu dem Fest, dessen Klänge hinausklingen sollen in alle Welt, um ihr zu zeigen, daß Germaniens Kinder aus allen ihren Gauen sich hier zusammenfanden, um ihr darzuthun, daß

„sie wollen sein ein einig Volk von Brüdern,
„in keiner Noth sich trennen und Gefahr!"

Der Empfangstag.

Strömender Regen und lothige Straßen, deren Häuser in dem schönsten Festschmuck prangen, so zeigte sich uns der Tag, an dem die Schützengäste in unsern Mauern einziehen sollten, aber trotzdem der Himmel uns keine freundliche Blicke sendete, wogte doch eine ungeheure Menschenmenge, deren Regenschirme einen gewaltigen Tunnel bildeten, in den Straßen auf und ab, wartend der Gäste, die sie empfangen wollten, und weder Sturm, noch Regen, noch Schmutz konnte die Ausdauer der Begrüßenden entkräften. Der Hauptzudrang war, wie nicht anders zu erwarten, an den Bahnhöfen, in deren Innern die Herren des Empfangscomités mit weißen Brustbändern und sonstiger eleganter Empfangstoilette, (nicht Schützentracht) bereit waren, die Gäste zu begrüßen und hier und da noch an ihren Begrüßungsreden studirten. Jeder ankommende Schützenzug wurde schon vor den Bahnhöfen mit Kanonendonner der freiwilligen Stadtartillerie empfangen, während im Innern das „Deutsche Vaterland" demselben als Gruß von den aufgestellten Musikcorps entgegentönte. Nachdem die Begrüßungsworte vorüber, ordnete sich jeder Zug und wurde von Mitgliedern verschiedener Comité's nach dem Bureau des Wohnungscomité in der Harmonie geleitet, wo die Festkarten und die Wohnungsbillets ausgetheilt wurden. Die ersten der am Samstag Ankommenden waren die Nürnberger, früh 7¾ Uhr, welche von A. Barrentrapp mit einer kurzen kräftigen Ansprache begrüßt wurden. Nach ihnen mit der Mainweser-Bahn ein Theil Thüringer und um 10 Uhr der Ehrenpräsident des deutschen Schützenbundes, Herzog Ernst v. Coburg. Von hiesigen Mitgliedern des Comités und dem Ausschuß des deutschen Schützenbundes empfangen, begrüßte ihn das nicht enden wollende Hurrah der versammelten Menge, die bis in seine Wohnung in der neuen Mainzerstraße im Hause des Hrn. Seufferheld Spalter gebildet hatte. Um 12 und 2 Uhr kamen Rheinländer und nach 3 Uhr die Wiesbadener, mit denen von Elberfeld, St. Goar, Barmen; kurz nach 4 Uhr die „nachträglich erlaubten" Kurhessen, deren Erscheinen mit rauschendem Vivat begrüßt wurde, mit ihnen die Bremer in ihren grauen Blousen; kräftige Gestalten mit breiten Schultern und rothen vollen Wangen. Verschiedene Vereine kamen kurz nach diesen, doch die Menschenmenge hatte sich ganz nach dem Main-Neckar-Bahnhof hingezogen, wo für ½ sechs Uhr die Schweizer angemeldet waren, deren Erscheinen in unsern Mauern mit Sehnsucht erwartet und mit dem feurigsten Enthusiasmus begrüßt wurde. Die Geduld der Wartenden aber wurde auf harte Probe gestellt, denn der Extrazug hatte sich viel verspätet. Endlich kamen sie, und welcher Empfang! Helvetiens Alpensöhne wurden begrüßt, wie keine der ankommenden Gäste, obgleich Allen ein offenes Herz entgegengebracht wurde. Die Menge am Bahnhof und die drinnen wollte nicht enden mit ihren Rufen, Alles jubelte den Stammesgenossen zu. Sie stiegen aus und ordneten sich nach altgewohnter Weise im Zug, der sich in einen Kreis um die Estrade des Bahnhofs schaarte, wo Dr. Sauerländer folgende Anrede hielt:

„Der Festort Frankfurt ruft den Schweizerbrüdern ein herzliches Willkommen zu. Dank Euch, daß Ihr dem Ruf gefolgt seid und heute zum ersten Male an den Ufern des Mains jenes glorreiche Banner aufpflanzt, welches die Helden von Morgarten, Sempach und der Melzer Halde, von Gransen, Murten und St. Jakob geführt haben. Wenn unsere Jugend das flammende Kreuz noch nicht kennt, so kennt es doch die Tage des Ruhms, verherrlicht in den unsterblichen Gesängen unserer Dichter, sie kennt das Land der Alpenrosen, die Felsenburg der Freiheit, das Brüdergeschlecht der Eidgenossen und diese unsere begeisterte Jugend ruft Euch heute zu: Seid willkommen auf deutscher Erde, ihr treuen Boten aus dem Schweizerland. Gruß und Handschlag zum ewigen Bündniß, liebwerthe Eidgenossen. Schweizer Brüder hoch, hoch, hoch!"

Obrist Kurz aus La Chaux des Fonds, ein stattlicher Herr mit grauem Haar, erwiederte darauf in kräftiger Rede.

„Deutsche Schützen! Liebe Freunde!

Wir sind gekommen von unseren Bergen und aus unseren Thälern, um Euch hier freundlich zu begrüßen. Ihr habt uns mit einer freundlichen Einladung zu Euch gerufen. Wir sind gekommen in Masse, liebe Freunde. Wir sind gekommen, gleichsam als eine halbe Völkerwanderung, um mit Euch ein schönes Fest zu feiern. Wir danken Euch, daß ihr uns so freundlich eingeladen habt. Wir kommen mit vollem Herzen, dieses Fest mit Euch zu feiern, welches wohl das erste wahrhaft nationale deutsche Fest ist. Wir werden das Unsrige dazu beitragen, um Wette, das Fest mit sich bringt, mit zu feiern. Empfangen Sie unsern Dank. Wir bringen ungewohnte Formen mit, wir noch mehr sind nicht gewohnt an Euere Formen, aber wir bringen ein alt gewohntes Herz, das empfänglich ist für die Freundschaft und Liebe. Diese Gewohnheit, liebe Freunde und deutsche Schützen, diese Gewohnheit besitzen die Eidgenossen. Schützen, Kameraden, bringt den Gruß des Schweizer-Landes den deutschen Schützen, versammelt in Frankfurt am schönen Main, Deutschland, das Gesammtvaterland unserer Freunde, es lebe, es gedeihe, es erstarke, ruft mit ganzer Schweizerkehle, ruft, ruft, Deutschland hoch!"

Ein donnernder Schall folgte dieser Aufforderung und nahe an 1100 Schweizer-Brüder begrüßten mit diesem Ruf die freie Stadt. Der Zug setzt sich in Bewegung, voran die kleinen unermüdlichen Turner mit ihren rüstigen Trommlern, und ihrem eifrigen Wiegand, sodann ein Musikcorps und ein großer Theil der Comitémitglieder, ihnen nach die Schweizer, in deren Mitte das rothe Banner mit dem weißen Kreuz weht, dem voran eine jugendliche Schaar Trommler aus dem Cadettencorps schreitet, während dieser ein Tambourmajor, ein Meister in der Kunst des Stockschwingens, vorausgeht. Kopf an Kopf, dicht gedrängt stehen die Colonnen der Wartenden und durch sie geht, begrüßt von rauschendem, alles begeisterndem Zuruf die Schweizerschaar. An dem Ed der Zeil, im Eingang der Haasengasse, stellen sie sich auf um ihre Wohnungsbillets zu empfangen, wir aber eilen, um der Ankunft und dem Empfang der Tyroler, Wiener, Münchener ꝛc. beizuwohnen. Endlich kamen auch diese und mit ihnen die Sachsen und die Berliner, welche Letztere durch Unglück auf ihrer Reise aufgehalten um 12 Stunden zu spät eintrafen. Kräftige, markige Gestalten, diese Wächter der Südgrenze unseres Vaterlandes, diese Männer des Inn- und Passeyerthals. An Dr. Passavant ist die Aufgabe gekommen, sie zu begrüßen und er thut dies mit folgenden Worten:

„Meine Herren! Vom Fest-Comité ist mir der ehrenvolle Auftrag geworden, Sie zu begrüßen. Wir wissen, welche Gäste Oestreich, Bayern und Preußen uns sendet, Schützen von altbekanntem Rufe und aus Tyrol, die muthigen Wächter unsrer Grenzen. Meine Herren! Sie bringen uns ein flaggekröntes Banner, ein leuchtendes Vorbild aller deutschen Schützen-Fahnen. Die alte freie Stadt, in die Sie einziehen, ist stolz auf solche Gäste. Wir hoffen, daß Sie sich heimisch fühlen; wir bringen Ihnen offene Herzen entgegen. Wir hoffen, daß Sie als Schützen Befriedigung finden, daß Sie als deutsche Männer nur ein Geist der Einigkeit beseelt."

Waren auch die Tyroler und Bayern die letzten, deren Einzug wir anwohnten, so kamen doch bis Nachts 12 Uhr noch Schützen, und trotz des Regens, trotz der späten Nachtstunde begrüßte sie der Jubelruf der ausdauernden Empfänger.

Da draußen in der Festhalle aber wogte, obschon der Weg über den Festplatz für Besucher ohne Stulpstiefel ein Wagstück zu nennen war, eine fröhliche Menge. Toaste mancherlei Art wurden ausgebracht, Bekanntschaften gemacht, Freundschaften geschlossen und erneuert, kurz, hier konnte man das Bild erblicken, wie es vielleicht, doch in größerem Maßstabe, an den Festtagen zu sehen sein wird.

Der erste Festtag.

Der Sonntag Morgen kam und mit ihm die erste Hoffnung auf besseres Wetter, der Himmel klärte sich auf und die Sonne sendete freundliche Blicke auf die sie ängstlich erwartenden Festgenossen hinab. Der Himmel sieht günstig, warum soll der Festzug denn nicht günstig ablaufen? Schon in der Frühe war ungeheurer Zudrang in den Straßen der Stadt, Schritt vor Schritt mußte man gehen. Der Fiaker mußte den muthigen Gelüsten seines Pferdes Einhalt thun, und in langsamem Tempo seinen Weg fortsetzen. Ein großartiges Treiben herrscht in der Stadt, hier zieht ein Zug auf, der nach dem Festort geht, hier sammeln sich Schützen und dort kommt wieder Einer der beim historischen Theil des Festzuges Betheiligten in seiner altdeutschen Tracht und wandelt würdigen Schrittes durch die Straßen. Wir aber begeben uns auf den Roßmarkt, um dort den Zug an uns vorüber passiren zu lassen. Hier gilt es warten, denn allem Anschein nach wird der Zug später eintreffen als wir erwartet und richtig erst gegen ½1 Uhr zieht die Spitze desselben durch die geöffneten Schranken des abgesperrten Roßmarktes. Reiter sprengen herein und ihnen folgen in tactmäßigem Schritt eine Abtheilung bewaffneter Turner in grauen Joppen und aufgepflanzten Bajonnet mit Fahnen, denen nach Turner in turngerechtem Tritt mit ihrem Führer einherschreiten, dessen feuerrothe Binde weithin leuchtet. Die Klänge der Musik tönen voraus, und auf kräftigen Rossen erscheinen die Urgermanen in ihren braunen und schwarzen Thierfellen, trotzig unter denselben hervorschauend, in nacktem Arm die Lanze schwingend. Auf dem Fuße folgen ihnen die Bogenschützen in blauer, weiß geschlitzter Tracht mit blauen Strümpfen und schwarzweißem Barett, auf der Schulter den Bogen und auf dem Rücken den braunen mit rothem Band umwundenen Köcher. Ihnen nach kamen gewichtigen Schrittes die Armbrustschützen in rothbraunem Wamms, rothbraunen Beinkleid und rothem Barett, im Arm die Bolzen Armbrust. Gleichsam stolz über den Vorzug, den sie vor den Armbrustschützen haben, so stolz, als ob sie die Erfinder dieser ersten Feuerwaffen seien, kommen jetzt die Luntenschützen mit dem gelben, messingblechenen Helm auf dem Haupt, den grauen Beinkleidern, den braunen Wämmsen und den braunrothen Strümpfen. Auf dem Fuß folgen die Vertreter des dreißigjährigen Kriegs in gelber, schwarzgeschlitzter Tracht mit schwarzen Strümpfen und dem grauen breiten Hut. Bewaffnete Turner schließen diese Abtheilung und einhersprengen jetzt eine Zahl Reiter mit dem Frankfurter Stadtbanner, dann naht eine Abtheilung Schützen und Comitéabgeordnete. Ein Musikchor eröffnet den langen Zug der Sänger Frankfurts, voraus der Liederkranz, ihnen nach in langer Reihe die große Zahl der verbündeten Männergesangvereine mit ihren Fahnen, „Hoch, Hoch, Hoch!" singend, in ihrer Mitte der Präsident des deutschen Sängerbundes, Dr. Gerster aus Nürnberg. Die nahe an 860 Mann betragende Schaar ist vorbei und die berittenen Schützen lassen ihre muthigen Rosse ausgreifen, sie kommen, angeklemmt von ihrem Trompeter, dessen rother Federbusch auf dem Hut lustig bei seinem Willkommblasen dareinnickt. Stattliche Männer, diese Reiterschützen in ihren grauen Joppen mit grauem Hut, auf denen grüne Federbüsche wallend nachziehen, die

Büchse auf dem Rücken, und die Zügel des Rosses in der Hand. Zur Abwechslung kommen jetzt tactmäßigen Schritts Schützen, die sich auf ihre eignen Untergebenen verlassen und zu Fuß einherwandeln. Ein Musikcorps bläst jetzt in lustigen Klängen der unermüdlichen Turnerjugend mit Trommler und Fahnen voraus, der die reckgewankte ältere Mannschaft folgt. Doch daß Kraft an Kraft sich reihe, so schreiten ihnen nach die Sachsenhäuser Jäger, wettergebräunte Gesichter, urkräftige Gestalten, wackere Anhänger des Feldes und Waldes. Ein auf großem Banner befestigter, prachtvoller, von einem der Ihrigen hier geschossener Adler, eröffnet den Zug und ihm nach in Schützentracht, die Waldmannstasche auf dem Rücken, die Büchse im Arm, unsere linksmainischen Nachbarn. Schützen reihen sich ihnen an und die Zeiger, wie sie unsere Altvordern kannten, erscheinen in rother, schwarz geschlitzter Tracht und weiß grauem Hut mit rothem Band, den Frankfurter Adler und altehrwürdige Scheiben tragend. Wem aber gebührt nach diesen Zeugen aus alter Zeit jetzt der Vortritt, natürlich unsrer ältesten Schützencorporation, der seit vierhundert Jahren bestehenden Urschützengesellschaft. Bärtig schreiten sie einher und Comitémitglieder folgen ihnen. Doch jetzt tab ab, es kommt der, wenn auch nicht charakteristischste, doch in jeder Beziehung schönste Theil des Festzugs, die Jungfrauen: Mädchen und Knaben erscheinen, ein zwar riesiges, doch auch in dieser Dimension außerordentlich schönes Rosenbouquet geleitend. Zwölf den besten Bürgerfamilien angehörige junge Damen in weißen Kleidern mit blaßrother Schärpe und rothem Kranz im Haar, tragen Ehrenbecher, während kleine Mädchen in weißen Kleidern mit blauer Schärpe und blauem Kranz im Haar nebenhergehen. Ein Theil der Knaben in hellblauen Blousen mit schwarzen Beinkleidern, grauen, grünbekränzten Hüten, begleiten, an den blauen Bändern festhaltend, das Bouquet, während ein anderer Preisbüchsen trägt. Die Ehre, nach dieser lieblichen Erscheinung sich an den Festzug anzuschließen, hat der Frankfurter Schützenverein mit seiner neuen Fahne, deren Spitze heut zum ersten Mal der Frankfurter Adler ziert. Dessen langer Reihe folgt ein Musikcorps, dem nach der Fahnenwahl des bei weitem größten Theils der hier anwesenden Schützenvereine, jede Fahne von zwei Mitgliedern des betreffenden Vereins begleitet, was bei der Mannigfaltigkeit der Schützentrachten einen ganz besonders anziehenden Anblick gewährt. Unter den Fahnen war auch das schwarzumflorte Banner Schleswig-Holsteins; die Rufe, die diesem zugerufen, die Grüße, die ihm gesandt und die Hurrah's, die ihm zugejubelt worden, sind zahllos und unsere hartbedrängten Brüder im Norden können hieraus sehen, welche Sympathien für sie hier herrschen, obschon unsere Kraft mit unserem guten Willen nicht Hand in Hand geht.
— Noch einmal Musik und unsre lieben Schützengäste, die Eidgenossen, erscheinen im imposanten Zug, überall

begrüßt mit Schwenken der Tücher und lautem Hurrahruf. Ihr Fahnenträger und die ihn begleitenden zwei Mann sind in alter Schweizertracht, der eine weiß mit dunkelroth geschlitzt, der andere gelbschwarz mit carmoisinrother Schärpe, und der dritte rothweiß mit gelber Schärpe. Der lange Zug der Eidgenossen ist vorbei und nun folgen in nicht enden wollenden Reihen die deutschen Schützen, nach Ländern und Städten geordnet, jeder einzelnen Abtheilung ein Zeichen mit dem Wappen des Landes und dem Namen der Stadt, der sie angehören, vorangetragen. Doch jetzt halt, hinter des Zugcomités mit blauer Schärpe siegen, Meister Schall erläßt seine Befehle von der Tribüne des Roßmarktes, die Uebergabe des Bundesbanners findet statt. Herzog Ernst erscheint und tausende von Kehlen streuen sich an, ihm ihren Willkommsgruß zuzurufen. Er besteigt die Tribüne und der Präsident des hiesigen Schützenvereins Dr. S. Müller ergreift das Wort zu ungefähr folgender Rede:

„Seid mir gegrüßt, Ihr Männer all! Im Namen der Stadt Frankfurt und des Festausschusses heiße ich Euch willkommen! Willkommen, Ihr deutschen Schützenbrüder, die Ihr versammelt seid zum heitern Fest, wir hoffen und erwarten, daß Ihr Euch auch schnell vereint, wenn's gilt zu kämpfen für das Vaterland. Willkommen Ihr deutschen Schützenbrüder, die Ihr gekommen seid, an der Einheit und Größe des Vaterlandes mitzuhelfen, willkommen Ihr Mitglieder des deutschen Schützenbundes, an dessen Spitze der edle Herzog steht, willkommen Ihr Nachbarn aus der Schweiz, die Ihr unser Muster und Vorbild bei dem Schützenwesen ward. Euch Alle heiße ich willkommen und nun eröffne ich dieses erste deutsche Bundesschießen, es sei ein Fest der Freude und des Friedens, es sei ein Fest der Erholung und Begeisterung. Unser ganzes Vaterland, es lebe hoch! hoch! hoch!"

Nachdem das allgemeine Hurrahrufen sich etwas gelegt und das Bundesbanner, begeistert begrüßt, auf der Tribüne aufgestellt war, sprach Herzog Ernst folgende Worte:

„Geehrte Versammelte! Während ich noch vor kaum einem Jahre unter allgemeinem Jubelruf die Gründung des deutschen Schützenbundes verkündete, so gilt es jetzt dem vollendeten Werke die Weihe, dem Bunde sein Symbol zu geben. Der Krieger schwört bei seiner Fahne, lassen Sie mich im Namen Ihrer Aller, im Namen der vielen Tausende, die gezogen gekommen von den Dünen der Nordsee bis zu den schneeigen Alpen, lassen sie mich geloben, bei dieser Fahne treu zu halten am Vaterland und im wehrhaften Bund alle waffengeübt zusammenzutreten. Und so wehe denn dies herrliche Banner, von Frauenhänden gewoben, Ihnen Allen und Ihrer Ehre anvertraut, es wehe dies deutsche Banner, das deutsche Männer vereinigt." Ein Hurrahruf, wie selten gehört, unterbrach hier die Rede des Herzogs, der, nachdem einige Ruhe eingetreten, also weiter sprach: „Ich übergebe hiermit die Fahne der Stadt Frankfurt, als dem gegenwärtigen Festort, halten Sie sie treu und bewahren Sie sie gut."

Der Jubel, der sich nach dieser Rede erhebt, ist verklungen, der Zug setzt sich wieder in Bewegung und das Bundesbanner, getragen von drei hiesigen kräftigen Bierbrauern, und gefolgt von Herzog Ernst sammt dem Vorstand des Deutschen Schützenbundes, stellt sich vor die gesammten Fahnen. So geht der Zug durch die Straßen der Stadt weiter, bis er endlich gegen vier Uhr auf dem Festplatz anlangt, und sich in einem imposanten Kreis um den Jabentempel gruppirt. Die innerhalb des Raumes um denselben aufgestellten Sänger beginnen die Feier mit dem Choral „Herr Gott, dich loben wir;" in dem fast sämmtliche Festgenossen einstimmen und nach dessen Verhall Dr. Passavant zu folgender Festrede das Wort ergreift:

„Im Namen des Festvorstandes, meine Herren, stelle ich Ihnen nun den Festplatz zur Verfügung zum edlen Wettkampf unserer deutschen Schützen und unsrer werthen Gäste, zu heiterer Geselligkeit, zu ernstem Wort.

„Das erste deutsche Bundesschießen ist es, das wir feiern, das heißt, als deutsche Schützen sind wir zu dem Fest gekommen, das schwarz-roth-goldne Banner es ist unser Zeichen.

„Ein deutsches Volksfest ist es, das wir feiern, wir wollen sein Ein Volk. Wir wollen uns gemeinsam festlich freuen in guten Tagen, wir wollen fest zusammenstehen zur Zeit des Sturms, dann werden wir festhalten, wie dieses hehre Bild im wilden Sturm gestanden. In allen Stämmen unsres Volkes ist der Gedanke wach, er ist es, der die Feier dieses nationalen Festes ermöglicht hat, wir müssen einig sein und der Gedanke, meine Herren, er ist die Morgenröthe eines Tags, an dem das Vaterland vereinigt wird.

„So reichen wir uns denn die Hand als Brüder, von Süd und Nord, von Ost und West, auf daß dies Fest ein glänzend Zeugniß werde, wie bei so mannigfachem verschiedenen Streben dennoch ein mächtiger Geist der Eintracht uns beseelt. Das ist es, was wir Alle hier bewähren wollen, das ist der Sinn, der unsre Feier weihet, deshalb ein Hoch dem einigen, dem freien, mächtigen deutschen Vaterland."

Das Hoch erschallt und wie ein Ton aus den Tausenden von Kehlen der hier versammelten Menge braust es über den weiten Festplatz hin und nachdem es verhallt, stimmt die Musik „Was ist des Deutschen Vaterland" an — und einfällt in die begeisternden Klänge das gesammte Volk.

Die Zugfeierlichkeit war hiermit beendet, nacheinander ziehen in die weite Festhalle die Fahnen sämmtlicher Vereine und hier werden sie zu beiden Seiten des Bundesbanners aufgehängt. Dieses, ein Meisterstück der Stickerei, hängt in einer Breite von sechs Fuß und einer Höhe von acht Fuß an einem Querstab, der mit goldnen Schnüren an der Fahnenstange befestigt ist, flach hernieder. Durchaus von rothem gemusterten Seitendamaste, sind beide Seiten des Fahnenblattes durch schwarze Lesenen und gothisch reich ornamentirte Goldstickereien in mehrere Felder getheilt, deren mittleres auf der Vorderseite den gestickten Doppeladler in goldenem Grunde trägt. In gleichem Feld auf der Rückseite ist ein Eichenkranz mit der Inschrift gestickt: Deutscher Schützenbund, gegründet zu Gotha 13. Juni 1861." Die übrigen schmalen Felder dieser Seite sind so eingetheilt, daß in ihnen die Wappen der Städte, in welchen Schützenfeste abgehalten wurden, angebracht werden, wie denn mit den Wappen der Städte Gotha und Frankfurt bereits der Anfang gemacht worden ist. Die Spitze der Fahnenstange endigt in einer Consele, welche die Statuette eines Schützen in der Ordonnanzkleidung trägt, beide in vergoldeter Bronce. Große goldene Quasten hängen zu beiden Seiten an den Fahnenschnüren.

Die Fahnen sind hoch oben befestigt, unter ihnen aber wogt es, Kopf an Kopf gedrängt, eine dichte Menschenmasse, nicht nur solche, die am Bankett Theil nehmen, sondern auch und in größerer Anzahl die, welche nur schauen wollen und — unter diesem Zudrang wird bankettirt. Unterhalb der Rednerbühne, in Mitten der Comitémitglieder, sitzt Herzog Ernst in einfacher Schützentracht, und nicht weit von ihm die Jungfrauen, welche den langen Zug durch die Stadt zu Fuß gemacht und hier den Ehrenplatz einnehmen.

Den ersten Toast brachte Dr. G. Müller aus: „Freunde und Genossen!" — sagte er —, „ich danke Euch, daß Ihr zu diesem Feste erschienen seid. Es sind manche Einrichtungen mangelhaft, weil sie der Zahl der Erschienenen nicht entsprechen. Allein das entscheidet nicht: der Sinn und Geist, in dem das Fest gefeiert wird, giebt ihm die Weihe, nicht die Form. Darum freut Euch, daß Ihr erschienen seid, denn Ihr habt damit gezeigt, daß Ihr den Sinn und Geist dieses Festes versteht. Dieses Fest ist ein nationales. Hier ist nicht vertreten ein einzelner Stand oder ein einzelner Rang; Alle sitzen auf derselben Bank. Wir ehren den Fürsten, der zum Volke hält; aber wir ehren auch den Geringsten, wenn er sich als Patriot zeigt. Hier gilt keine Confession; jeder Mann behält seinen Glauben; wir fragen nach demselben nicht, wenn er nur für das Wohl des Vaterlandes glüht. Hier gilt keine Partei: das Fest ist ausgegangen, man hat gesagt hat, von irgend einer Partei; das Fest ist ausgegangen von den Herren, die in Gotha bestimmten, daß das erste deutsche Bundesschießen in Frankfurt stattfinden solle. Diese Herren dachten wie wir, und Frankfurt nahm die Wahl an, weil wir begeistert sind für das Vaterland. Wenn ein Mensch denkt und für das Vaterland glüht, nun so muß er ganz natürlich Parteimann werden: aber warum müssen sich denn die einzelnen Parteien hassen? Wir können Gegner sein in den Anschauungen, und doch Freunde in gutem Willen. (Bravo!)

Hier gilt ferner kein Staat: der kleinste Staat von Deutschland ist gleich willkommen, wie der größte. O hätten die Führer, die Ersten unseres Vaterlandes das immer bedacht, daß sie nur ein gemeinsames Vaterland haben; dann hätten wir keine Schlachten von Jena erlebt und keinen Baseler Separatfrieden; dann hätten wir keine Schlachten von Solferino und keinen Frieden von Villafranca gehabt; dann hätte Deutschland nicht die Schmach des Rheinbundes erlebt. Ich will heute an diesem Festtage diese traurigen Blätter der deutschen Geschichte nicht weiter aufschlagen.

Was hat denn aber das Volk zu thun? Auch das Volk: denn auch Ihr habt alle miteinander mehr oder weniger dem Particularismus angehängt; auch Ihr habt alle gesagt, wenn Oesterreich etwas Gutes gethan hat: „das taugt nichts!" und wenn Preußen etwas Gutes gethan hat: „das taugt nichts!" Euch alle miteinander will ich sagen: Werdet einig, dann wird alles gut gehen! Wir haben hier an unsere Eingangspforte geschrieben: Wir wollen ein einig Volk von Brüdern! Nord und Süd, West und Ost sind uns alle gleich. Seid einig und daraus wird die Größe, Macht, Ehre und Freiheit des Vaterlandes erstehen. Darum bringe ich jetzt den ersten Toast aus und zwar den Toast, der als der einzige erste in dem ganzen Vaterlande gelten soll, der überall der erste sein muß; der Trast auf's Vaterland: Dieses schöne, große, ganze, deutsche, heilige Vaterland lebe hoch!" (Bravo! Hoch! Bravo!)

Daß bei dem Menschenzudrang und dem Lärmen innen und außerhalb der Halle die Redner schwer, für entfernter Sitzende gar nicht zu verstehen waren, ließ sich denken, es amüsirte sich jeder Tisch in seiner Weise und allmählig begannen sich die Geister des Weines zu regen, da — Trommelschlag und eine Abtheilung Schweizer erscheint, den Festjungfrauen im Namen der Ihrigen einen Kranz überbringend.

Der zweite officielle Toast, vom Hrn. Dr. Reingannum ausgebracht, galt, wie billig, den Gästen:

„Ihr Männer und Freunde", sprach er, „dazu erkoren, Frankfurts Gefühle Euch auszudrücken, bin ich besorgt, schlichte Worte zu finden. Frankfurts Gefühle sind Euch durch das Volk ausgedrückt. Der Jubelruf des Volkes spricht kräftiger als je ein Redner sprechen konnte und Frankfurts Sprache war Deutschlands Sprache, denn in Frankfurt pulsiren Deutschlands Adern, denn Frankfurt ist die Stadt der Kaiser, Frankfurt die Stadt des deutschen Parlaments. Und wenn ich Euch Freunde und Schützenbrüder begrüßen soll, so muß ich vor allem der lieben Schweizer gedenken. Von Ihren Bergen, aus Ihren Thälern, aus ihrer so innig geliebten Helmoth, deren Erinnerung allein sie krank macht, haben sie sich losgerissen, um in Deutschland zu fühlen, zu denken und mit Deutschland sich zu verbrüdern. Schweizer, das bewunderungswürdige Volk, welches ausgezeichnet in allen Künsten des Friedens und der Gewerbe auf die Kraft seiner Berge und auf seine Männerkraft sich stets stützt, die Schweiz, welche seit Jahrhunderten von sich sagen konnte: „Geschützt durch ihre Kraft und durch der Könige Neid; wir brauchen keine Helfer." Schweizer, ich danke Euch, daß Ihr herangezogen seid zu dem Feste deutscher Verbrüderung am Schützenfeste; gedankt seid Ihr aus Oesterreich und Tyrol, aus Bayern; gedankt seid auch Ihr Schwaben und diesrheinische Alemannen, denn die linksrheinischen Alemannen sind durch Feigheit, Dummheit und Verrath von uns losgerissen; begrüßt seid Ihr, Ihr Sachsen und Niedersachsen, Ihr Preußen, Ihr Ober- und Ihr Niederrheiner, jeder achtbar in seiner Eigenthümlichkeit und er bewahre ihr immer seine Eigenthümlichkeit, wie Niemand seines Landesdialects sich entschlagen möchte.

Aber und Alle vereint der Gedanke an das einige, freie, mit Gleichheit ausgerüstete Vaterland. Und wenn es Euch nicht ermüdet, so füge ich noch einige Worte hinzu: Die Schmach Deutschlands war es, verdammt zu sein zu Willenlosigkeit, aber der Wille des Volkes hat sich immer und immer wieder kundgegeben: 1809, 1813, 1817, 1819, 1832, 1840, 1848 (Stürmischer Beifall), 1859 und 1862 (endloser Jubel) und während wir über das stete Streben und Zusehen vergessen hatten, was wir nicht geträumt, sondern gedacht und wohl durchdacht, wird der künftige Geschichtsschreiber dieses Jahres alles mit der Glorie der Vaterlandsliebe und des Märtyrerthums umgeben. Ich habe vorher einen Stamm vergessen, den Stamm der Kurhessen, der Märtyrer für deutsches Recht, und Schleswig-Holstein, dessen Märthyrerthum noch nicht gesühnt ist, und dies Alles uns sagend, müssen wir uns gestehen, daß in all den Jahren, die ich hererzählt habe die uns so oft vergessen haben, Deutschlands Streben zuerst war nach Einheit, — ein einiges Deutschland, und ein einiges, gekräftigtes, gebildetes Volk ist auch frei — also ein freies Deutschland. Die Freiheit ist nimmer denkbar ohne die Gleichheit; die Gleichheit, welche besteht in der gesetzmäßigen gleichen Behandlung aller Bürger und durch diese

Gleichstellung in der Anerkennung der gleichen Menschenwürde in allen deutschen Bürgern: denn das ist ja der Segen, daß Recht und Politik zurückkehren zu dem, was rein menschlich ist, daß all die Künste und Gaukeleien hinweggeworfen werden, mit welchen man das Volk zu bethören sucht. Nun noch ein Wort: Gegrüßt Ihr Schützen, gegrüßt Ihr schweizer Männer, gegrüßt Ihr deutschen Männer aus allen Gauen, welche unser Fest mit Ihrer Gegenwart beehrten. Hoch Deutschland! hoch! hoch!"

Endloser Jubel und Beifall begleitete den Schluß der Rede.

Wie allmälig sich die Fröhlichkeit immer mehr steigerte, so nahmen auch die Redner zu, aber die meisten der Herren, unter ihnen Dr. Reißinger aus Wiesbaden waren bei dem fortwährenden Lärm in der Hütte und dem lustigen Knattern der Büchsen auf den Schießständen nicht zu verstehen, selbst nicht am Tisch der Journalisten, wo der Duft des von P. A. Mumm in freigiebiger Weise gespendeten Johannisberger auch schon einige Köpfe stürmisch gemacht hatte.

Nur des Toastes des Vicepräsidenten unseres gesetzgebenden Körpers, des Hrn. Dr. Jäger müssen wir noch gedenken.

„Brüder, Freunde", begann er, „im Namen dieser freien, der alten Bundesstadt sage ich Euch herzlich Dank für Eure freundlichen Gesinnungen, für Eueren zahlreichen Besuch. Deutsche Schützen von Nord und Süd, von Ost und West seid Ihr herangezogen zu schaaren Euch unter dem schwarzroth-goldenen Banner. Dieses Panier mäßt Ihr hochhalten immerdar, denn nur in diesem Zeichen werden wir siegen. (Bravo!)

Deutsche Schützen, Ihr seid gekommen zum edlen Kampfesspiel, doch nicht zum Spiel allein. „Uebt Aug und Hand für's Vaterland", auf daß, wenn einst der Erbfeind naht, ein jeder treffe seinen Mann. Deutsche Schützen! Von jenem Tempel drüben winken Euch der Gaben viele und herrliche, die der Patriotismus hier vereinigt hat; aber die schönste und die herrlichste Gabe, die findet Ihr nicht in jenem Tempel drüben, die suchet in Eurer eigenen Brust. Der schönste Lohn dieses Festes ist die Einheitsidee. Ihr deutschen Brüder! Dies erhebende Bewußtsein, tragt es fort in Euere heimathlichen Gauen, sagt es den Euern, Ihr habt in Frankfurt nicht Oesterreicher, nicht Preußen, nicht Bayern, nicht Schwaben, nicht Sachsen mehr gefunden, sagt es den Euern, Ihr habt nur Deutsche gefunden, nur Brüder, geschaart um das gemeinsame schwarz-roth-goldene Banner. Sagt das den Euern! Und Ihr, Ihr lieben Schweizer, wenn Ihr heimkehrt auf Euere heimathlichen Berge, dann sagt es den Euern, daß Ihr in Frankfurt ein geeinigtes deutsches Bruderoolk gefunden.

Ein Jeder wirke in seinem Kreis, daß die Einheitsidee immer mehr erstarke und sich kräftige. Das deutsche große Vaterland lebe hoch!"

Noch lange nach dem Bankett saßen da drinnen in der Halle die Schützen; während draußen die Pfropfen der Büchsen flogen, knallten hier die Pfropfen der Champagnerflaschen, und weit früher kamen die Büchsen in Ruh, als drinnen die Kellner, denn das Treiben in der Festhalle soll bis nach 2 Uhr gedauert und sich schließlich die Schützen mit Mädchen und Frauen in wirbelndem Tanz gedreht haben.

Der zweite Festtag.

Noch herrlicher leuchtete an diesem die Sonne auf die fröhlichen Festgenossen herab und beschien mit ihren ersten Strahlen Hunderte von Schwärmern, die, sei es nun Mangel an Wohnung, sei es Liebhaberei, den Anbruch des Tags auf der Straße erwarteten, und mit hellem Jodlen und Juchzen die anderen, weniger Festeifrigen, aus dem Schlummer weckten.

Schon in den ersten Morgenstunden waren die Stände der Schießhalle mit Schützen dicht besetzt und ohne Aufhören knatterten die Schüsse und flogen die Kugeln nach dem sorgsam gesuchten Ziel. Auf die Standscheiben wurde am meisten geschossen und unter den Schützen waren die Schweizer und Tyroler voran, dagegen soll auf die Festscheibe „Deutschland" bis zehn Uhr Morgens kein Schuß gethan worden sein.

Um 12 Uhr fand die feierliche Ueberreichung des amerikanischen Sternenbanners an den deutschen Schützenbund durch eine Deputation der Amerikaner von ungefähr 30 Personen statt; an ihrer Spitze der Generalconsul, Hr. Murphy. Diese feierliche Ceremonie wurde am Gabentempel abgehalten, wohin sich zu diesem Zwecke der Vorstand des deutschen Schützenbundes, seinen Ehrenpräsidenten, den Herzog Ernst von Koburg an der Spitze, nebst Mitgliedern verschiedener Comités begeben hatten. Hr. Murphy, als Vertreter der Vereinigten Staaten, wies in englischer Sprache auf die Fahne der Union hin, pries die Zeiten, als Alle in Amerika noch einig waren, und berührte dann den gegenwärtigen Zustand. Dies gab ihm Gelegenheit von den Deutschen in Amerika zu reden, und wie fast hunderttausend derselben unter dem Banner der Union für Recht und Freiheit kämpften. Seine Rede war ein Lob der Deutschen und des germanischen Stammes.

Dann ergriff der Consulatssecretair, Hr. Gläser, das Wort und sprach im Namen der Deutschen in Amerika:

„Schützen, Freunde, Brüder! Es wurde hier ein Name genannt, der Zeiten angehört von echtem Adel, der sich die Anhänglichkeit des deutschen Volkes erworben hat durch seine warme Theilnahme an der nationalen Entwicklung. Dieser acht deutsche Fürst hat Euer Fest eröffnet, indem er Euch eine von zarter Frauen und Jungfrauen Hand gestiftete deutsche-nationale ⋅Schützenfahne unter Gottes blaulachendem Himmel übergab. Wenn ich recht berichtet bin, so wird dieses große deutsche nationale Fest damit beendigt werden, daß die Repräsentanten der größten Republik ihr Nationalbanner dem deutschen Schützenbunde überliefern werden. Zu diesen beiden Feierlichkeiten habe ich die große Ehre, im Namen der Deutschen in Amerika, die vielleicht in dieser Stunde mit heißem Sehnen hinüber denken an's deutsche Vaterland, dies sternbesäte Banner als ein Erinnerungszeichen an diese großen Tage zu überliefern. Schützen, Brüder! Euere Brüder in Amerika senden Euch diese Gabe nicht, als hätte sie Geld oder Geldeswerth; dazu ist sie zu gering, sie senden sie in anderem Sinne als ein Emblem der Einigkeit. Leider ist diese größte Republik der Welt eben in einem Kampfe begriffen, der vielleicht auch Euch, doch in anderer Weise bevorsteht. Noch vor 2 Jahren war Amerika das Reich, auf das man schaute als ein Muster der Einigkeit und des Fortschrittes, jetzt in einen Bruderkrieg verwickelt, an dem 100,000 Deutsche theilnehmen mit Gut und Blut (Beifall) und bis auf den letzten Mann kämpfen für das große Ziel der Erhaltung der Einigkeit. Deutsche, wie Ihr hier versammelt seid, Ihr habt sie noch nicht errungen, das so glückliche Volk vor 24 Monden noch sein eigen nannte. Dieses Fest ist ein großes, theueres Zeichen voran auf dem Wege zur deutschen Einigkeit. Wie Ihr sie verlangt, ich weiß es nicht, unser Wunsch ist es, daß Ihr sie erlangt auf friedliche Weise. Sollten aber Einflüsse von Außen, von Innen, das möge Gott verhüten, Euch zwingen, das Schwert zu ziehen und die Büchse an die Schulter zu legen, um hinauszuziehen, um im Kampf die Einigkeit zu erringen, dann denkt an diese Stunde, denkt an das Banner, das Euch über das Meer geschickt ist als Zeichen der Einigkeit und zieht hinaus unter einem Banner, alle 36 Farben vereint unter dem schwarz-roth-goldnen Banner. Schützenbrüder, hier fällt mir das Wort eines deutschen Dichters ein. „Ein Schütz bin ich für meines Volkes Recht, für Freiheit und. für Einigkeit." Wenn Ihr hinaus müßt in den blauen Dampf und die Kugeln um Euere Köpfe sausen, das deutsche Banner voranweht, da schlagt an's Herz und ruft: Ein Schütz bin ich für Deutschlands Einheit, Freiheit." (Bravo!)

Hierauf verlas Hr. Gläser die folgende Adresse des deutschen Schützenclubs in Philadelphia:

„Brüder und Schützenkameraden
im alten theueren Vaterlande!
(Gruß und Handschlag über's Meer!)

Obgleich getrennt durch Länder und Meere von der lieben Heimath, schlägt unser Herz doch noch in treuer Liebe und Anhänglichkeit für's schöne Land der Väter und für sein geliebtes Volk!

Auch als freie Bürger des großen und mächtigen Volksstaates der amerikanischen Union, nehmen wir den lebhaftesten Antheil an den geistigen Bestrebungen, an dem materiellen Wohlergehen und dem politischen Fortschritt im alten Vaterlande. — Jedes Zeichen, daß der deutsche Volksgeist sich erhebt zur Kräftigung und Einigung, daß das deutsche National-Bewußtsein neue Sprossen und Blüthen treibt und daß das Ziel: „Die Begründung eines großen deutschen, einheitlichen Volksstaates" näher rückt, erfüllt unsere Herzen mit der lebhaftesten Freude.

Auch inmitten der schweren Prüfung, mit welcher jetzt unser amerikanisches Vaterland heimgesucht ist, und innit der schweren Pflichten, welche uns dieselbe auferlegt, vergessen wir nicht das deutsche Vaterland.

Mit Jubel begrüßen wir die Stiftung eines großen deutschen National-Schützenbundes!
So ist es recht!

Die Wehrhaftigkeit einer Nation ist ihr einziger Schutz, ihre einzige Macht nach Innen und nach Außen; — und daß Nichts so sehr eine solche hebt, wie die Schützen-Vereine, das beweist uns die gefrierene Schlagfertigkeit der Bürger unserer freien deutschen Städte in früheren Zeiten und die Geschichte und die Volkswehr der Schweiz.

Die Vereinigung aller deutschen Schützen-Vereine zu einem großen Nationalbunde ist uns sichere Gewähr, daß das deutsche Bewußtsein im mächtigen Voranschreiten begriffen ist.

Sobald auf der Fahne aller deutschen Patrioten das Motto zu lesen sein wird:
„Freizügigkeit in ganz Deutschland,"
so wird das deutsche Bürgerthum aus den Ruinen der Kleinstaaterei sich mit Macht erheben, und ihm wird Eure Fahne mit der Inschrift:
„Allgemeine Wehrhaftigkeit"
siegreich vorausschreiten zur Begründung des neuen Volksstaates der deutschen Union!

Glück auf! theuere Landsleute und Waffenbrüder! Voran auf der schweren Bahn, die ihr so muthig betretet!

Mit fester Hand, mit sicherem, rubigem Blick kann das Ziel, der kostbare Preis, um den ihr werbt, nicht verfehlt werden.

Erlaubt auch uns aus weiter Ferne, wenigstens in Gedanken, Theil zu nehmen an dem schönen Nationalfeste, das ihr in diesen Tagen begehen wollt. — Nehmet auch von uns einen kleinen Beitrag zu den Festgaben des Ehrentempels, mit denen Ihr Euere Schützen schmücken werdet.

Wir senden Euch die Flagge unseres neuen Vaterlandes, unter deren Sternen und Streifen jetzt so viel Tausende und Zehntausende deutsche Männer für die Erhaltung des größten und freiesten Volksreiches der Welt kämpfen, für welches die amerikanische Erde schon so manchen Tropfen edlen deutschen Herzblutes getrunken, und wofür auch schon mancher unserer braven Schützenbrüder das Leben ließ.

Wie dieses glorreiche Sternenbanner bis jetzt das Panier der Volkssouveränität und der Volksfreiheit war, unter dessen Schutz und Schirm die Unterdrückten aller Welt die Freiheit und das Vaterland fanden, so soll und wird es auch in alle Zukunft als Sinnbild der Volksfreiheit über Länder und Meere wehen!

Möge der Tag nicht ferne sein, an welchem das schwarz-roth-goldene Nationalbanner von deutschen Kriegsgeschwadern und Kauffahrteiflotten als stolzes Wahrzeichen in demselben weltbefreienden Sinne auf seiner Seite flattert!

Brüder und Schützenkameraden, wir überlassen Euch diese Flagge unseres neuen Vaterlands zu freier Verfügung!

Wir übersenden zugleich eine Probe amerikanischer National-Münzen mit dem Kopfe der Freiheits-Göttin; — ein Wahrzeichen eines ungeheueren, einheitlichen Zoll- und Handelsgebietes, fast so groß, wie ganz Europa, worin es keine Grenzsperre, keinen Schlagbaum, keine Beschränkung für die Freizügigkeit, für Handels- und Gewerbefreiheit gab und keine geben wird, sobald die abtrünnige südliche Section desselben dem Ganzen zurückgewonnen sein wird.

Möge auch für Deutschland die Zeit bald anbrechen, wo als Unterbau für ein einiges Volksreich fest begründet ist: „Einheit des Maß-, Münz- und Gewichtssystems, Handels- und Gewerbefreiheit und Freizügigkeit ohne alle Paß- und Polizeibehinderung im ganzen deutschen Vaterlande!".

Der Staat, der auf solcher Grundlage errichtet wird, steht fest ohne Wanken — ihn erschüttert kein Sturm von Außen oder von Innen — und Volksheer auf Volksheer erhebt sich freiwillig in der Stunde der Gefahr für seine Vertheidigung, seine Macht, seinen Ruhm und seine Größe, — denn seine Erhaltung ist die Erhaltung des Wohlfahrt Aller.

Unsere Union gibt davon das Beispiel!

Mit treuem Brudergruß unterzeichnen wir als Euere Schützenkameraden:

Der Schützenverein in Philadelphia,
im Staate Pennsylvania in den Vereinigten Staaten von Nord-Amerika.

In dessen Namen:
G. F. Kolb. Philipp Mund. C. W. Zimmermann.
C. F. Kiefer. Joh. Wöfflein.

Philadelphia, 10. Juni 1862."

Die Fahne wurde hierauf dem Bundesvorstand überreicht und Hr. Dr. jur. Friedleben dankte mit folgenden Worten:

„Freunde, Schützenbrüder! Deutsche Brüder in Amerika haben ihre Heimath noch in der Seele, sie haben ihrer gedacht, sie haben uns als Andenken das glorreiche Sternenbanner der Union zum Feste geschickt, sie haben uns Muth zugesprochen in dem Kampfe, den wir noch zu kämpfen haben für die Einigung der deutschen Nation. Freunde, die Deutschen in Amerika haben den Gedanken erfaßt, der dieses Fest belebt. Es ist nicht das Schießen allein was uns ist nicht das Schießen vornehmlich, was das deutsche Volk nach Frankfurt geführt, es ist der Drang nach Einigung, der Jeden beseelt. Darum, Freunde, kam hierher die deutsche Nation unter dem schwarz-roth-goldnen Banner, hierher kommt keiner, der Particularist ist, hierher kommt nur derjenige, der wirklich die Einheit Deutschlands will, und dem Particularismus Feind ist; und wer, liebe Freunde, hieher kam mit den Farben seines Particular-Staates, der geht von Frankfurt hinweg mit der deutschen Farbe. Das ist ja die große Folge großer Vereinigungen, daß man sich nähert, sich verbrüdert, daß der Geist der Wahrheit und Freiheit ewig Fortschritt macht und Jünger findet. Dieses Fest ist eine große Phase in der deutschen Entwicklung. Und wenn dieses Banner jetzt hieher kommt zum deutschen Schützenfeste, so finden wir darin ein Zeichen, daß dieses Fest ist eine Stufe mehr zu einem andern unendlich höheren Ausdruck des deutschen Einigungswillens, zum deutschen Parlament. Und wenn in das deutsche Washington dereinst das Parlament einzieht, dann soll uns die Fahne, die die Eidgenossen mitbrachten, und die Fahne von Amerika leuchtendes Vorbild sein für unsere Bestrebung, und sollen unsern Muth erstarken im Kampf für Recht, Freiheit, Unabhängigkeit und Einigkeit. Das deutsche Volk hat glückliche und unglückliche Zeiten verlebt und auch in dem Schützenfest spiegelt sich gleichsam die Geschichte des deutschen Volkes wieder. Als wir in Frankfurt anfingen, das Fest vorzubereiten, da war Alles voll Hoffnung, das war die Frühlingszeit des Festes, und als vor acht Tagen der Sturm kam und die Halle niederlegte, das war die Zeit der Reaction. Jetzt, m. H., sind wir in die Zeit gelangt, wo die Hoffnung neu belebt und gestärkt wird. Die Schweizer Eidgenossen und die Deutsch-Amerikaner haben uns ihre Theilnahme bezeugt, und gestählt im Kampf wahren sie die Größe, Einheit und Macht des Vaterlandes. Jedes Volk hat sein Vorbild gehabt in der Geschichte und im Kampfe aller Völker; nehmen wir aus ihrem Beispiel, was starker Wille, was Kraft vermag. Wir zweifeln nicht, und wünschen von Herzen, daß in Amerika die Civilisation siegreich aus dem Bruderkampf hervorgehe, und wenn dies gelungen ist, so ist das Blut nicht umsonst vergossen, das für die Freiheit und Civilisation floß. Auf dies Amerika, auf das durch den Sieg der Civilisation geweihte Amerika, und auf unsere deutschen Brüder ein dreimaliges Hoch! Hoch! Hoch!"

Nachdem der Beifall, der dieser Rede folgte, verhallt, zogen die Versammelten mit Musik voran durch die Festhalle, um dort die Fahne abzuliefern und an dem beginnenden Bankett Theil zu nehmen.

Dasselbe lief weniger stürmisch ab, da die Vorkehrungen getroffen, daß die Gänge frei blieben. Die Plätze an den Tafeln waren vollständig besetzt, ja viele der Eßlustigen konnten keine Stelle finden, wo ihrem Verlangen Befriedigung werden würde. Die Rednerbühne ist fest gestern und das mit vollem Recht auf die Seite des Haupteingangs verlegt worden, neben ihr der Tisch für das Preßcomité und die Berichterstatter, vor ihr der Stenographentisch. Groß war die Zahl der angemeldeten Redner, deren Reihe Dr. Sauerländer eröffnete.

„Schützen, Brüder!" begann er, „die Sonne ist durch die Wolken gebrochen und lacht auf ein Fest von nationaler Bedeutung, wie keines noch auf deutscher Erde gefeiert wurde. Der Kampf hat heute in der Schießhütte begonnen, ein Kampf der Verbrüderung. Die Kugeln aller Deutschen sind nach einem gemeinsamen Ziel geflogen. Die Strömung, die hier durch die Halle über den

4

Festplatz geht, sie verbreitet sich wie ein Wellenschlag über das ganze Vaterland, und dieses Vaterlandes lassen Sie uns an jedem Tag, an jeder Stunde stets gedenken. Wir müssen ihm auch heut ein donnerndes Hoch ausbringen, das Vaterland hoch!"

Nach ihm betritt das bekannte Mitglied des preußischen Abgeordnetenhauses, Schulze aus Delitzsch die Rednerbühne und in mehrfach von stürmischem Jubel unterbrochener Rede spricht er also:

„Schützen, Sie mögen ermessen, mit welchen Gefühlen das Mitglied einer parlamentarischen Versammlung, welche in diesem Augenblicke in einer Grundfrage alles parlamentarischen Lebens steht, indem sie über das Princip der stehenden Heere und mit diesem Princip über die Möglichkeit der dauernden Entwickelung freiheitlicher, constitutioneller Zustände zu entscheiden hat, Sie mögen ermessen, mit welchem Gefühl ein solches Mitglied Ihre Bestrebungen entgegennimmt und von ihnen Zeuge ist. Diese Frage wird niemals den bestehenden Gewalten gegenüber eher gelöst werden, als bis nicht das Volksheer in dem bewaffneten Volk selbst hinter dem Parlamente steht (Beifall). Dazu haben Sie, hat der Bund deutscher Turner einen so würdigen und so viel versprechenden Anfang gemacht. Die Ideen, für die wir einstehen, haben aber nur einen Boden und eine Zukunft, wenn wir auf sie später uns blicken können. Ich meine daher, wir begrüßen in diesem Schützenfeste gerade ein Zeichen, daß unser Volk mehr und mehr die Bahn einzuleiten begonnen, die allein zum Ziele führt; daß es mehr und mehr das, was ihm bis jetzt fehlt, erringt, daß es die Initiative bekommt. Nur, wenn das Volk selbst seine heiligsten Interessen in die Hand nimmt, wenn es die politische Initiative ergreift in der Frage seiner freiheitlichen und einheitlichen Entwicklung, kann sie gelöst werden. Denn alles, was wir haben, was uns noch allein hält in der Reihe der großen Völker, während unser politisches Leben schmählich darniederliegt, ist unsere geistige Entwicklung. Die große Bedeutung unserer Literatur, das hat auch das Volk aus sich selbst geboren, und die politische Wiedergeburt, wie die humane Wiedergeburt, die muß aus dem Schooße des Volkes selbst hervorgehen. Sie, der deutsche Schützenbund und deutsche Turnerbund, sie sind das Vorparlament, welches uns zu dem wirklichen deutschen Parlament führt. (Beifall.)

In Dr. Stern von hier begrüßen wir einen uns längst bekannten Redner, seine Worte gelten den Schweizergästen, von denen als erster Sprecher Regierungspräsident Schenk aus Bern die Tribüne betritt.

„Liebe Freunde, zunächst aus der Heimath," begann er, „dann aber des ganzen großen deutschen Landes. Ich komme, um die Gefühle auszudrücken, die uns Schweizer hier beseelen. Unser Herz ist der Freude voll und überfließend vom Danke gegen Diejenigen, welche uns geladen haben zu dieser schönen Städte. Wie herrlich war für uns die Reise schon; überall, wo wir durchkamen, da flogen uns die Herzen entgegen und ein Jubel ging mit uns durch das ganze Deutschland vom Rhein bis in diese Stadt. Und hier, welch ein herrliches Wesen. Wie unendlich brüderlich nahm man uns hier auf an dieser Stätte — wie unsere Alpenrosen, wo sie hinkamen. Aber was uns hier besonders erfreut, das ist die ganze große Mächtigkeit dieses Festes, die wir so nicht gewohnt sind. Wir haben hier erst die Empfindung von dem ganzen großen deutschen Reich empfangen; wir haben hier erst ahnen gelernt, was es heißt, wenn die Germania, die große, ihre Fahnen entfaltet. Da erst empfinden wir allerdings, daß wir ein, wenn auch glückliches, doch kleines Volk sind gegenüber dieser großen Völkerpracht von Völkerherrlichkeit. Was uns weiter freut, das ist eben diesen Schützentag zu erleben, von dem wir Schweizer ahnen, daß das Licht der Freiheit von ihm ausgehen werde in den deutschen Gauen und Lande, wie es bei uns gegangen ist. Auch bei uns hat es angefangen mit Schützenfesten, und von den Schützenfesten aus ist es gegangen, von Mund zu Mund und von Herz zu Herz, und aus dieser öffentlichen Meinung ist nach und nach die Freiheit entstanden in unserem Schweizervaterland. Und so, Ihr deutschen Brüder, wünschen wir es Euch und hoffen es, und nun lade ich meine Brüder aus dem Heimathland ein, zuerst dem lieben Frankfurt und in Frankfurt dem ganzen großen deutschen Lande und seiner glücklichen Entwicklung ein Hoch zu bringen. Deutschland lebe hoch!"

Stürmischer Beifall lohnte diese treffliche Rede und mochten auch die nachfolgenden Sprecher, unter dem Riemer aus Altenburg, v. Cornberg aus Karlsruhe und Schmidt aus Wiesbaden, noch so gut gemeinte und wahre Worte von der Rednerbühne herab erschallen lassen, sie fanden kein rechtes Echo in den Gemüthern der Banketirenden, um so mehr als ein Kanonenschuß den Wiederbeginn des Schießens anzeigte.

Nicht weniger belebt, wie in den Nachmittagsstunden des Sonntags, war auch gestern der weite Festplatz, er war von Tausenden besucht, die theils in der Bierhalle, wo häufig über das Ausgehen des Stoffes geklagt wurde, Platz fanden, theils die Festhalle durchzogen, theils vor dem Gabentempel standen und dessen Reichthum bewunderten.

Während vorgestern Abends auf dem Festplatz überhaupt ein reges Leben herrschte, ging auf dem, in der Nähe des Schießhalle liegenden Theil eine mit dem Fest in innigster Beziehung stehende Feier vor sich: die Sänger der verbündeten Frankfurter Vereine brachten ihren Tribut zu der nationalen Feier. Sie führten vor dem eigens zu diesem Zwecke errichteten, mit bunten Laternen erhellten Podium zwei Chöre von H. Neeb auf, und um deren Wirkung zu erhöhen, veranschaulichten Tableaur die in einem Gedicht ausgedrückten patriotischen Gedanken. Nach Schluß der Aufführung ergriff der Präsident des deutschen Sängerbundes, Dr. Gerster aus Nürnberg das Wort, um die versammelte Menge aufzufordern, einig zusammenzuhalten; im deutschen Lied lebe das Vaterland und die That, denn die durch ersteres hervorgerufene Begeisterung erzeuge die letztere, was in der Zeit der Uneinigkeit verloren gegangen, werde die Einigkeit wieder gewinnen; das Trifolium der Schützen, Turner und Sänger werde das Seinige dazu beitragen.

Während hier die Sänger ihre Lieder zu dem Nacht-Himmel aufsteigen ließen und ein zahlreiches Publikum um sie geschaart war, das die einzelnen Aufführungen mit Bravorufen begrüßte, war im Innern der Halle der Präsident der kurhessischen zweiten Kammer, Oberbürgermeister Nebelthau, der Mann des Volkes. Seine Worte galten den kurhessischen Verhältnissen. „Wie soll ich mir", sprach er, „den freundlichen Zuruf, der mir überall zu Theil geworden ist, deuten; vor Allem liegt darin die Ermunterung, daß wir Kurhessen feststehen und ausdauern sollen, daß wir nicht still stehen sollen auf dem Wege, den uns das Recht vorgezeichnet hat. Deutsches Volk, verlasse Dich darauf, daß wir dies thun und den ausgesprochenen großen Grundsatz, unser Recht zu wahren, consequent verfolgen werden, an Volksrechten darf nun und nimmer etwas geändert werden ohne Zustimmung des Volks. (Bravo!) In den Beifall, der mir geworden, erblicke ich jedoch auch eine Ermunterung für das kurhessische Volk, für ein Volk, das neben andern auch die Eigenschaft besitzt, dankbar zu sein. Was uns gelungen ist, durchzuführen, hielt man hier in Frankfurt, an dem Sitz des Bundestages, noch für unmöglich; aus eigner Kraft jedoch hätten wir solches nicht durchführen können, wenn uns nicht ganz Teutschland zur Seite gestanden hätte. Darum glauben Sie mir, so gewiß wir Hessen bleiben, so gewiß sind wir für alle Zeit gute Deutsche und werden das unsrige zur Einheit des Vaterlandes beitragen." (Bravo!)

Der dritte Festtag.

Der dritte Festtag brach nicht so heiter an wie die beiden ersten und die Sonne barg sich hinter dunklen Wolken, die denn auch bald ihr Wasser niedergossen auf die Besucher des Festplatzes. Im Laufe des Vormittags wurde jedoch das Wetter besser und die Schweizer zogen, ihre Cadetten-Trommler an der Spitze, vor den Gabentempel, um hier dem Central-Comité die für die Frankfurter Schützen bestimmte eidgenössische Fahne zu übergeben. In längerer Rede sprach Hr. Großrath Cornaz aus La Chaux des Fonds den Zweck des Kommens, sowie die Gefühle der Schweizer aus und bemerkte:

„Wir sind gekommen, Euch den nachbarlichen, freundlichen Gruß der Schweizer zu überbringen. Als wir Euch fragten, ob wir mit unsern nationalen Farben auf Eurem Schützenfest erscheinen sollten, da rieft Ihr uns zu: „Die Schweizer Fahne soll mitten unter denen der Deutschen aufgepflanzt werden." Um nun Euch zu beweisen, wie sehr uns dies am Herzen liegt, haben wir uns geschaart zusammen aus allen Theilen der Schweiz, um unser Symbol der Freiheit dem deutschen Volke, das an der Spitze der denkenden Menschheit steht, zu überreichen. Nicht in den Farben der Cantone erschienen wir hier; nein, wir sind Bürger eines Landes, denn für uns gibt es nur eine Schweiz, wie es für Euch Deutsche nur ein Teutschland gibt. Zum ersten Male weht das Schweizer-Kreuz an den Ufern des Maines, denn ehe unsere Fahne hierherkam, war sie nur auf den Spitzen unserer Berge und den Thälern unserer Heimath zu finden. Sie wird sich demnächst entfalten auf den Bergen des Jura, bei unserem Schützenfest, bei dem wir unsere deutschen Schützenbrüder zu sehen hoffen. Euch deutsche Schützenbrüder, Euch Bürger Frankfurts, Dir Teutschland, Du Vaterland der Dichter und Denker, Euch Allen, die Ihr aus allen Weltgegenden Germaniens zu diesem Nationalfest geeilt seid, reichen wir die Bruderhand und bringen Euch mit dieser Fahne unserer Brüder Gruß. Die freie Schweiz ist gekommen, um dem freien Teutschland sich zu verbrüdern!" (Bravo!)

Dr. S. Müller ist die Aufgabe geworden, diese warme, brüderliche Ansprache zu erwidern, und er entledigt sich seiner Aufgabe mit folgenden Worten:

„Schweizer! Wir ergreifen diese dargereichte Bruderhand! Ihr seid uns in Eurem glorreichen Kampfe für die Freiheit Eures Vaterlandes ein leuchtendes Vorbild, Ihr seid es aber auch in Betreff dessen, was wir zu thun haben; wenn es gilt, für Freiheit zu kämpfen, zeigen wir uns Deutsche wie das Volk der freien Berge, dann werden wir gewiß siegen und ihnen ein ebenbürtig Volk sein. Die Anwesenheit der Schweizer ehrt dieses Fest hoch, ich nehme diese Fahne an für ganz Deutschland, wir wollen sie treu hüten, und bei dem nächsten Schützenfeste soll sie hoch oben wieder wehen. Der freien Schweiz ein donnerndes Hoch!"

Gegen Ende des Feiertages begannen die Wolken wieder sich zu entleeren und Alles eilte in die Festhalle, da die Zeit zum Anfang des Bankets gekommen war. Der Redner waren nur vier. Zunächst sprach Herr Dr. Metz aus Darmstadt, der in feuriger Weise die Bedeutung des Festes im Allgemeinen hervor und setzte der Stadt Frankfurt in den wenigen

Worten: das deutsche Frankfurt hat mit seinem Feste das ganze Deutschland erobert ein Denkmal der Dankbarkeit; bei diesen Worten brach die Versammlung in ein lautes Hoch aus, der Redner fuhr sodann fort, daß man sich bei Freudenfesten auch der Unglücklichen erinnern müsse und Deutschland drei Schmerzenskinder habe, denen man Trost zu bringen verpflichtet sei ...

Die Rede des Herrn Metz lautet:

„Meine Herren! Was macht das jetzige deutsche Bundesschießen so herzlich, so innig, so froh und frisch, so wahrhaft herrlich? Es sind dies diese heiligen deutschen Farben, welche jedes wackere deutsche Herz durchbringen, es sind dies die alten Ideen und Erinnerungen an des alten deutschen Reiches Glorie und Herrlichkeit, es sind die Erinnerungen und Reminiscenzen an diese alte freie deutsche Reichsstadt, den Platz, wo eine große Reihe deutscher Kaiser gekrönt wurden. Meine Herren! **Das deutsche Frankfurt hat in diesen Tagen das ganze Deutschland erobert.** (Beifall.) Meine Herren! Auch in den Stunden des Jubels müssen wir gedenken an des unglücklichen" Kinder Deutschlands, wir dürfen vor Allem, obgleich es bei keinem Stamm an Schmerz und Leiden fehlt, nicht vergessen dreier Schmerzenskinder. Wir müssen gedenken der wackeren Kurhessen, welche in zehnjährigem Kampf endlich angekommen sind an dem Augenblick, wo wenigstens scheinbar dem Recht sein Sieg zu Theil werden soll. Mögen unsere Brüder in Kurhessen nicht vergessen, daß nur unbedingte Einigkeit den vollen wahrhaften und thatsächlichen Triumph der hessischen Sache und der deutschen Freiheit herbeizuführen vermag. Mögen unsere wackeren Kurhessen, wie sie ihrerseits von Niemand Anderem, auch nicht von dem Höchsten an ihrem Recht drehen und deuteln lassen, so auch halten an den einfachen alten Rechten, festhalten, einig und fest, so weit möglich ist, dieses heilige alte Recht unverkürzt zu erhalten.

„Meine Herren! Das zweite Schmerzenskind sind die edlen Brüder in Schleswig-Holstein, welche Hab und Gut, Weib und Kind leider umsonst opferten für die gute Sache, für ihr gutes Recht. Hoffentlich, meine Herren, hoffentlich ihr lieben Brüder durch ganz Deutschland, wird bald der Tag kommen, an dem diese heiligen Fahnen überall ungestört flattern und an dem das deutsche Recht, die deutsche Idee der Einheit und Freiheit siegreich wird; der Tag des Siegs der deutschen Sache, er allein kann unsere Brüder in Schleswig-Holstein vom jetzigen Elend erlösen. Meine Herren! Ich komme zu den lieben Brüdern in Wien, ich komme zu den wackern Tyrolern, zu den Männern aus Steyermark, ich komme zu den Deutschen in Oesterreich. Meine Herren, sie gehören zu uns durch Bande des Bluts, durch Bande der Geschichte.

Leider sucht Manches anscheinend nicht, wenigstens kaum besiegbare Hinterniß uns entgegen zu treten. Man will von uns zurückhalten die lieben Brüder in Oesterreich, aber meine Herren, ich denke die drei Schmerzenskinder, die Kurhessen, die Schleswig-Holsteiner und auch die wackern deutschen Brüder in Oesterreich, sie können und werden uns erhalten werden. (Bravo.) Wenn jeder Stamm, wenn jeder Mann die letzten Tröpflein seines Herzbluts hergibt mit unbedingter Hingebung ans deutsche Vaterland. (Lebhafter Beifall.) Wenn jeder Mann rücksichtslos schafft für die gute Sache des Vaterlandes, wenn jeder Mann nicht bloß im Moment aufjubelt hoch zum Himmel, nein, wenn er bereit ist Freud und Leid zu tragen für die gute und heilige Sache des Vaterlandes. Meine Herren, in diesem Moment beschwöre ich Sie, betrachten Sie diesen herrlichen Prachtbau, betrachten Sie ihn als deutsches Rütli. Schwören Sie treu der heiligen deutschen Sache, hinauszutragen die Idee der deutschen Freiheit, hinauszutragen die Sache der deutschen Einheit, hinauszutragen in alle Kreise. Schwören Sie — der Moment wird nicht ausbleiben, unsre Feinde bürgen uns dessen, an welchem man versuchen wird, an welchem man allen Muth zusammenraffen wird, um von Neuem die Freude des Volks, die Einigung des Volks zu hintertreiben, für diesen Moment schwören Sie gleich unsern Schweizerbrüdern, welche dadurch frei und einig wurden, treue Hingebung für dieses Standbild (zeigt nach der deutschen Fahne) der deutschen Freiheit und Einheit! Schwören Sie Leib und Leben, Hab und Gut, Weib und Kind, Alles dahin zu geben fürs Höchste was uns kennen, fürs Höchste was uns noch fehlt, um ein großes herrliches Volk zu sein. Schwören Sie, und drücken Sie den Schwur aus mit gefüllten Gläsern durch ein donnerndes Hoch auf Deutschland. Das freie, das einige, das baldigst freiheitlich geeinigte Deutschland, es lebe hoch!!!"

Herr Professor Wildauer von Innspruck entgegnete folgendes:

„Meine Herren! Wir haben in einem Trinkspruch auf das große deutsche Vaterland drei Schmerzenskinder der deutschen Nation nennen gehört, die Kurhessen, Schleswig-Holsteiner und die Oesterreicher. Bei der Nennung der ersten Brüder haben wir Oesterreicher so kräftig in das Hoch mit eingestimmt, wie irgend-ein anderer deutscher Stamm. Als der dritte Namen genannt wurde, da zeigte die lautlose Stille, die bang über der Versammlung lag, daß Oesterreich nicht mit diesem Namen zu bezeichnen sei. Wir sind keine Schmerzenskinder und sind als solche nicht hiehergekommen; in Oesterreich gibt es keinen Schmerzensschrei. Wir hängen treu an unserem Kaiser und sagen es auch unverhohlen. Wir haben ein Vaterland und haben Ur-

Sache es zu lieben, aber deßwegen geben wir keinem deutschen Stamme und Land das Privilegium von sich zu sagen, daß es deutscher fühlt als wir. Wir wetteifern mit jedem deutschen Lande und Stamme an redlichem Willen, treuem Sinn, möglicher Thatkraft, wo Thatkraft nothwendig ist. Wir haben einen Kaiser, der bei Villafranca es vorgezogen hat, sein Reich zu verkleinern, um keinen fußbreit deutschen Landes am Rheine hinwegzugeben. Wir sind hierhergekommen, als volle und ebenbürtige Kinder des großen deutschen Vaterhauses; wir grüßen Sie Alle mit brüderlicher Herzlichkeit als Angehörige einer und derselben Familie. Wir haben zu Haus Friede, bei uns ist Eintracht zwischen unserm Herrn und dem Volk. Wir sind keine Schmerzenskinder.

Oesterreich hat so gut wie Andere mitgewirkt, das gefallene Recht in Kurhessen wieder aufzurichten und seien Sie überzeugt, in Zukunft wird dasselbe Oesterreich auch mitwirken, daß das zertretene Recht wieder aufblühe, wo das Land liegt gleich einer Doppeleiche: Schleswig-Holstein. Wir sind keine Schmerzenskinder, wir stehen auf deutschem Boden. Wir sind hierher gekommen, um unser Recht zu üben, als Angehörige derselben Familie; wir sind nicht Gäste, wir gehören hieher. Wir sind auch nicht mit leeren Händen hieher gekommen, nicht daß ich damit die Besten meine, die wir mitgebracht, ich meine nicht den Fahnenschwur Tyrols, d eben so der Fahne Deutschlands als der Fahne Oesterreichs gilt, wir haben noch etwas Anderes in die Wagschale zu legen, das was wir gethan zum Schutz der deutschen Grenzen. In kurzer Frist, vor einigen Jahren sind wir, wie wir jetzt zum friedlichen Wettkampf nach Frankfurt gezogen, auch an die Grenzmarken Deutschlands geeilt. Auch dort haben wir Schützenfeste gefeiert, aber freilich Schützenfeste von blutigem Ernst, ächte Nationalschießen, wo es dem deutschen Boden gegolten hat. Es waren keine Schmerzenskinder, die dort den frechen Angriff zurückgewiesen haben; wie es unsere Väter gehalten, so werden wir's auch in Zukunft wieder treiben, wir werden Wache halten an den Grenzmarken deutschen Gebiets und im Süden dafür sorgen, daß der Feind kein deutsches Gebiet entreißt. Wir werden sorgen, daß es nicht einmal eine Alpenrose stiehlt, die deutschen Boden entkeimet. Nehmen Sie die volle Versicherung, wenn einst der Erbfeind deutschen Namens nach anderem Gebiete greift als nach dem was an den Alpen liegt, an der Etsch oder dem Mincio, wenn er seine Hände nach den Rebenhügeln des Rheins ausstreckt, dann werden die Oesterreicher und Tyroler auch am Platze sein, wir werden nicht glauben damit eine Pflicht zu erfüllen, nein, wir nehmen das Recht dazu in Anspruch. Wollen wir doch den Riesenleib der erhabenen Mutter Germania nicht durch moderne Heilkunst bei lebendigem Leib seciren, wollen wir nicht gesunde Glieder hinwegschneiden, bewahren wir den Riesenleib im Besitz all' seiner Glieder und weiter lassen wir diesen Riesenleib angethan mit dem weiten reichen Mantel seiner Herrschaft in Süd, Ost und überall. Heiliger Boden ist überall, so weit die deutsche Zunge klingt, so weit die deutsche Herrschaft reicht. Auf diese große, ungeschwächte, mächtige deutsche Nation ein dreifaches Hoch!"

Die Rede des Herrn Wildauer wurde wiederholt von den lebhaftesten Beifallsrufen unterbrochen; am stürmischsten ertönten dieselben bei den Stellen, in welchen Redner betonte, „daß die deutschen Oesterreicher nicht als Gäste hier seien, sondern hierher gehörten" und bei ähnlichen Aeußerungen.

Um keine Verstimmung Platz greifen zu lassen, bestieg Herr Dr. Supf die Rednerbühne und brachte in kurzen Worten ein Hoch auf das einige Vaterland aus, das nach dem Vorhergegangenen mit desto größerem Jubel aufgenommen wurde. In demselben Sinne sprach sodann Herr Oberst Kurz von Bern, welcher begann:

„Mancherlei Empfindungen, die sich in den letzten Tagen zusammengedrängt, stürmten auf ihn ein, und so würde es auch wohl mit andern hier auf dieser, dem freien Wort gewidmeten Stelle Stehenden sein. In der Schweiz seien auch verschiedene Nationalitäten, verschiedene Sprachen, Alle Schweizer seien aber nach Frankfurt gekommen mit einem deutschen Herz. Sie seien gekommen mit dankbarem Herzen in die alte Stadt, wo man früher die Kaiser krönt habe, und wohin man jetzt aus allen Orten Deutschlands gekommen, um einig zu werden. Die Schweizer seien hierher gekommen, um nur Deutsche zu sein, sie seien aber auch gekommen mit der Gewohnheit des freien Worts. Manche trügen Sorge, daß das freie Wort zünde, aber bei diese Gott habe ja den Menschen das freie Wort gegeben, damit es zünde in dem Herzen zu guter That; es könne zwar auch zu Bösem zünden, das aber sei nicht vorauszusehen. Man dürfe deshalb keine Furcht vor dem freien Wort haben, der Mann müsse in sich selbst die Schranken tragen und das Wort der Improvisation werde ja nicht auf die Wagschaale gelegt. Habe ein Redner mit einem Wort unabsichtlich verletzt, so müsse er Sorge tragen, daß er seinen Fehler verbessere. Auch von ihm sei es möglich, daß er verletze (Allgem. Rufe: Nein! Nein!). Man könne ja Liebe und Freundschaft zu einander im Herzen haben, aber doch verschiedene Ansichten im Kopfe. Auch die Schweiz habe Zeiten gehabt, wo das freie Wort noch nicht gegolten, überhaupt seien die Schweizer keine Muster, aber sie hätten eine Geschichte, und wenn die Deutschen diese Geschichte zum Muster nehmen wollten, so sei es recht."

Nachdem der Redner hierauf der Einladung zum Schützenfest, der große Schaaren gefolgt, gedacht, sprach er herzliche Dankesworte für Frankfurt aus und schloß mit einem Hoch auf den Festausschuß in allen seinen Zweigen und die ganze Bevölkerung Frankfurts.

Allgemeiner Dank war der Lohn für diese herzlich gemeinten, wahrhaft unparteiischen Worte, mancher Händedruck wurde dem biedern Redner gezollt, und Dankeszähren flossen von den Wangen vieler Männer herab.

Hatte diese von einem Schweizer den Deutschen aus Herz gelegte Mahnung schon zum Guten gewirkt, so waren es noch mehr die Worte F. Streit's von Coburg: „Auch die Schweiz," meinte er, „habe erst die Zwietracht bekämpfen müssen, bis sie das geworden, was sie jetzt sei, wäre sie früher die Klein-Schweiz gewesen, so sei sie jetzt eine Groß-Schweiz. Blicke man nach England, welche Kämpfe dies habe durchmachen müssen, bevor es an dem Ziel angelangt, wo es jetzt stehe. Es werde auch eine Zeit der Noth für unser Vaterland kommen, sie sei keinem Volk erspart, eine solche Zeit der Noth habe auch die Schweiz groß gemacht, so werde auch das freie geeinigte Deutschland gewappnet gegenüberstehen der ganzen Welt. Ein Gedanke müsse aber immer unser Herz durchströmen, dies sei der heilige Gedanke ans Vaterland, die Liebe zum Vaterland müsse sich über jede Meinungsverschiedenheit erheben, jede Zwietracht niederwerfen, die Liebe zum Vaterland über Alles."

Stürmischer Beifall ertönte, von allen Seiten drängte man sich an den Platz, wo der Redner saß, um ihm zu danken, und Dr. Wildauer zeigte in langem Händedruck dem Redner an, daß auch er seine Meinung vollständig theile und ihm die Liebe zum Vaterland über Alles gehe.

Kaum war das Bankett beendigt, so öffnete wieder der Himmel seine Schleußen und in der Art, daß das Schießen auf einige Zeit eingestellt werden mußte, der untere Theil des Festplatzes bald einem See glich, und die Bewohner der dort aufgeschlagenen Hütten von dem Verkehr mit der Außenwelt in so lange abgeschnitten waren, bis Stege hergestellt wurden, auf welchen man über die fußhohe Wassermenge hinweg kommen konnte.

Doch nach 6 Uhr hellt sich der Himmel wieder auf und die ersten, welche dieses göttliche Zeichen begrüßen, sind die Schützen in der Schießhalle, doch ihnen nach die wackern kleinen Turner, welche so unermüdlich ihren Dienst bis jetzt versahen, daß ihnen heute eine Belohnung werden muß. Ihre kleinen Schweizer Freunde führen sie unter Trommelschlag in die Festhalle, wo Dr. Müller sie empfängt und in warmer Rede ausspricht, wie sehr er sich freue, daß sich auch die Jugend der beiden stammverwandten Völker nähere. „Die Jugend möchte nur so fortfahren, sich elfrig zu zeigen, wenn es der gemeinsamen Sache gelte, so

werde aus ihnen ein starkes Volk." Hierauf wurde der für die Jugend eigens gedichtete und componirte Schützengruß gesungen, zu dem die Schweizer mit den Trommeln den Tact schlugen und nach dessen Schluß Hr. Ravenstein den Kleinen im Namen des Comités für ihren Eifer dankt und sie auffordert, eine kleine Nachfeier zu halten, worauf diese natürlich freudig eingehen. Unter Abfingung des Liedes: „Ich hatte einen Kameraden" zogen sie vor das für den Tanz bestimmte Podium, und daß sie hier dem Wein tüchtig zugesprochen, das zeigten die lustigen Sprünge und die Rednersuche, die später von ihnen in der Festhalle gemacht wurden.

Am Abend erschien Herzog Ernst von Coburg unvermuthet zwischen 10 und 11 Uhr in der Festhalle, wo er unerkannt eine Zeit lang unter der dichtgedrängten Menge umher ging, bis ihn endlich einige bemerkten und nun concentrirte sich um den Tisch, wo er sich niedergelassen, das ganze Leben der Fest-Halle, alles drängte sich um den hier besonders von den Schweizern gefeierten Fürsten. Gegen Mitternacht verließ er die Halle.

Am Abend zogen auch bereits die Kitzinger Schützen mit ihrer Fahne ab, die zu einer der merkwürdigsten des Festes gehört. Sie ist aus dem 16. Jahrhundert, nämlich vom Jahre 1664, rührt von Fürstbischof Julius von Würzburg her und hat die Schlacht von Auspach mitgemacht. Sie trägt die Inschrift: „Eine junge Mannschaft billig soll im Büchsenschießen üben, damit wann Krieg vorhanden ist, ein Jeder zum Streit gerüstet sei."

Trotz des ungünstigen Wetters ist doch die Consumtion auf dem Festplatze eine colossale, der Umschlag in Wein von Sonntag um 5 bis Dienstag 4 Uhr betrug 25,000 Gulden, Banketkarten wurden in den letzten Tagen an 11,000 gelöst; über das Bier wird sowohl in Bezug auf die Qualität, als in Bezug auf die vorhandene Menge mannigfach geklagt.

Der vierte Festtag.

Auch der heutige, vierte Festtag zeigte kein heiteres Gesicht als der dritte, es regnete mit weniger Unterbrechung bis gegen vier Uhr Nachmittags, wo endlich die Sonne einige ihrer längst gewünschten Strahlen auf den durchweichten Festplatz fallen ließ, und zwei prachtvolle Regenbogen sich über denselben ausspannten. Trotzdem trieb sich auf dem weiten Raum eine ziemlich große Anzahl Schaulustiger herum, selbst elegante Damen scheuten den Schmutz nicht, und strengten sich an, die schwierigen Stellen des Festplatzes zu überwinden. Das Bankett war zahlreich besucht, Redner waren sechs angemeldet. Die Reihe derselben eröffnete Bauernfeind aus Wien. „Deutsche Brüder und Freunde!" begann er,

„Als Euer Ruf zum Schützenfest nach Wien gelangte, hat es die Brust jedes echten Deutschen hoch erfreut. Schon bei dem Berliner Turnfest und in Stettin fanden wir freundliche Aufnahme, jedoch der Frankfurter Empfang ist weitaus schöner. Wenn wir nach Haus zurückgekehrt, werden wir erzählen von der Pracht und Herrlichkeit dieses ersten deutschen Volksfestes. Aber nur ein Volksfest ist es, bei dem jeder Deutsche erscheinen muß, wie er erscheinen muß, wenn das Vaterland ruft. Ich spreche dies nicht, weil ich ein Oesterreicher, sondern. ich spreche es, weil ich ein Deutscher bin. Deutsche Männer haben diesen herrlichen Bau geschaffen und trotz dem Sturm, der über den Bau einherbrauste und ihn in seinen Grundvesten erschütterte, gelang es nicht, das Fest zu stören, eben weil die deutschen, die frankfurter Männer wie ein Mann eingestanden sind, den Bau wieder herzustellen; aber auch das Weib hat dazu beigetragen, denn es hat die Männer begeistert. Uns Deutschen fehlt es nicht an Einheit, und daß ein Wort nicht irrig aufgefaßt wird, so muß diesem dadurch gesteuert werden, daß das Mißverständniß zuvor Aufklärung findet." Den Schluß seiner Rede bildete ein Hoch auf die edlen Frauen Frankfurts.

Als zweiter Redner trat Herzog Ernst von Coburg auf, er sprach: „Meine Herren! Ich möchte gern Jedem Einzelnen der Stadt Frankfurt ein Hoch bringen, wenn es nicht verboten wäre, Einzelner zu gedenken, aber mein Herz drängt mich, Ihnen zu sagen, wie dankbar es fühlt für Sie; Sie haben dem Fürsten Ehrerbietung, dem Ehrenpräsidenten des deutschen Schützenbundes Hochachtung gezollt, dem schlichten Patrioten Liebe gezeigt und ihm eine dornenvolle Bahn, die ihm zu wandeln bestimmt ist, Rosen gestreut, die in seinem Herzen nie verwelken werden. Von dieser Tribüne herab lassen Sie mich allen, den lieben Bürgern Frankfurts die Hand zum Abschied reichen, der Frankfurter Bevölkerung — und in diesem Ruf stimmen Sie Alle mit mir ein, die hierhergekommen — die Frankfurter Bevölkerung lebe Hoch!"

Umdrang von den Anwesenden, deren Hurrah- und Hochrufen bis an den entferntesten Winkel des Festplatzes tönte, begab sich der gefeierte Fürst wieder auf seinen Platz an dem Comitétisch.

Ihm folgte auf der Rednerbühne Böse aus Schleswig-Holstein. Als Nord-Deutscher ergreife er das Wort, doch falle es ihm schwer zu sprechen, da er eben nicht daran gewöhnt sei, er müsse es aber, um den Dank auszudrücken für die Herzlichkeit, die er und seine Brüder hier gefunden. Wenn er aber an den Jubel denke, mit dem man ihn hier fast erdrückt, so frage er sein Inneres: „verdiene ich es auch?" Wenn die Einigkeit, die sich hier in Frankfurt documentire, auch fortwähre, dann habe es keine Noth, dann breche auch, für sie im Norden der Tag der Freiheit an. v. Müldner aus Müllenheim (Kurhessen) gedachte des Kampfes der Kurhessen, es sei dies ein ewig merkwürdiger Kampf gewesen, weil es ein Kampf des Geistes gewesen. Dem Kampf auf dem Boden des Rechts habe der endliche Sieg nicht fehlen können, wenn er den Kurhessen auch nicht vollständig zu Theil geworden sei. Doch nicht ihrer Kraft allein habe man diesen Sieg zu verdanken, man verdanke ihn dem überwältigenden Gewicht, das die Sympathie der deutschen Brüder in die Wagschaale gelegt. Diese Macht der vereinigten Kraft, wenn sie sich auch nur durch Parlament und Presse ausdrücke, gebe lehrreiche Schlüsse für die Zukunft. Und wenn diese im Innern vereinigte Kraft erreicht, dann könne Deutschland auch nach Außen hin seine Kraft zeigen, sein Machtwort gelten lassen. Die Rede schloß mit einem Hoch auf die deutschen Brüder, die Kurhessen in seinem Verfassungskampf beigestanden. — Regierungsrath Schender aus Solothurn erwähnte zuerst in seiner Rede die zahlreiche Betheiligung der Schweizer am deutschen Schützenfest und bedauerte, daß schon ein Theil derselben, durch ihre Geschäfte genöthigt, morgen in die Heimath zurückkehren müsse. Doch ehe sie schieden, müsse er noch im Namen der Schweizer ein ernstes Wort an die deutschen Schützen und Männer richten. Die Deutschen hätten mit dem Schützenbund einen großartigen Bund geschlossen, dessen Zweck sei, in den Waffen zu erstarken, und wenn sie in diesem Bund fest zusammenhielten, so würden sie wie ein Fels dastehn, wenn die Wogen des Meeres an ihn heranbrausten, wie ein Fels, an dem, wenn die Deutschen einig sein, Alles abprallen müsse. „Ihr habt ein schönes Land, Deutsche, in dem Ihr glücklich sein könnt, wenn Ihr weise dieses Glück zu genießen verstehet, glücklich, wenn Ihr Eure Sonderinteressen ablegt, wenn Ihr, um Teutschlands Glück und Wohlfahrt zu fördern, wirklich seid, was Ihr da draußen angeschrieben: „Wir wollen sein ein einzig Volk von Brüdern." Das ist Eure Aufgabe, die Ihr mit der Gründung des deutschen Schützenbundes übernommen habt, ein Schweizer Schütze ruft Euch zu: Seid einig, einig! Seht nach der Schweiz, zwar sind wir 22 zerstückelte Cantone, aber, weil wir den Willen haben, mit unseren Bergen unterzugehen, sind wir eine kräftige Nation, wir sind bereit zu bluten, wenn unser Vaterland angegriffen wird; kommt man der Feind von Westen oder wo anders her, wir sind bereit zu sterben für unsre Unabhängigkeit. Laßt uns, deutsche Schützenbrüder, laßt uns Freunde und Brüder sein, und laßt uns diese schöne Idee festhalten und sie unsre ganze Kraft verwenden, mögen uns fortan die Bande der Freundschaft, die Bande der Liebe an einander fesseln! Und Eure Schützen, deutsche Männer, wir werden von Euch scheiden mit dem Bewußtsein, daß Ihr uns Eure Freundschaft erhaltet. Der fortdauernden Freundschaft der schweizer Schützen mit den deutschen ein donnerndes Hoch!"

Nachdem der Jubel, der dieser eben so warm ge-

gebenen, wie warm aufgenommenen Worten in etwas verflogen war, bestieg das bekannte Mitglied des deutschen Parlaments v. J. 1848, Prof. Roßmäßler aus Leipzig die Rednerbühne, um daran zu erinnern, daß gestern der Tag gewesen sei, an welchem vor 14 Jahren in der Paulskirche eine Verhandlung stattgefunden hätte, welche mit den jetzigen Bestrebungen in engster Beziehung stehe, nämlich die Verhandlung über die Bildung einer deutschen Volksbewaffnung. Es sei der Mühe werth, daß man jetzt daran denke, denn es wäre in diesen Tagen ein recht guter Anfang dazu gemacht worden. Diese Erinnerung mache Frankfurt doppelt werth, und wenn jemals das deutsche Reich ein Ganzes werde, dann müsse Frankfurt seine Hauptstadt sein. Darum Frankfurt, der einstigen und zukünftigen Hauptstadt des deutschen Reichs ein donnerndes Hoch! Als der letzte der Redner sprach Dr. Osius aus Hanau, welcher in weiterer Ausführung der kurhessischen Verhältnisse die Kurhessen als leuchtendes Vorspiel für die Deutschen hinstellte, denn hier seien die Regierungen zum ersten Mal gezwungen worden, die Majestät des Rechts anzuerkennen, sich zum ersten Mal vor der Majestät des Rechts zu beugen. Noch eine Verfassung in Deutschland bestehe gerade so gut zu Recht, wie die kurhessische von 1831, nämlich die deutsche Reichsverfassung. Und diese, welche rechtlich existire, müsse auch thatsächlich werden, wenn nur das deutsche Volk in Einheit zusammenhalte. Dies sei sein sehnlichster Wunsch und darum bringe er aus ein Hoch auf die deutsche Reichsverfassung!" (Bravo! Bravo!)

Die für den Abend bestimmte Aufführung des Liederkranzes mußte wegen der ungünstigen Witterung verschoben werden, dagegen fand am Gabentempel eine andere, für Viele eine erhebendstere Feier des schönen Festes statt; Schleswig-Holstein fragte hier bei Uebergabe seiner Fahne, ob es auf die Deutschen rechnen dürfe in der Stunde der Gefahr? Möge das tausendstimmige Ja! Ja! nicht umsonst in die Lüfte geschallt, möge dieser an dem Tempel, in dessen Innern die schönsten Zeichen des deutschen Patriotismus aufbewahrt sind, geleistete Schwur nicht umsonst gethan sein, mögen Deutschlands Männer nicht meineidig werden!!

Dem Frankfurter Turnverein wurde die Fahne übergeben. "Möge die Fahne in dem Herzen Deutschlands ruhen," sprach ein Schleswig-Holsteiner aus Kiel, "bis der Tag der Freiheit für uns anbricht, dann aber nehmen Sie den Flor, der die Fahne bis jetzt umhüllt, ab, und bringen Sie sie uns mit dem schönsten Schwarz-Roth-Gold geschmückt in unsre arme Heimath. Darf ich denn Denen in der Heimath sagen, daß sie bauen können auf Deutschland?" Ein tausendstimmiges, immer wiederholtes Ja! Ja! erscholl dem in Klang dem Fragenden als Zusicherung entgegen. Der Sprecher des Turnvereins, Herr Dr. Humser, ergriff die Fahne mit den Worten: „Im Namen des Frankfurter Turnvereins nehme ich die Fahne in Besitz, wir sind stolz darauf, daß Männer, die sich bewährt in der Stunde der Gefahr, diese Fahne der Jugend anvertrauen. Ich empfehle Euch diese Fahne, in der Hoffnung, daß Ihr auch folgt, wenn es gilt, die Fahne ohne Flor; mit Schwarz-Roth-Gold zurückzutragen in das jetzt arme, gedrückte Land. In dieser Ueberzeugung nehme ich die Fahne in Besitz. Schleswig-Holstein Hoch!"

Noch ein Mal richtete sich der Schleswig-Holsteiner an die versammelten Tausende: „Elf Jahre haben wir Schmach und Noth getragen, Ihr kennt nicht das Elend, was wir Deutsche dort erdulden müssen, soll auch das zwölfte vergehen, ohne daß für uns die Hoffnung winkt, daß es besser werde?" „Nein, Nein, wir helfen Euch", scholl es dem tiefergriffenen Redner entgegen, „wir helfen Euch!"

Das Wort ist gegeben, wann wird es eingelöst?

Der fünfte Festtag.

Da wir doch nun ein Mal eine Registratur über das Wetter des jedesmaligen Festtags geführt, so müssen wir bemerken, daß der fünfte Festtag ein heiteres Gesicht zeigte und der Festplatz schon von frühem Morgen an ein ungemein belebtes Bild darbot. Ebenso belebt war das Bankett, bei dem das Musikcorps des österreichischen Infanterieregiments Wernhardt aus Mainz seine Klänge erschallen ließ. Advocat Georgii aus Eßlingen war der erste Redner. „Freunde und Festgenossen!" begann er. „Es ist in diesen Tagen viel von Einheit und Freiheit geredet und gesungen worden. Aber wir sind doch noch nicht einmal am Anfang des Anfangs. Diese Frage muß practisch werden, zwar gehen die Ansichten bei sonst ganz patriotischen Männern auseinander, aber wir haben Zeit, uns doch endlich zusammenzufinden. Und für die Zeit, welche zwischen diesem zu erreichenden Ziele liegt, möchte ich eine Losung mitgeben für Alle, ohne Unterschied des Glaubens in politischen und religiösen Dingen: Bemühe sich Jeder, damit bis zum nächsten Schützenfest tausend, ja hunderttausend braver Schützen zu finden sind, aber Schützen nicht blos mit sicherem Auge und sicherer Hand, sondern auch Schützen, denen in der Brust das Herz warm für das Vaterland glüht; Schützen, welche Jeden, der Unrecht thut, zu Boden schlagen, Schützen, die ihren Eigenwillen dem Gesammtwillen unterordnen, auch wenn es wehthut. Drum, Ihr Schützen, und auch Ihr hier versammelten Frauen und Jungfrauen, mein Hoch gilt den Schützen, wie ich sie geschildert, mein Hoch gilt der Hoffnung, daß demnächst Hunderttausende zum Schützenfeste ziehen, ein ganzes gewappnetes Volk."

Der zweite Redner war Staatsanwalt Sterzing aus Gotha. „Schützenbrüder! Noch sind wir mitten im Jubel, noch sind wir beschäftigt, die Eindrücke zu empfangen, die das Schützenfest hervorruft. Soeben haben die Mitglieder des deutschen Schützenbundes getagt, Schützenfest und Schützentag wäre aber nie entstanden, wenn nicht der deutsche Schützenbund wäre. Lassen Sie mich jetzt einen Blick werfen auf die Idee und das Streben, das uns als deutsche Schützen erfüllt. Wir Deutsche haben das Bedürfniß, uns zu vereinigen, sowie Turner und Sänger zusammengetreten sind, so haben sich auch die Schützen vereinigt, in denen der Kern der Bürgerschaft vertreten ist. Von den Schweizer Brüdern haben wir gelernt; bei denselben sind in Folge der Organisation ihres Schützenwesens die Schützenfeste hervorgerufen worden, bei uns ist es umgekehrt, aus unserem Schützenfest soll sich unser Schützenwesen entwickeln, und von diesem Streben hoffen wir, daß es dahin führt, daß eine Aenderung in unserem Wehrwesen eintritt. Man hat bei Gründung des deutschen Schützenbundes den Grundsatz festgestellt, daß demselben die Politik fern bleibe, in so weit als die Politik der Ausfluß der Partheien ist, wir wollen aber uns in so weit mit Politik beschäftigen, als wir einwirken wollen auf die Verhältnisse unseres Vaterlandes. Der Schützenbund soll den Anfang zur Einigkeit unseres Vaterlandes bilden, denn im Schützenbund sollen die Schützen des ganzen Vaterlandes, die Schützen jeder Parthei vertreten sein. Der deutsche Schützenbund ist gelungen, denn die Pflanze, die wir eingesenkt in einen üppigen Boden, ist zu einem herrlichen Baum geworden." Der Redner schließt mit einem Hoch auf die deutschen Schützen.

Callenberg aus Stuttgart: „Deutsche Schützenbrüder! Gestatten Sie mir, im Namen der Schwaben ein grüßendes Wort an Sie zu richten. Die Schwaben haben eine alte Ueberlieferung mitgebracht, die schwarz roth goldne Reichssturm-Fahne, ist auch das Gold erblichen, die Gesinnungen der Schwaben sind dieselben geblieben. Mein sehnlichster Wunsch ist, daß sich in dem deutschen Schützenbund die deutsche Einheit verkörpern möge. Wir Schwaben wollen nur ein Theil sein, der zum Ganzen gehört, wir wollen gern, wenigstens so lange bis die Hauptsache entschieden ist, ein Schmerzenskind genannt werden. Dann aber, wann die Zeit kommt, wollen wir alle da sein, und nehme dann Jeder das Beste mit, was er bieten kann. Immer sei unser Ruf: „Deutschland, Deutschland über Alles!"

Director Oppler aus London: „Deutsche Schützen, deutsche Brüder! Aus London senden mich zwei deutsche Vereine, als deren Abgeordneter ich an Eurem Feste theilnehme. Ich bringe Ihnen die herzlichsten Grüße. Wir verfolgen mit dem regsten Interesse alle vaterländischen Bewegungen, wir erkennen recht gut die hohe Wichtigkeit und Tragweite der Wehrhaftmachung des deutschen Volkes, die wir als die Hebel zur Erreichung der höchsten Güter, der Einheit und Freiheit begrüßen. Wir haben mit Freuden diese Gelegenheit ergriffen, Euch unsre aufrichtige Theilnahme an dem Tag zu legen, und ich bin beauftragt, sie Euch auszusprechen. Wann einst der Tag der Freiheit und Einigkeit in ganz Deutschland angebrochen ist und die Morgenröthe dieses Tages sich kund macht überall hin, wo nur Deutsche wohnen, so werden wir uns im freien Albion mit Stolz nennen können freie Söhne eines geistig starken, materiell mächtigen, seine Schützen gewappneten Vaterlandes. Jeder Deutsche muß zur Erreichung dieses Zieles mitwirken, ich aber gelobe in dieser mit den deutschen Farben geschmückten Festhalle im Namen dieser zwei Vereine, daß wir mit Euch für des Vaterlands Wohl schaffen, wirken und streben wollen." Die Rede schloß mit einem Hoch auf die Stadt Frankfurt!

Schröter aus Bremen ladet seine Schützenbrüder zu dem im zweitnächsten Jahre in Bremen stattfindenden Schützenfest ein und schließt mit einem Hoch auf die deutschen Schützenbrüder!

Dr. Brenner aus Basel: „Deutsche Schützen! Als Ihr uns aufforderten, zu Euch zu kommen, brannte in uns das Verlangen, einen Pfeiler zu schlagen zu der Freiheit, welche die Bevölkerung unter einander verbindet. Seit Jahren schon sind die Bremer der Schlüssel gewesen zu den Herzen der Schweizer, darum haben wir Glück gewünscht zu der Wahl, die heute in Bremen, als der zweiten Feststadt, getroffen worden ist: den Bremern haben wir das Gelingen der Verbindung mit den Deutschen zu verdanken, darum Heil den Bremern, Heil Deutschland, Heil der Schweiz. Der Deutsche Schützenbund ist gegründet. Wenn aber die gestreute Saat Früchte bringen soll, so müssen die deutschen Völker sich verstehen lernen, sie müssen sich die Hand reichen, wie die Bremer der Schweiz die Hand gereicht haben. Die Schweiz ist ein kleines Land und wir Schweizer sind weit entfernt, zu meinen, daß wir in diesem kleinen Lande die Bundesstaate der europäischen Freiheit besäßen, denn die Freiheit ist Gemeingut aller Völker, denen es ernster Wille ist, darnach zu streben, der Wille erzeugt Kraft und die Kraft erzeugt die That. Deutsche Schützen! Lange und über mächtig genug haben Einzelne, durch die Geburt und den Namen Bevorzugte die Geschicke der europäischen Völker geleitet, es ist an der Zeit, daß auch die Majestät des Volkes zur Geltung komme, es ist an der Zeit, daß man das, was man in Deutschland jetzt fühlt, öffentlich höre und vernehme. Es ist auch dem innern Auge offenbar, was das Drängen der Menschen und insbesondere der Deutschen will, es wäre Verblendung, es länger zu läugnen, ich glaube, der Frieden, der Wohlstand, das öffentliche Vertrauen ist so lange nicht gesichert, so lange die Freiheit nicht gesiegt hat, so lange sie nicht in unserem und in Euerem Vaterlande, und das gilt gleich, vollständig gesichert ist. Es geht in Deutschland etwas langsam (Zuruf: aber es geht doch!!) und deßhalb habe ich in Deutschland auch bis jetzt keinen ganz zufriedenen Deutschen getroffen. Viele Märtyrer der Freiheit gibt es in Deutschland, aber das deutsche Volk wird seine Vorkämpfer nicht verläugnen, das deutsche Volk wird ihnen nacheifern. Der deutsche Volksgeist hat immer geholfen und wird auch diesmal helfen, darum Hoch der deutsche Volksgeist, der schon vor Jahrhunderten die Fackel des Lichts hochgehalten, hoch der deutsche Volksgeist, der in der Periode von 1812—15 das herrliche deutsche Vaterland von fremden Truppen befreit (Hoch! Bravo!) hoch der deutsche Volksgeist, der zwar wiederholt niedergeworfen werden konnte, der sich aber stets wie ein junger Riese emporrichtete, hoch der deutsche Volksgeist, der das Fest der Wartburg, das Hambacher Fest zu Wege brachte, hoch der deutsche Volksgeist, der das Schützenfest in Frankfurt veranstaltete, hoch der deutsche Volksgeist, erhebt Euch, Ihr Schweizer, und ruft aus voller Kehle: Hoch, hoch, der deutsche Volksgeist!"

Gasthofbesitzer Tils aus Cöln, welcher der letzte der heute eingeschriebenen Redner war, begann also: „Schützenbrüder, wir alle sind hier nicht auf den Wink eines stolzen Fürsten erschienen, wir sind im Dienst des Vaterlands gekommen, und nicht der edle Fürst, der an der Spitze unseres Bundes steht, hat uns gerufen, nein, es war der treuste Sohn der trauernden Germania. Wir alle wollen nicht ein Klein-Deutschland, sondern, wie einer unserer rheinischen Dichter sagt: „Das ganze Deutschland soll es sein!" Uns Linksrheinischen wurde vielfach nachgesagt, wir neigten uns zu Frankreich hin, das ist nicht wahr, eben so wenig, wie uns das specifisch preußische System niemals gefallen hat, weil wir Rheinpreußen nur das lieben und achten können, was deutsch ist. Mit großer Freude haben wir die Gründung des deutschen Schützenbundes begrüßt, weil wir in demselben den Kern zu einem freien deutschen Heer legen, welcher in dem uns bevorstehenden Kampf im Stand sein wird, es mit den innern und äußern Feinden aufzunehmen, drum gilt mein Hoch dem freien deutschen Heere!" (Bravo! Bravo!)

Die für Mittwoch bestimmte Aufführung des Liederkranzes fand heute Donnerstag unter allgemeinem Zudrang des Publikums statt. Wir werden über die Aufführung dieses von ächt patriotischem Geiste beseelten Festspiels später berichten, da es bei einem Zudrang von vielleicht 25—30,000 Menschen nicht möglich war, Etwas zu verstehen, und es überdies in der Halleluftig, ja stürmisch zuging, da nämlich morgen, Freitag früh, das Schweizer-Comité abreist und viele der Schweizer ihm folgen, jeder darum ihnen noch gern ein Mal die Hand drücken mochte. Das Comité nimmt mit folgenden Worten von uns Abschied: „Schweizer Schützen! Wir haben herrliche Tage in Frankfurt verlebt! Wir kehren heim, voll des Dankes für die glänzende Aufnahme, die uns von Frankfurts Bewohnerschaft geworden, voll des Dankes für die Freundschaft der deutschen Schützen, voll der Hochachtung für die patriotischen Bestrebungen des deutschen Volks. Seit der Uebergabe der eidgenössischen Fahne ist unsre Mission erfüllt, und heute Abend hört unser offiziöses Wirken an diesem Feste auf, das Comité wird morgen die Heimreise antreten und wer uns zu derselben folgt, ist willkommen. Schließlich danken wir im Namen der kommandirenden Offiziere für die ausgezeichnete Haltung, die Ihr bewiesen. Das Schweizer-Comité."

Ferner veröffentlichte dasselbe Comité noch folgenden Aufruf:

„Frankfurter! Die Schweizer kehren heim und tragen eine große Erinnerung nach Hause. Nie werden wir die Tage vergessen, die uns Eure glänzende Gastfreundschaft, die Liebenswürdigkeit Eurer Frauen, die hehren Bestrebungen der bei Euch versammelten Schützen der deutschen Nation bereiteten. Wir danken Euch von ganzem Herzen, und glauben hierin ein Organ unseres Volkes zu sein; denn es weiß bereits, was Ihr an uns gethan. Wir ersehnen den Augenblick, wo wir Euch ein Kleines für dieses Große erwiedern können."

An gleichem Tage wurde früh 9 Uhr im großen Saale des Saalbaues der zweite deutsche Schützentag unter dem Ehrenpräsidium des Herzogs Ernst begonnen. Die Sitzung war öffentlich, doch hatten sich außer den Abgeordneten, deren je einer für 100 Mitglieder des Schützenbundes fungirt, und von denen 65 erschienen waren, nur wenig Zuhörer eingefunden. Herzog Ernst eröffnete die Versammlung mit folgenden Worten: „Meine Herrn! Als Ehrenpräsident des deutschen Schützenbundes begrüße ich die zum Gesammtausschusse Neugewählten. Als es mir voriges Jahr vergönnt war, beim Gothaer Schützentag vor die versammelten Schützen zu treten, verlangte ich eine patriotische That, sie wurde mit Begeisterung vollbracht, der deutsche Schützenbund wurde gegründet. Heute nach einem Jahr stehe ich wieder vor Ihnen und erwarte auf's Neue eine patriotische That: Treues Beharren auf dem festen Grund der Bundessatzungen, Versenken jedes Einzelwillens in den mächtigen Strom des Allgemeinwohles, Verkörperung jener Einmüthigkeit, von der so viel gesagt und gesungen wird. Dieser Geist walte über uns und in diesem Geiste heiße ich Sie willkommen."

Staatsanwalt Sterzing aus Gotha, Vorsitzender des Bundesvorstandes übernahm das Präsidium in der Versammlung und durch Georgii aus Eßlingen wurde Bericht erstattet. Zum Vorsitzenden des Gesammtausschusses des deutschen Schützenbundes (auf zwei Jahre) wurde Sterzing gewählt und diese Wahl mit Beifall begrüßt. Als nächster Festort hatte sich

Bremen vorgeschlagen und der Vorschlag wurde angenommen, die Abänderung der Bundessatzungen und der Schießordnung aber einer Commission übertragen.
— Denselben Abend reiste Herzog Ernst nach Coburg ab.

Der sechste Festtag.

Auch der sechste Tag brach wie sein Vorgänger schön an und sein Gestirn leuchtete ununterbrochen auf die Untenwandelnden. Bei dem nicht allzusehr besuchten Bankett sprachen sechs Redner; ihre Reihe eröffnete Dr. Seertz aus Riga. „Deutsche Schützen, deutsche Brüder! Als vor einem Jahre die Deutschen vereint waren zum großen deutschen Sängerfest in Nürnberg, da traf auch ein Telegramm aus Riga ein, durch welches die damals zum baltischen Sängerfest in Riga versammelten Deutschen Rußlands ihre herzlichsten Grüße entboten. Wenn bei dem heutigen deutschesten Feste ein solches Telegramm ausgeblieben ist, so liegt der Grund nur darin, daß ich selbst aus Riga gekommen bin und versprochen habe, den Gruß persönlich auszurichten. Ich bringe hiermit den deutschen Schützen den Gruß der Deutschen von dem Ostseestrand Rußlands, aus ganzem, vollen, warmen, deutschen Herzen. (Bravo!) Nachdem ich somit mein Wort gelöst, drängt es mich noch, in meinem Namen einige Worte hinzuzufügen. Wohl haben mehrere Glieder des Rigaischen Schützenvereins daran gedacht, zum ersten deutschen Schützenfeste hier zu erscheinen; aber die Absicht des edlen Kaisers Alexander, in diesen Tagen Riga durch seinen Besuch zu beehren und zu erfreuen, hielt die Uebrigen an die Heimath gebannt. Nur in mir, der ich ein Teutscher bin mit jedem Nerv meines geistigen Lebens, und stolz darauf, ein Deutscher zu sein (Bravo!), in mir war der Drang so mächtig, dieses erste, wahrhaft deutsche Nationalfest mit meinen deutschen Brüdern zu begehen, es mit ihnen zu durchleben, nicht nur im Geiste, sondern in Person (Bravo!). Ich habe diesem Drange Folge gegeben, und ich bin überreich belohnt dafür. Ich habe mit allen Deutschen eine Aufnahme gefunden in Frankfurt, die unsere kühnsten Erwartungen übertroffen hat. Ich habe mehr gefunden, als das, ich habe eine Einigkeit und Eintracht gefunden, die da wurzelt tief im Innersten des Volkes, die die, gepflegt von einem hochherzigen deutschen Fürsten, uns die herrlichsten Früchte verheißt. Ich habe mehr gefunden, als das, ich habe einen Geist gefunden, nicht nur unter den Schützen, nicht nur unter den Turnern, nein, in allen Schichten des Volkes, einen Geist, ebenso deutsch, als jugendlich frisch; einen Geist des Selbstbewußtseins und des Selbstvertrauens, einen Geist der Thatenlust und der Thatkraft, einen Geist, der da dürstet nach Freiheit und Recht, und der doch ebensowenig eine Freiheit kennt ohne das Recht, als er das Recht will ohne die Freiheit.

(Bravo!) Deutsche Schützen, es ist dies der Geist, der einst Schiller beseelte, als er auf seine Räuber das Motto schrieb: in tyrannos. Es ist dies der Geist, der vor bald fünfzig Jahren das Unmögliche möglich machte, und den fränkischen Tyrannen hinausschlug aus Deutschlands Gauen auf Nimmerwiederkehr; es ist das der Geist, der allein im Stande ist, Deutschland groß und mächtig zu machen, und ihm die Stelle zu sichern, die ihm in der politischen Welt schon längst gebührt. Deutsche Schützen! Ich habe diesen Geist erkannt in allen Gesprächen, die ich gepflogen; er hat mir entgegengeleuchtet aus allen Liedern, die gesungen, aus allen begeisterten Reden, die gehalten wurden. Und, meine deutschen Brüder! Dieser Geist spricht im Hinblick auf manche Zustände, die nicht sind, wie sie sein sollten; er spricht namentlich im Hinblick auf unsern verlassenen unglücklichen Bruderstamm in Schleswig-Holstein (Bravo!); er spricht da laut und vernehmlich zu Allen, die es hören und verstehen wollen. Und machen wir's mit freiem Wort nicht ganz, so greift auch unsere Hand zum Schwert! Nur wenn für's Höchste wir das Höchste wagen, nur dann sind wir der Väter werth! Fluch Dem, der nicht mit dem freudigsten Muth opfert für Wahrheit und Freiheit sein Blut! (Bravo!) Diesen Geist habe ich gefunden, diesen Geist, der da lebte in den Millionen Brüdern, die ihr Herzblut geopfert haben für ein freies Deutschland; dieser Geist lebt noch heute! Und ich bin fest überzeugt, daß die deutsche Einigkeit, von diesem Geiste befruchtet, die schwellende Knospe sein wird, aus welcher, trotz Sturm und Ungewitter, die Wunderblume der deutschen Freiheit hervorbrechen muß! Und darum trinke ich deutschen Wein darauf, daß dieser Geist weiter und weiter flamme, und unauslöschlich, wie das westalische Feuer, alle Herzen entzünde. Deutsche Schützen! Deutsche Brüder! der deutsche Geist, der auf diesem deutschen Feste alle deutschen Männer beseelt, er lebe Hoch! (Bravo, Bravo!).

Consul v. Heymann aus Bremen, als zweiter Redner beginnt: „Verehrte Versammlung und liebe Schützenbrüder! Wenn man, wie ich, so denkt, wie es nun mit uns Schützen geworden, so ist mir eingefallen: zuerst war nichts, darauf kam der Gedanke, darauf das Wort und darauf die That. Der erste große deutsche Schützentag, das erste große deutsche Schützenfest des Bundes, in Sturm und Drang geboren, ist gegründet. Lassen Sie uns stolz sein auf diese That, denn wenn wir zurückblicken, so glaube ich, können wir fest versichert sein, daß seit der letzten deutschen Kaiserkrönung, die ich glaube selbst hier gewesen, seit Griechenlands olympischen Spielen vor 2500 Jahren nie ein solches Fest in Deutschland und in der letzten Beziehung in Europa gesehen worden. (Bravo!) Wir wollen stolz darauf sein und das können wir. Was soll nun diese That auch ferner gebären? Vor allen

Dingen Schritt vor Schritt weiterzugehen, damit die That noch eine That gebäre (Bravo); vor allen Dingen Deutsche bleiben, deutsch sein und kann sollen wir Schützen vor Allem uns noch mit Andern verbinden, wir sollen z. B. mit den Turnern uns verbinden. Jeder von uns Schützen hat Ursache, hier in Frankfurt den Turnern die Hand zu drücken (Bravo). Laßt uns hoffen, daß es endlich dazu kommt, daß Turner und Schützen sagen, an den Grenzen Deutschlands kommt Niemand herein, und wenn es Jemand wagt, dann nimmt jeder Deutsche seine Büchse. Jeder Wehrturner ist hoffentlich bis dahin in den deutschen Schützenbund eingetreten, und auch Euch rufen die Schützen zu: „Wir wollen sein ein einig Volk von Brüdern!" Dann wollen wir sehen, ob die That nicht am Platze. Ich trinke auf die Zusammengehörigkeit und Zusammenhaltung! Mögen die Turner und Schützen gemeinschaftlich zum Baue deutscher Einheit fort und fort einen Stein auf den andern legen. Dann wird der Tempel deutscher Einheit gelingen. Der deutsche Schützen- und Turnerbund sie leben als ein Bund! Ich trinke auf das Wohl gleichgesinnter Herzen, gleichgesinnter Paniere, die Turner und Schützen Hoch!" (Bravo!)

Der dritte Redner, Dr. Carl Grün aus Trier betritt die Tribüne und geben wir dessen Rede, als die bedeutendste der heut gehaltenen, möglichst getreu und ausführlich wieder. Er beginnt: „Deutsche Männer, deutsche Turner, deutsche Sänger und Gäste! „Zum Werke, das wir ernst bereiten, geziemt sich wohl ein ernstes Wort." Ich schließe mich allen Reden, Wünschen und Toasten an, die bis jetzt vor dieser Versammlung ausgebracht worden sind. Ich wünsche dasselbe; ich lasse dieselben Tendenzen hochleben. Aber es scheint mir eine Kategorie gänzlich vergessen worden zu sein, und erlauben Sie mir, auf sie einige Augenblicke Ihr Aufmerksamkeit zu lenken, mit den Worten des Dichters: „Auch die Todten sollen leben", namentlich die Todten, die für denselben Zweck den Tod gefunden haben, der uns heute vereinigt, diejenigen Todten, die den Tod fürs Vaterland gesucht und gefunden haben, für die Einheit und Macht dieses großen deutschen Volkes, diejenigen Todten, ohne deren Opferfreudigkeit wir heute gar nicht versammelt wären unter dem schützenden Baldachin der freien Rede (Bravo! Bravo!) — Ihr Turner, Schützen, Ihr Sänger! Es gab vor 40 Jahren schon eine Jugend, die da turnen, schießen und singen wollte wie Ihr, zur Ehre des Vaterlandes, zur Machterhaltung dieses deutschen Volkes. Man hat sie in die Kerker geworfen, sie sind in den Kerkern gestorben, und diejenigen, die aus dem Kerker herauskamen, sind als lebendige Leichen umhergegangen. (Sehr wahr!) Man nannte die damaligen Schützen, Turner und Sänger Tugendbündler oder Burschenschaftler. Von dem Bunde aber wollten die Feinde nichts wissen und von Jugend erst recht nichts; denn die Jugend, die ist der gefährlichste Feind aller Tyrannen. (Bravo!) Diese Brüder sind uns'-vorangegangen. Und wenn unsere Feinde ein Gedächtniß haben, so fordere ich Euch, Schützen, Turner und Sänger, auf, ebenfalls ein gutes Gedächtniß zu haben. Demagogen hat man sie genannt, ein Ehrentitel, wenn man ihn recht versteht, denn Demagog heißt nichts anders, als Volksführer; man meinte damit Volksverführer; doch die Volksverführer saßen ganz anderswo als im Kerker, sie saßen in Sammt und Seide, bei Austern und Champagner! Darum, lieben Freunde und Brüder, der erste Tusch: Unsere Todten sollen leben, die Burschenschaft seit 1819. Es kam aber abermals eine große bewegte Zeit über Deutschland, die man mit der Jahreszahl 1830 zu bezeichnen pflegt; und wieder füllten sich die Kerker und wieder starben Männer im Kerker für das Vaterland und wieder mußten die treuen Brüder, namentlich aus dem lieben Süden und Südwesten unseres Vaterlandes das fremde Salz des Exils essen, und draußen sind gar Viele von ihnen gestorben und verdorben und nur Wenige haben sich frisch erhalten. Auch diese Brüder sollen leben, auch diese Todten sollen leben. (Hoch! Hoch!) O 1848, ernstes, feierliches, hochheiliges, trauriges Jahr, du hast uns neue Opfer gebracht. Freunde und Brüder! Damals ist das Fundament gelegt worden zu Allem, was jemals in Deutschland frei und groß genannt werden kann. Aber in dieses Fundament sind Leichen hineingemauert worden und diese Steine sind mit Kitt verbunden worden, welcher Blut heißt. Meine Herren! Vergessen wir nicht, was wir den theueren Vorgängern im Amte der Volksbefreiung schuldig sind. Mir scheint, als ob in dieser herrlichen Versammlung mehr als ein Auge beflort sei, als ob ich mehr als einen Kummer aufkommen sehe aus tiefem Herzen; denn wie viele unter Euch gibt es nicht, die einen Verwandten, Genossen, Bruder und Angehörigen unter jenen Opfern zählen! Ja, Freunde, es ist ein schwerer Augenblick jetzt, bis zu der Höhe des dichterischen Ausspruchs zu erheben, jetzt, wo unser aller Herzen zittern vor Wehmuth und Schmerz; aber zum Zeichen, daß wir Männer sind, die sich selbst beherrschen; zum Zeichen, daß wir des Liedes an die Freude würdig sind; zum Zeichen, daß wir die Hinterlassenschaft unserer großen Todten ernst und entschlossen auf uns nehmen wollen, fordere ich Sie auf, von Ihren Sitzen sich zu erheben, Ihr Haupt zu entblößen und mit mir in jene dunklen, stillen, feuchten, kahlen Gräber den Donnerruf hinein erschallen zu lassen: Auch die Todten sollen leben! Unsere Todten leben hoch! (Die ganze Versammlung erhebt sich und ruft stürmisch hoch. Ein feierlicher, wahrhaft erhebender Moment.)

Der bekannte und geehrte Schriftsteller Berthold Auerbach aus Berlin, ein untersetzter kräftiger Mann mit vollem Bart, besteigt die Rednerbühne und „Deutsche

Brüder!" beginnt er: „Aufgefordert von den Ordnern des Festes, entspricht diese Aufforderung einem zaghaften inneren Drange, zaghaft, weil ich nicht gern bei solcher Gelegenheit als einer erscheinen möchte, der sich zum Worte drängt, dennoch in innerer Verpflichtung zu sprechen. Ich hatte die Freude und das Glück vor jetzt einem Jahre ein Mitgevatter zu sein bei der Geburt des deutschen Schützenbundes. Der Hauptgevatter, sein Name ist Ernst, — denn es ist ein ernstes Werk, das damals in's Leben gerufen wurde — er ist räumlich aus unserem Auge entschwunden. Es ist eine wunderbare Sache, sich hinein zu versenken in die unergründlichen Tiefen seines Volkes. Zu alten Zeiten zog der Doge von Venedig hinaus und warf einen Ring in den Meeresgrund, damit aussprechend: „ich bin dir vermählt, du ewiges und unergründliches, sich in sich selbst bewegendes Meer." So zog ein deutscher Fürst hinaus auf die hohe See des deutschen Volksthums, warf einen Ring in die Tiefe und sprach: „Ich bin dir vermählt, du unergründlich tiefes Meer meines deutschen Volksgemüthes (Bravo)." Wir sind eins und mit mir noch viele hohe Herzen. Dies, daß ich die Freude hatte, mit zu sein bei der Schöpfung des deutschen Schützenbundes, legt mir das Recht, legt mir die Pflicht auf, zu sprechen. Noch ein anderes Recht habe ich. So klein auch meine Stellung in der deutschen Dichtkunst sein mag, es ist eine erhebende Sache zu erkennen: Du Volk! wenn du etwas schaffen willst — aus dem Dichtermund mußt du das Wort entlehnen. Da draußen am Eingange der Festhalle steht das Wort, das einer der höchsten Dichtergeister einem mannhaften Volke aus dem Herzen gesprochen: „Wir wollen sein ein einzig Volk von Brüdern." Ein deutscher Dichter hat Dir das erlesene Wort auf die Lippen gelegt, Du deutsches Volk. Du aber mußt es in Herz nehmen, nicht aber mehr als bloßen Wunsch; Wir wollen sein (Bravo). Ein zukünftiger Dichter — gepriesen sei er, der herauf steigt aus der Zukunft, möge sie bald vor unsern offenen Augen erscheinen, — ein Zukunftsdichter wird den Gedanken in feste Worte fassen können und müssen, wenn Du deutsches Volk ihm mit der That vorausgegangen, und seine Worte heißen: „Wir sind ein Volk von Brüdern!" Tief berührt es mich, indem ich diese hochgehende See deutscher Volksempfindung vor mir sehe. Der Letzten Einer, der herangekommen, ich frage dich: du Bruder, der du vom Norden kamst, du, der du vom Süden, du, der du von Ost und West kamst, bist du, wenn du nach Hause gehst, etwas mehr geworden als du warst, da du hieher kamst? Willst du mit allgemeiner verschwommener Empfindung heimkehren: Ich meine es ja gut mit meinem Vaterland! Ach! ich liebe es so vom Herzen, wir sind ja Alle Brüder? Das hat uns aber doch jetzt zu Nichts gebracht, zu keiner Disciplin, zu keiner Zucht der Geister. (Sehr wahr!) Die Zucht der Geister besteht darin, daß man sich der Gesammtheit unterordnet. Da kommen die Einen und sagen: das, was erstrebt werden soll, ist mir noch nicht genug, darum thue ich einstweilen gar nicht mit. (Sehr wahr!) Die Zucht der Geister besteht darin, daß man zuerst die Geisteszucht lerne. Das ist das Volksheer, das sich geistig in Reihe und Glied stellen läßt, das einem großen Geistescommando folgt. So, wenn das wird, wenn du das bekommen hast, der du mit sehr gemüthlicher, sehr inniger Empfindung von allen vier Weltgegenden hier zusammengekommen bist, wenn du sagst: wir wollen sein und bald — wir sind ein Staat von Brüdern, nicht bloß ein Volk von Brüdern, sondern ein Staat von Brüdern, wenn du noch dir klar gemacht hast, dann ist es ein großer Sieg, dann hast du dich innerlich stark und wehrhaft gemacht. Darum gilt mein Toast dem umzusetzenden Worte des Dichters, daß es bald heißen möge, statt, wir wollen sein, wir sind ein einzig Volk von Brüdern! (Bravo).

Schützenpräsident Bischof von Thurgau: „Deutsche Schützen und Freunde! Berge und Thäler können sich nicht begegnen, die Menschen aber doch, dazu hat die Neuzeit Verbindungslinien geschaffen, welche die Menschen und die Herzen näher aneinander bringen, möge die Zusammengehörigkeit der Nationen von jetzt an der Wahlspruch werden." Der Redner gedenkt dann, im Hinblick auf die geschichtliche Thatsache des J. 1473, wo Züricher einen noch warmen Hirsebrei von Zürich nach Straßburg brachten, der allzeiten Bereitwilligkeit der Schweizer, ihren Freunden zu helfen. „Wir haben zwar keine Gaben von Silber und Gold gebracht, aber Herzen voll Liebe und Freundschaft und Hände, für und mit Euch zu kämpfen." (Bravo!) Der Redner schließt, nachdem er noch der Aufopferungsfähigkeit Frankfurts gedacht, mit einem Hoch auf das Festcomité.

v. Cornberg aus Karlsruhe. „Nicht vom Festcomité, wie der Vorredner gesagt, sondern vom ganzen deutschen Volk seien die Schweizer geladen worden. (Bravo). Die Schweizer gehörten nicht nur durch ihre Sprache zu uns, sondern auch durch Herz und Geist, sie seien uns ein Vorbild, indem sie uns zeigten, daß Freiheit und Gesetzlichkeit sehr wohl neben einander bestehen könnten. Die Schweiz sei uns in allem, in Gesang und Sitte verwandt und ein Band der Freundschaft umschlinge sie und uns. Der Schweiz, der uns in jeder Beziehung verwandten, ein dreifach donnerndes Hoch!" Aus ganzem Herzen stimmten die Anwesenden auf das Hoch der uns so lieb gewordenen Gäste ein.

So schön wie der Tag begonnen, so schön endete er auch, Tausende hatten sich auf dem Festplatz eingefunden, erwarteten den Anfang des angekündigten Feuerwerks. Da ein Kanonenschlag, noch einer und noch einer, Raketen steigen in die Luft und hoch oben am dunkeln Nachthimmel entsenden sie ihre Leuchten und ihre Kugeln, die wie glänzende Sterne eine Zeit lang dahinschweben, bis sie endlich, wie all das Schöne auf Erden, vergehen und das dunkle Firmament nicht mehr die Stelle zeigt, wo sie ihr Licht verbreitet. Ihre glänzenden Concurrenten aber am nächtlichen Himmel wandern ungestört weiter ihre Bahn, während im Hintergrund sich dunkle Wolken aufthürmen und durch ihre Schwärze den Glanz der aufsteigenden Feuerkörper zu erhöhen suchen. Noch ein Kanonenschlag, ein Bündel „Fröhsche" fährt in die Luft und breitet sich knackend und knatternd nach allen Seiten hin oberhalb der Anwesenden aus, doch ohne Furcht, er kommt nicht zur Erde, er verbraucht seine Kraft in der Luft. Da, ein Feuerstrom fährt in die Höh', dehnt sich aus und als ein Meer einzelner Goldtropfen fällt er nieder auf die erstaunten Zuschauer, Raketen in Menge fliegen empor, die einen Hunderte von farbigen Leuchtkugeln ausgießend, die andern sich, in der Höhe angelommen, als Feuergarben ausbreitend. Da eine als Bouquet, da eine als Stern und dort eine als Adler, der seinen Flug nach dem Gabentempel zunimmt und aber der Germania verlöscht, nachdem er auf sie zuvor mit dem letzten Leuchten seines Strahlen-Gefieders einen hellen Blick geworfen. So wechseln Raketen und Garben, Feuerströme mit buntfarbigen Feuerrädern ab, das Siebengestirn erglänzt — bis endlich ein Kanonenschlag uns auf den Schluß des prächtigen Schauspieles, auf das Großartigste des Ganzen aufmerksam macht. Tausende von Leuchtkugeln entzünden sich, Raketen steigen, Schüsse knattern und im hellsten Glanze erscheint ein deutscher Schütz, die Büchse bei Fuß, den Hut hoch schwenkend.

Ein allgemeines Hurrah und Bravo der versammelten Menge begrüßt dieses Meisterstück der Feuerwerkkunst. Doch kaum haben wir uns das Bild recht betrachtet, als mit einem Kanonenschlag Tausende von Feuerkörpern, Raketen, Leuchtkugeln rc. in die Luft fliegen, den Schütz zwar mit einem Strahlenkranze der größten Art umgeben, aber nach wenigen Augenblicken Dauer ebenso schnell verschwunden und vergangen sind, wie sie gekommen.

Das Schauspiel ist aus — wir aber, geblendet von dem Glanze, suchen uns allmälig wieder an das Dunkel zu gewöhnen und gelangen endlich, nach einigen Irrgängen auf der Bornheimer Haide, glücklich zu unseren Penaten.

Der siebente Festtag.

Schön war das Wetter am siebenten Festtag, doch gering besucht das Bankett. Fünf Redner sprechen heute, der erste ist Dr. Thoma aus Heidelberg. „Meine Freunde!" ruft er: „Wir alle ringen nach gesetzlicher Freiheit; mit uns ringen und kämpfen auf der andern Halbkugel unsere Blutsverwandten. Sie ringen für gesetzliche Freiheit und für die Unabhängigkeit der vereinigten nordamerikanischen Staaten. Diesen Blutsverwandten gilt mein Trinkspruch. Wie das Herz das Blut durch alle Theile des Körpers treibt bis in die äußersten Spitzen, so strömt das Blut der Nation in alle seine Glieder, sie mögen weilen, wo sie wollen; ob auch alle Hindernisse dazwischen treten, durch sympathetische Venen hindurch geleitet, strömt das Blut von Herzen zu Herzen. Es ist nicht bloß in den Nationen selbst; es gibt auch ein Band, das zwischen den Nationen, die Sympathie derer, die nach einem Zwecke ringen. Es gilt mein Trinkspruch den deutschen Streitern in Amerika, den bewußten Streitern, die wissen, wofür sie streiten. Sie streiten für die heilige Sache der Freiheit. Ihre Gegner sind aber auch unsere Gegner. Sie wissen, daß die Streiche, die auf jene fallen, auch uns treffen. Mit Stolz blickt Germania auf seine Söhne auf der andern Halbkugel. Unsere Sympathie stärkt sie im Kampfe für die Freiheit, und wenn wir sie ausdrücken, so ehren wir nur die, welche für die Freiheit gefallen sind und fallen werden. Ich labe sie ein, ein Hoch auszubringen auf die Blutsverwandten in Amerika, die mit uns denken, fühlen und handeln, die gegenwärtig im Geiste bei uns weilen, und die von unserer Begeisterung selbst wiederum Begeisterung saugen. Diese ewige Brüderschaft, die zwischen den Völkern herrscht, die hier ausgedrückt ist, diese Brüderschaft, die hinüberreicht in jene Sphären der amerikanischen Urwälder, soll leben; die Deutschen in Nordamerika, die bestimmt sind, das Loos der nordamerikanischen Republik zu lösen, ohne welche das Schicksal Amerika's gesiegelt wäre, sie sind bestimmt, sie zu retten und retten mit ihr für die allgemeine Freiheit, das wissen Sie, und diese Brüder in Nordamerika, sie leben hoch!" (Brave).

Advocat Bech aus Californien ist der nächstfolgende Redner. „Meine Damen und Herren! Wenn ich bei der heutigen Gelegenheit mir erlaube, im Namen meiner amerikanischen Landsleute das Wort zu ergreifen, um Ihnen für die eben ausgesprochenen Sympathieen für die Deutschen in unserer neuen Heimath zu danken, so geschieht dies mit um so größerem Befugnis, indem ich viele meiner Landsleute hier sehe, die ich für nicht fähiger und mehr berechtigt halte, hierüber das Wort zu ergreifen, als ich selbst; doch da mir von meinen Landsleuten der Auftrag geworden ist, so unterziehe ich mich demselben mit Vergnügen und versichere Sie hiermit, daß Tausende unserer deutschen Landsleute in Amerika von den Küsten des atlantischen Oceans bis zum stillen Meere, von dem Norden bis zu den Gränzen Mexiko's, mit dem tiefsten Interesse den politischen Regungen in unserem geliebten deutschen Mutterlande gefolgt sind und mit den wärmsten Sympathieen die allmä-

— 39 —

lige Entwicklung freier Institutionen begrüßen. Wir betrachten das heutige Fest, m. H., das Sie feiern, in Verbindung mit dem großen vorjährigen Sängertag in Nürnberg als das anbrechende Morgenroth eines neuen glorreichen Tages für unser geliebtes deutsches Vaterland! (Bravo.) Möge fortan Sieg auf Sieg sich an Ihre Banner knüpfen, möge dieses Fest sich als das Samenkorn erweisen, aus dem in Zukunft der kräftige Stamm der mächtigen deutschen Eiche auf's Neue wieder erkeime, der deutschen Eiche, deren lebensfrische blätterreiche Krone hoch in den Lüften den Orkanen des ganzen Weltalls trotzen kann; der mächtigen deutschen Eiche, um deren Stamm die Wappenschilder aller deutschen Völker sich befestigt finden, — doch als Erinnerung nur an alte und zerrissene Zeiten, und übertragt vom mächtigen deutschen Aar! Dann werden sich unter ihrem ehrwürdigen Schatten die Männer aller deutschen Stämme wieder finden und sich die Bruderhand reichen: der von der Nordsee dem von den Alpen; der von der Weichsel dem vom Rhein und Ein Voll bilden, ein Voll, das, wie bisher der Träger der Kunst, der Wissenschaft, der Cultur, so fortan sich als Repräsentant der Macht und des höchsten im Rathe der Völker gebietenden Einflusses bewähren möge! (Bravo!) Meine Herren, im Namen aller amerikanischen Landsleute, die hier unter Ihnen versammelt sind, im Namen der 6 Millionen Deutschen in dem neuen amerikanischen Vaterlande, die sich jetzt unter diesem glorreichen Sternenbanner befinden, in ihrer aller Namen bringe ich **ein Hoch auf das Gedeihen eines vereinigten und einigen, eines großen und freien deutschen Vaterlandes! Hoch! hoch! hoch!**

Als dritter Redner tritt Hr. Dr. Löning von hier auf. „Meine verehrten Freunde", beginnt er, „aus allen Gauen unseres großen deutschen Vaterlandes: Erlauben Sie mir mit einigen Worten von uns Allen und für uns Alle eine Ehrenschuld der Dankbarkeit abzutragen für die freie deutsche Presse. Die freie deutsche Presse, die so mächtig wirkt, und rein im warmen Bewußtsein für die großen Interessen unsers deutschen Vaterlandes; die deutsche Presse, die wirkt und schafft für die geistige und politische Freiheit, für die Einheit und Macht unseres Vaterlandes; diese freie deutsche Presse, die mächtig mitgewirkt hat, um unserem holsteinischen Bruderstamm seine Freiheit wieder zu bringen; dieser freien deutschen Presse, die so mächtig mitwirkt, um hoffentlich bald unserem herrlichen Bruderstamm in Schleswig-Holstein die Freiheit und Entfesselung vom unerträglichen Joche wiederzugeben; die freie deutsche Presse, die den Sieg der Freiheit bei unseren österreichischen Brüdern vollenden wird, und der Freiheit unserer preußischen Brüder hoffentlich bald auch zum officiellen Siege verhelfen wird: diese freie deutsche Presse, die dereinst sich schmeicheln darf, ein mächtiger Grundpfeiler im erhabenen Dom unserer deutschen Freiheit, Einheit, Ehre und Macht zu sein, dieser bringe ich im Namen von uns Allen ein begeistertes Hoch. Sie lebe hoch, die deutsche freie Presse lebe hoch."

Kling aus Hanau: „Festgenossen! Es sind zwei Jahre her, da hat man unserer deutschen Jugend auf dem ersten Nationalfeste, was wir nach langer Zeit gefeiert haben, den Vorwurf gemacht, daß sie nicht mehr in dem Besitze der feurigen Thatkraft sei, wie sie es gezeigt hätte 1813. Es scheint, als ob unsere deutsche Jugend diesen Vorwurf begriffen hätte. Unsere deutsche Jugend ist hinausgeeilt auf die Turnplätze und hat dort ihren Arm gestählt. Und wie sich ihre Brust dort erweiterte, so hat sie aufgenommen die Gefühle für Freiheit und Einigkeit.

Ja, unsere Jugend hat begriffen, daß die Farben schwarz-roth-gold eingetaucht sind in das Blut von 1848 und 1849. Sie weiß, daß diese Farben gesegnet sind mit dem Elende unzähliger Familien; sie weiß, daß diese Farben geheiligt sind durch die Märtyrer der Freiheit von 1848. Meine Herren, ich kann Ihnen die Versicherung geben, da ich selbst Turner bin, daß unsere deutsche Jugend nur auf den Augenblick wartet, wo sie sich schlagfertig zeigen kann, wo sie wieder auf den Bergen die Feuer entzünden kann, wo sie hinausruft in Deutschland: wir sind frei. Unsere Jugend weiß, daß, wenn wir wieder in den Schützenfest feiern, wir an unserer Spitze sehen die Abgeordneten eines deutschen Parlaments. (Bravo!) Ich fordere Sie auf, diesem neu erwachten Fortschritt, diesem neu erwachten Thatkraft, diesem neuen patriotischen Geiste unserer Jugend ein donnerndes Hoch zu bringen! Unsere deutsche Jugend lebe hoch!" (Bravo.)

Voß aus Osthofen: „Deutsche Brüder! Uns Unterrheinischen Alemannen ist gar oft schon der Vorwurf gemacht worden, wir hegten deutschfeindliche Sympathieen. Die Helenenmedaillen der alten Veteranen, die wir ehren, gaben Veranlassung, die Welt glauben zu machen, wir hielten fest an dem Grundsatz der natürlichen Grenzen. Aber nein, nein und nochmals nein. So wahr dieses Fest ein ächt deutsches Fest ist, so wahr sind wir linksrheinische Alemannen ächt deutsche Brüder. Rheinpreußen, Rheinhessen, Rheinpfälzer, gleich, welchem Lande wir angehören, wir wollen sein die Wacht am Rhein, die ächt deutsche Wacht am Rhein. Freunde! Es ziehen Gewitterwolken am Horizont in der Höhe; im Osten und im Süden blitzt und donnert es, aber es mag um uns her stürmen und blitzen und donnern, wir halten unerschütterlich fest zu dieser Bundesfahne. Von Holland bis zur Schweiz ist eine Gesinnung, wir wollen deutsch sein, deutsch, deutsch, deutsch immerdar! Theure deutsche Brüder! Lassen wir diese Hoffnung, die ich ausspreche, der Ueberzeugung, die in unser aller Brust lebt, lassen wir der durch ein Hoch Ausdruck geben. Es stehe fest und treu die Wacht am Rhein!"

Der achte Festtag.

Der Sonntag als achter Festtag brach an und mit ihm strömte eine Menschenmenge zu den Thoren herein, fast wie an dem Tage des Festzugs; Alles aber drängte sich nach dem Festplatz, wo ein ungemein belebtes Leben schon vom frühen Morgen an herrschte. Auch in der Schießhalle knallten noch immer fleißig die Büchsen und an diesem Tage insbesondere, da auf Montag Abend, der Schluß des Schießens bestimmt ist. Viele Vereine sind mit ihren Fahnen schon abgezogen und das Bundesbanner hat nur noch wenige der mit ihm ausgezogenen Fahnen in der Halle um sich versammelt, doch treu ihm zur Seite wehen die beiden hier gelassenen Fahnen, das Schweizer Kreuz und das amerikanische Sternenbanner. Bis Samstag sind folgende Vereine mit ihren Fahnen abgezogen: Mühlheim, Eisenach, Bonn, Lörrach, Tutweiler, Halle a. d. Saale, Nördlingen, Boppard, Eudingen, Osterode, Durlach, Herborn, Oberlahnstein, Ehmendingen, Lauterbach (Oberhessen), Alsfeld, Arolsen, Schwäbisch Hall, Göttingen, Appolta, Stuttgart, Saarbrücken, Hof, Donauwörth, Cronach, Osnabrück, Plauen, Münster, Offenburg, Arnstadt, Kassel, Türkheim, Nürnberg, Obernters, Carlsbad, Frankenhausen, Gotha, Graz, Freiburg (Breisgau), Oldenburg, Wertheim, Elberfeld, Karlsruhe, Stoffelstein, Neustadt a. S., Hamburg, Uffenheim, Forchheim, Heidenheim, Neustadt a. S., Sobernheim, Bremen, Ulm, Görlitz, Dortmund, Sträubing, Mannheim, Berlin, Kempten, Salzburg, Erlangen, Schopfheim, Mindelheim.

Das Bankett gehörte mit zu den interessantesten des ganzen Festes, denn die Abgesandten der preußischen Fortschrittspartei wohnten demselben bei und waren zum Theil als Redner angemeldet. Zuerst besteigt A. Trabert, Redacteur der unterdrückten „Rhein-Lahn-Zeitung" die Tribune:

„Ihr Männer aus Norden und Süden, aus Osten und Westen! Wohl ist es ein Wort, das innerhalb und außerhalb dieser Halle Tausende und aber Tausende, ja Millionenmal erklungen ist: „Ans Vaterland, ans theure, schließt Euch an, das haltet fest mit Eurem ganzen Herzen!" Ja wohl, ans Vaterland, ans theure, schließt Euch an, daß, wie wir hier in diesem Augenblick Alle einig sind, so auch Eins sein wollen! Ein einig fest geschlossenes Ganzes, um niederzuschmettern mit eiserner Faust jeglichen, der sich erkühnen sollte, ein deutsches Gränzland als ländergieriger Räuber zu überfallen. (Beifall.) Ein fest geschlossenes Ganzes, um niederzuschmettern mit der Majestät des Rechts jeglichen, der je wieder darauf sinnen könnte, Verrath zu üben durch Sonderbündelei im Anschluß an die Feinde der Nation (Bravo.) Ein einig fest geschlossenes Ganzes, um zu beugen unter die Majestät desselben Rechts jeglichen, der wieder daran denken könnte, mit Verfassungen zu spielen und mit heiligen Eiden. (Bravo.) Ein einig fest geschlossenes Ganzes, das zermalmen will mit der Wucht der Nation jeglichen, der uns je wieder in die Lage bringen könnte, ein stolzes deutsches Banner umfloren zu müssen mit dem Flore der Trauer; ein deutsches Banner umfloren zu müssen, damit wir nicht zu erröthen brauchen wie bei dem Namen Schleswig-Holstein vor unserer eigenen Schande! (Bravo.) Spreche mir Keiner mehr vom Zwiespalt der Nation, vom Zwiespalt des Volkes; das Volk ist einig und Eins, und nur die falschen Propheten stiften noch Zwietracht, jene falschen Propheten, die erzittern vor dem freien Worte, zittern vor der Freiheit des Geistes und des Gedankens, die den Geist wieder bannen möchten in die Geistesknechtschaft. (Bravo). Jene falschen Propheten stiften Zwietracht, die nur ein falsch verstandenes Sonderinteresse der Dynasten dem schwarz-roth-goldenen Banner, das wir hoch aufgepflanzt über jedes andere, herunterzerren möchten in den Staub der Gemeinheit. (Bravo.) Wer den großen Gedanken dieser Einheit, den wir erstreben und den wir verwirklichen werden, den großen Gedanken der Einheit, der, wir werden es alle noch erleben, glorreich zur That wird, wer diese mit verwirklichen will, der gehe heim von dem Feste mit dem festen Vorsatz, daß er all' diesen falschen Propheten die Larve vom Gesicht reißen will, der gehe heim mit dem festen Vorsatz, daß er den Stier des Widerstandes an den Hörnern fassen will, um ihn niederzureißen vor dem Willen der Nation. (Lautes Bravo.) Schon ist es Zeit, daß Sie Beifall rufen zu solchem Worte; aber, wenn dennoch Einer unter Ihnen sein sollte, dem alles das zu demokratisch klingt, den erinnere ich daran, daß vor wenigen Tagen noch mitten unter uns ein deutscher Fürst geweilt hat, der hier von dieser Tribüne, der, ein deutscher Herzog, Worte der Ermuthigung gesprochen hat, ein deutscher Herzog, der seine Krone eben so gut von Gottesgnaden trägt, wie nur irgend Einer. (Stürmischer Beifall.) Nun denn, Ihr deutschen Männer, nehmen wir alle das als ein schönes Zeichen; nehmen wir alle das als eine Bürgschaft, die wir nicht umsonst erstreiten, wenn wir den kühnen Gedanken der nationalen Einheit verwirklichen wollen; denn nur Dem gehört fortan die Zukunft, der stolz und kühn auf seine Fahne schreibt: „Alles für's Volk, und durch's Volk" (Bravo). Das Volk aber ist die Freiheit und der Freiheit also, dieser Grundlage der nationalen Einheit, der Freiheit, diesem Fundamente des neuen Reichs der Nation, der nationalen Freiheit, ein donnerndes Hoch! (Bravo).

Mit lebhaftem Beifall bei seinem Erscheinen auf der Tribüne wird begrüßt der zweite Redner F. Dunder aus Berlin.

„Hochverehrte Versammlung, geliebte Freunde und Schützenbrüder! Ihr freudiger Gruß, den ich wohl nicht meiner Person, sondern nur der Sache, die ich hier vertrete, zuschreiben darf, beweiset mir, daß Sie unser spätes Kommen uns nicht übel gedeutet haben. Meine Herren! Es ist uns ergangen, wie dem hartarbeitenden Manne, der um sein täglich Brod mit Mühe schaffen muß, dem vergeht auch die Lust an Festen und an Freudengelagen, ja, er weiß selbst nicht, ob er kann noch so viel erübrigen kann, um im festlichen Kleid vor seine Brüder hintreten zu können! Nur die Sorge um die nächsten drängendsten politischen Fragen unseres engeren Vaterlandes, diese harte Arbeit — und ich glaube doch auch diese harte Arbeit in Ihrer Aller Interesse, die war es, die uns bisher von Ihnen fern gehalten hat (Bravo!); aber in der letzten Stunde, da haben wir uns erinnert, daß denn unser Stamm auch noch ein Festkleid hat, das er hervorsuchen kann, freilich nicht ein Festkleid, das wir uns selbst gewoben, sondern das wir dauken den Thaten unserer Väter; nur mit diesem angethan, meine ich, können wir es wagen, vor unsere deutschen Brüder hinzutreten (Bravo). Ich will Sie heute nicht erinnern an die großen Namen, wie den Freiherrn v. Stein, der auch Ihnen, dem ganzen Deutschland angehört; ich will Sie nicht erinnern, an einen Blücher, den vorzugsweise der Norden den Seinen nennt; aber Ihre Bestrebungen erinnern mich an einen schlichten Mann des Volkes, der das, was Sie heute ideell erstreben, in der drängendsten Noth des Vaterlandes schon zur Wahrheit gemacht hat. Als die stolze Soldateska niedergeworfen, als die besoldeten und gelernten Führer des Kriegshandwerkes in schmählicher Flucht oder noch schmählicherem Verrath alle Thore der Festungen unseres Vaterlandes dem Feinde überlieferten, da war ein schlichter Bürger, ein Mann aus dem Volke, J. F. Nettelbed, der in Colberg dem adlichen Offizier gegenübertrat, welcher da von Uebergabe sprechen wollte, der die Bürger zusammenrief und bewaffnete, der da ein wehrhaftes Schützencorps dem Feinde entgegenstellte! (Bravo.) Ich meine, wer damals schon das that, was wir heute im ganzen großen Vaterlande erstreben, daß der sich hoch verdient gemacht und diese That, sie trug ihre Früchte, denn als die Dinge weiter sich entwickelten, da war es eben an einen Küsten der Ostsee, daß sich ein ganzer Stamm zusammenthat, und als das entscheidende Wort durch den General York ausgeschrieben wurde, sich zusammenfügte in der Landwehr und die Landwehrordnung der König überbrachten, er zögernd, aber doch endlich seinen Namen darunter schrieb. (Bravo.) Was sie gethan und erreicht, das brauche ich Ihnen nicht zu schildern; Sie sind so freundlich gewesen, die Bilder unserer Vorfahren hier in die Gedenktafeln dieser Hallen einzuzeichnen, aber, meine Herren, wenn das die Großthaten der Väter waren, so, glaube ich, sind wir wenigstens in ihre Fußtapfen getreten, wir haben das Erbe, das sie uns hinterlassen, nicht verrathen, wir haben es versucht, soweit

es an unsren schwachen Kräften ist, es zu vermehren, und wenn nicht Alles so ist bei uns, wie es jein sollte, so ist es wahrhaftig nicht der Fehler der preußischen Volkes, das durch und durch, das kann ich Sie versichern, von Herzen ein deutsches ist! (Großer Beifall.) Meine Herren! Was da war von unserm alten Errungenschaften, das haben wir selbst in trüben Zeiten so zu bewahren gewußt, daß eine Regierung, auch wenn sie Lust hatte, daran zu denken, solche zu schmälern, zu beseitigen, es doch nicht gewagt hätte. So war und ist es ein hoher und heiliger Gedanke im deutschen Volke, eine deutsche Flotte zu schaffen! Sie wissen alle das jammervolle Schicksal der wirklich deutschen Schiffe, aber meine Herren, der Beharrlichkeit und Zähigkeit unserer eigenen Stammesgenossen, glaube ich, ist es zuzuschreiben, daß unsere Regierung wenigstens es nicht gewagt hat, diesen Weg zu verlassen, daß doch eine der Beuten deutscher Tapferkeit, die Geston wenigstens, nicht unter den Auctionshammer gekommen ist, sondern noch heute, wenn ich auch leider nicht sagen kann, in deutschen, doch wenigstens ein preußisches Schiff ist, und daß zu diesem Schiffe doch noch einige andere gekommen sind, die doch wenigstens den deutschen Namen mit hinübergetragen haben bis in den entferntesten Ocean, und daß sich die preußische und deutsche Jugend gedrängt hat, Dienste zu nehmen, ja, daß wir auch auf diesem Gebiete theure Opfer beklagen, daß die Blüthe unsrer seemännischen Jugend da unten auf dem Grunde des Oceans schlummert, und ich glaube, daß sie doch auch für eine deutsche Sache dort eingebettet ist! (Bravo.) Was wird es andres noch brauchen, wir eine deutsche Flotte haben, als den Willen des deutschen Volkes und endlich, daß wir die preußische Regierung dahin bringen, die schwarz-weiße Wimpfel herunterzunehmen und dafür das schwarz-roth-goldene Banner aufzuziehen (Endloser Jubel); daß wir nicht müde werden, es zu betonen, das haben wir dies v n der Tribüne des preußischen Abgeordneten-Hauses bereits gethan haben, das wird Ihnen schon bekannt sein (Bravo). Also wenn wir in diesem Sinne für die Errungenschaften unserer Väter eintreten, so können Sie auch überzeugt sein, daß wir für die allergrößte Errungenschaft für dasjenige, was Sie erstreben, und was selbst schon annähernd verkörpert wur in der allgemeinen preußischen Wehrpflicht des preußischen Volkes in volksthümlicher Organisation, Ihnen nicht verkümmern werden, sondern daß wir mannhaft einstehen werden für das, was unsere Väter mit ihrem Blute erworben haben, daß wir das, wenigstens so lange es angeht, mit Worten und mit gesetzlichen Mitteln bis auf den letzten Mann vertheidigen wollen. (Bravo.) Und wenn uns das gelingt, dann werden unsere und ihre Bestrebungen in Eins zusammenfallen, dann wird wirklich mein engeres preußisches Vaterland mit all' seinen reichen Kräften dem großen ganzen teutschen Vaterlande zu Gebote stehen, und dem freien Willen und der freien Verfügung des großen deutschen Volkes wird es obliegen, zu bestimmen, ob wir für die Opfer, die wir gebracht, irgend welcher besonderen Ehre werth sein sollen! (Bravo). Ich glaube, daß ich die Gefühle, denen ich in diesen Worten habe Ausdruck geben wollen und der Charakteristik des Strebens der großen liberalen Mehrheit des preußischen Abgeordnetenhauses zum Schluß nicht besser zusammenfassen kann, als indem ich Sie auffordere, mit mir zu rufen: **Unsere deutschen Bruderstämme von Süd zum Norden, von Ost zu Westen, Alle eingeschlossen und Keiner ausgeschlossen.** (Bravo, Bravo!) Sie leben hoch! (Hoch, hoch, hoch!)

Förster aus Hochheim gedenkt der Vergangenheit und erinnert an diejenigen, welche in den Jahren 1813, 14, 15 das deutsche Vaterland vom fremden Joche befreiten; „gedenken wir der Schlachten, die geschlagen wurden an der Katzbach, bei Kulm, Leipzig, Waterloo ꝛc. und es liegt uns die Frage nahe, wer waren diejenigen, die diese glorreichen Schlachten schlugen? wer befreite das unterdrückte Vaterland?' und ebenso einfach ist die Antwort: **Es war das ganze einige deutsche Volk,**" (Bravo, Bravo!) geläutert durch grenzenloses Unglück, aber in der Turnerei gestählt durch unsern Altvater Jahn und seiner edlen Freunde. Meine Herren! Ich ersuche Sie, auf die Befreier von 1813, 14, 15, auf die Ritter von Geist, Herz und Muth auszubringen ein dreifach Hoch. (Bravo! Bravo!)

C. J. Preetorius aus Alzey erinnert an die Männer, die mit Aufopferung und Ausdauer in den Jahren 1848 und 49 festgehalten haben an den Rechten des deutschen Volks, an die letzten 105 des ersten deutschen Parlaments. (Bravo!) Er weist hin auf die Vaterlandsliebe dieser Männer, die Haus und Hof, Weib und Kind verließen, um ihre Ehre rein und matelloß nach dem Auslande zu tragen. (Bravo!) Er nennt die Namen Robert Blum und Adolph v. Trützschler, die ihr Leben für das höchste Gut der Menschen, für die Freiheit hingegeben. „Bei ihrem Andenken," schließt der Redner, „lassen Sie uns geloben, festlichst geloben, stets festzuhalten an Wahrheit und Recht, stets nach Kräften zu wirken für die Unabhängigkeit, Einheit und Freiheit unseres Vaterlandes und lassen Sie uns bei ihrem Andenken mit voller Brust ein Hoch ausbringen dem letzten 105 des ersten deutschen Parlaments!" (Bravo).

Als der zweite Redner der vom preußischen Abgeordnetenhause gesandten Deputation tritt Dr. Lüning aus Rheda (Rheinpreußen) auf:

„Deutsche Männer, Schützenbrüder, Freunde! Es sind uns so eben aus einem beredteren Munde als dem meinen und erst vor acht Tagen durch einen der besten Männer, die das ganze Deutschland zählt, durch unsern Schulze-Delitzsch, die Sympathieen des preußischen Abgeordnetenhauses und des preußischen Volkes für dieses herrliche nationale Fest kundgegeben worden. Wenn ich es wage, nach diesem Meister der freien gewaltigen Rede zu Ihnen zu sprechen, so ermuthigt mich dazu nur der Wunsch, Ihnen den deutschen Brudergruß der freisinnigen Mitglieder des preußischen Abgeordnetenhauses persönlich zu überbringen. (Bravo.) Deutsche Männer! Unsere Bürger, unsere Städte sind nicht so zahlreich hier vertreten, wie andere Gauen, aber ich hoffe, daß die süddeutschen Brüder sich erinnern, daß die Hauptstadt unseres Landes, die zu vertreten ich mit der Ehre habe, bei dem deutschen Turnerfest gezeigt hat, wie sie in nationaler Gesinnung hinter keiner anderen des Vaterlandes zurücksteht (Bravo). Rechnen Sie die geringere Theilnahme auf die ernste Arbeit, die der Vorredner, mein werther College Dunder geschildert hat, rechnen Sie es auf das kältere nordische Temparament, rechnen Sie es bei der Neuheit dieser Feste auf die Unbekanntschaft mit den colossalen Dimensionen, die sie genommen; rechnen Sie es, auf was Sie wollen, nur nicht auf die Gleichgültigkeit und Theilnahmlosigkeit des preußischen Volkes für die nationale Idee (Bravo). Deutsche Männer, die Zukunft ist verhüllt und trübe ist das, was der spähende Blick hie und da hinter dem verdeckenden Schleier erspäht hat. Möglich ist es, daß noch einmal ein Hagelschauer der Reaktion über die frische, grüne Freiheits-Saat dahinzieht, aber das preußische Volk hat schon einmal gezeigt, daß es dieselbe nicht scheut; mit dem Lächeln des Muthes auf den Lippen, mit der Zuversicht des Sieges im Herzen, hat es sie vorüberziehen lassen. Und so gewiß neulich in dem furchtbaren Organ die Germania dem Wetter und Sturm trotzend bastand, so gewiß wird die deutsche freie und nationale Gesinnung des preußischen Volkes sich auch in neuem Sturme bewähren (Bravo), und kommen wird der Tag und wir alle werden nach Kräften behülflich sein, ihn herauf zu führen, wo der preußische Adler, jetzt noch vielfach gehemmt und gefesselt, mächtig seine Schwingen regt und sich, Schutz bietend dem Schutz heischend, mit mächtigem Flügelschlage niederläßt unter dem schwarz-roth-goldenen Banner des deutschen Reiches. (Endloser Jubel.) Blicken wir hinüber über unsere Gränze nach dem Lande, dessen Bürger Ihr noch unter Euch zählt, nach dem schönen Lande mit seinen blauen Seen, mit seinen grünenden Matten, mit seinen donnernden Firnen voll ewigen, glänzenden Schnee's. Da sehen wir ein mächtiges, glückliches, blühendes und freies Staatswesen; weil diese Männer die Sondergelüste und Sonderbünde niederzudrücken wußten. Nehmen wir uns daran ein Beispiel!. Die heilige Liebe zum Vaterlande, die in allen Gauen in gleichem Maaße lebt, und unser schönes Vaterland selbst mit

seinen brausenden Strömen, mit seinen hochragenden Bergen, es lebe hoch! (Stürmisches Bravo.)
Der letzte Redner, Rud. Feuerstein aus Bremen wünscht die Centralisirung der Macht des deutschen Volks und hofft, daß Deutschland nicht durch seine Fürsten, sondern durch sein Volk wieder erstehe. Schluß des Banketts 2½ Uhr.

Wir haben unserem Festbericht noch einiges nachzutragen, zuerst die Aufführung des von Dr. H. Weißmann gedichteten Festspiels durch den Liederkranz, sodann die zweite Festproduction der fünfzehn verbündeten Frankfurter Männergesangvereine und die Zusammenkunft der Gabelsberger Stenographen.
Da am Donnerstag das Gedränge und der Lärm es uns unmöglich machte, der Aufführung des Liederkranzes auf dem Festplatz die gehörige Aufmerksamkeit zu widmen, so benutzten wir den Sonnabend Abend, um der Wiederholung des Festspiels im neuen Saalbau beizuwohnen und — wir haben es nicht bereut.
Eine Festcantate „Turner, Schütze und Sänger" componirt von L. Gellert, geht dem Festspiel voran, und nachdem deren Klänge verrauscht, hebt sich der Vorhang und auf waldiger Höhe, im Hintergrund die festlich geschmückte Stadt Frankfurt, erscheint als Repräsentant Mitteldeutschlands ein Thüringer Schütze. Freudig begrüßt er die freie Stadt im Festgewand, doch stimmt ihn ernst her graue Kaiserdom, if seine Hallen vergangene Zeiten in seiner Seele mahnend wach rufen. In raschen Zügen schildert er seines Volkes Größe, und seine Wiedererhohlung nach tiefem Fall.

Des übermüth'gen Cäsars sichrer Bau,
Erschüttert schon vom Sturm aus Auslands Feldern,
In Trümmer sank er vor der Macht des Volks,
Das, endlich aufgerufen von den Fürsten,
Frisch, fromm und frei zum heil'gen Kampfe zog,
Sich freudig opfernd für das Vaterland.
O hätten sie, die auf den Siegesfeldern
Die Kniee dankend beugten vor dem Herrn,
Sich auch der Majestät des Volks gebeugt,
Der einzigen, die herrscht von Gottes Gnaden:
In Freiheit groß wärst du mein Vaterland!
Nicht träten bei dem Anblick dieser Stadt
Vor mich die Märtyrer der heil'gen Sache,
Voll Zornes mahnend an die vierzig Jahre,
Die frech geraubt, was sie mit Blut erkauft.
O zürnt nicht Eurem Volk, Ihr heilgen Todten!
Wohl hat es auch geirrt; durch Zwist und Haß
Ohnmächtig sich gemacht im Kampf für Recht,
Und durch unkluge Hast dem innern Feind
Die Waffen selber in die Hand gegeben.
Doch nicht vergeblich war, was Ihr gethan!
Aus Euern Gräbern muß das Heil erblühn.
Der Tag der Freiheit nahet! Ihre Boten,
In Deine Mauern, theure Stadt, sind sie
Seitdem im Festschmuck oft schon eingezogen.
Auf ihr Geheiß erscholl das deutsche Lied;
Sie reichten Dir, o Gutenberg, den Kranz;

Und wie ein Zauberklang durchdrang ihr Ruf
Zum deutschen Parlament das Vaterland.
O große Zeit, wo in der Kaiserstadt
Das Herz von Deutschland schlug voll Lebenskraft.
O goldner Traum vom neu erstandenen Reich!
Doch nein, kein Traum! So wahr der Völker Recht
Auf unzerstörbar ew'gen Säulen ruht,
Muß dieses Reich, es muß zur Wahrheit werden.
Sei groß, mein Volk, und harre muthig aus.

In dieser frohen Zuversicht grüßt er nochmals die deutsche Stadt am Main, die gastlich alle ihre Gäste empfangen habe und reicht dem Sohn von Oesterreichs Gauen mit herzlichem Willkomm die Hand.
Und dieser drückt mit tiefbewegtem Herz die dargebotene Rechte. Kahn er auch nicht die Zweifel bergen, die seine reine Festesfreude Anfangs trübten beim Andenken an die mißlungene Einigung des Jahres 1848, so hebt ihn doch der Gedanke an die Umwandlung im eignen Lande über diese Zweifel und die zuversichtliche Hoffnung, daß auch auf religiösem Gebiete endlich die Liebe siegen werde über die erkünstelten Schranken, treibt ihn, das Vertrauen des Thüringers brüderlich zu erwidern.

Drum nochmals, Bruder, reich' mir Deine Hand!
Wir wollen Deutsch sein, und jeder strebe
Daheim zu tilgen Haß und Eifersucht.
Schon tagt's in unserm Land; des Volkes Recht,
Wenn auch durch Noth errungen, wird erkannt;
In offnem Geisteskampf muß es erstarken.
Wenn dann im eignen Land die Freiheit waltet,
Dann tretet, Vaterlande, all herzu,
Daß wir zu ehrlichem Entscheid vereint,
Des großen Vaterlandes Einheit schaffen . . .

Auch den hinzutretenden Preußen „den Schützen von des Nordens mächtigem Stamm" begrüßt er und ruft ihm zu:

. . . . Tritt ein in unsern Bund
Und sei willkommen, wenn du deutsch willst sein.

Auch der Preuße kann von Herzen einstimmen, denn:

. . . . Treu dem Königshaus
Ist wohl der Preuße, und er schaut mit Stolz
Auf Hohenzollern's ruhmbekränzte Namen;
Doch, wie er einst der Freiheit Banner trug
Voran im Doppelkampfe mit den Corsen,
So kämpft auch jetzt er um das Volkes Recht,
Die Edelsten erheben Deutschlands Fahne,
Daß sie ob Preußens freiem Banner wehe.
Wohl scheint das Ziel noch fern; noch reichen nicht
Habsburg und Hohenzollern sich die Hand;
Nein, eifersüchtig schauen sie sich an;
Als Nebenbuhler an, und keiner traut
Des Andern Thun, selbst wenn er Gutes frommt.
Doch ziemt es dem Volk, will es selbstständig sein
Und werth der Freiheit, die sie sich erkämpft,
Zu warten nicht, bis sich der Herrscher Zwist
Versöhnend ende, nein, voranzugehen,
Umfassend alle Brüderstämme, mit
Verschlungnen Händen hinzutreten als
Ein einig Volk von Brüdern vor die Throne
Der Herrscher, beischend ein vereinigt Reich.
Schlagt, Brüder, ein und laßt vereint uns ziehn
Zur Feste, wo des Brüder uns erwarten.

Sie schlagen ein und als vereinte Brüder wollen sie jetzt einziehen in die freie Stadt, da schallt ein

„Grüß Gott", und die Drei, sie stehen, denn Gruß und Handschlag bringt der Schweizer Schütze. Mit Jubel ist er ihrem Ruf gefolgt, denn ob getrennt auch seit Jahrhunderten vom Mutterstamm, fühlt er sich doch verwandt und schlägt sein Herz mit freudigern Schlägen

                           daß er
Sein freies, ein'ges Banner flattern sieht
Vereint dem Schwarz-Roth-Gold. O wär' es frei,
Das deutsche Banner, herrschend über all'
Die Länder deutscher Zunge, jubelnd wehte
Das weiße Kreuz im rothen Feld ihm zu.

. . . . und wird auch nie
Der Schweizer seiner Eidgenossenschaft
Kleinod aufopfern, gern doch reicht er Euch,
Den Stammverwandten, seine Bruderhand
Und ruft mit Euch: Heil deutschem Vaterland!

Freudig schlagen ein die Drei und Oesterreichs Sohn ruft aus:

    Was einst die Fürsten thaten, sei vergessen.
    Ein heiliges Gefühl beseelet uns:
    Es ist die Liebe zu dem Vaterland.

Ihm weihen sie Alle nun im herzlichen Vereine „das hohe Lied" und schwören:

    Wir wollen treu
    Und, in Gefahren
    Uns um die Mutter schaaren!"

Während des Gesanges senkt sich ein Wolkenschleier über die Stadt; die Klänge des Liedes: „Was ist des Deutschen Vaterland" ertönen und
. . . die Wolke wird zur Lichtgestalt.
Ein göttlich Weib erscheint dem trunknen Blick,
Der Liebe Laub um's edle Haupt gewunden.
Wie liebend-ernst sie zu uns niederschaut!
Des Herzens Jubel tündet laut mir an:
Die Mutter, ja sie ist's! Germania!
O segne, Mutter, segne Deine Söhne!

Germania erscheint und von erhöhtem Punkte blickt sie herab auf ihre knieenden Söhne, das schwarz-roth-goldne Banner in der rechten Hand, im gelbseidenen, faltenreichen Gewande mit schwarzem Besatz, den gestickten Reichsadler auf der Brust, die goldne Mauerkrone auf dem Haupt, unter ihr den Eichenkranz im fließenden Haar. Ein rother, einer Toga ähnlicher Umwurf wallt über ihre Schulter herab, und ein Schwert umgürtet ihre Lenden.

So erscheint Germania ihren freudig bestürzten Söhnen und beginnt:

Erhebt Euch, meine Söhne! Laßt uns bliden
Zu Gott empor, vereinigt im Gebet!
Sein Wille ist es, der in den Geschicken
Der Völker einzig wandellos besteht.
Was Ihr mit Ernst beginnt, es muß Euch glücken,
Wenn Ihr von Ihm es reinen Sinns erfleht.
Ich und die Schwestern alle, wir sind Boten
Des einen Herrn der Lebenden und Todten.

Sie steigt herab, tritt unter sie und fährt weiter fort:

Ja, reinen Sinnes, wenn Ihr so beginnet,
Dann ist Germania Euch segnend nah.
In's Herz ist Ihr gedrungen, was Ihr sinnet,
Und helfend steht die Mutter vor Euch da.

Ihr Liebesquell, der unablässig rinnet,
Hat Euch erquickt, eh sie das Auge sah.
Mit ihr im Bund wird Freiheit Euch geboren,
Erfüllt Ihr treu was Ihr so ernst geschworen.

In weiterer Ausführung dessen, was die Einzelnen vorher angedeutet haben, schildert sie, wie des deutschen Volkes Geist, geweihet von dem Geiste der christlichen Religion, geherrschet und aus den Ruinen des Griechen- und Römerthums, die neue Zeit erweckt hat mit all' ihren glänzenden Erscheinungen.

Und überall, wo-deutscher Geist gewaltet,
Hat aus Ruinen Neues sich gestaltet.

So schildert sie weiter den Völkerwanderung neue Schöpfungen, Karls des Großen weltbezwingende Macht, die Herrlichkeit der Hohenstaufenzeit, wie diese durch der Fürsten Eigennutz und die Eifersucht der geistlichen Macht vernichtet und dadurch die Bürgerschaft vernichtet worden sei. In diesem Kampfe aber sei vorangegangen

Der schlichte Sohn der Berge, der gefangen
In Habsburg's Banden, zernvoll sie zerschlug.
An Macht zu klein, doch stark in dem Verlangen
Nach Freiheit brachen sie des Adlers Flug.
Schaut auf die Helden mit dankbaren Blicken,
Die bet zum Zelt sich auch ihre Enkel schieden.

Mit hoch erhobenem Arm zeigt Germania auf das erste Tableau, den Schwur der Schweizer auf dem Rütli. Sie grüßt die drei, welche vor Gottes Antlitz mit dem biedern Handschlag das Gelöbniß dargebracht:

Wir wollen sein ein einig Volk von Brüdern,
In keiner Noth uns trennen und Gefahr."

und fordert sie vor ihr knieenden drei deutschen Schützen auf, den gleichen Schwur mit Herz und Mund zu leisten.

Sie haben geschworen, Sprüngli's Lied „dem Vaterlande" ist verklungen und weiter fährt fort Germania, den großen Geisteskampf auf religiösem Gebiet zu schildern, den Kampf, der obwohl auf Jahrhunderte staatlich zerstörend wirkte, doch im Reiche des Wissens groß und frei machte, des er endlich, dem französischen Eroberer entgegentretend, auch die Freiheit des Vaterlandes wieder errungen.

Ein harter Kampf war es, denn
. . . manch' edles Haupt sank blutend nieder,
Ein Opfer, würdig Eurer schönsten Lieder.
O Palm, Dir soll mein Volk in Palme reichen,
Vor Allen Dir gebührt der vollste Kranz!
Vor Deinem Mannesmuthe muß erbleichen
Des blut'gen Schlachtengottes Rubinenglanz.
Andreas Hofer, Deine Brüder neuen
Vor Dir sich dankend, nimm den Ehrenkranz:
„Wer so wie Du fürs Vaterland gestorben,
Hat sich des Volkes ew'gen Ruhm erworben."

Germania wendet sich um und ihren Söhnen erscheint das lebende Bild, wie Andreas Hofer mit der Fahne in der Hand die Schanze stürmt, neben ihm der Kapuziner Haspinger, hinter ihm der Knabe mit dem Kugellasten. Die Klänge des Liedes von M. v. Schenkendorf „Als der Sandwirth von Passeier." ertönen und Germania führt den Drei wie hier die Aufopferung ihrer Söhne im Süden, so den Todesmuth der Kämpfer im Norden vor, sie zeigt auf das Tableau: Theodor Körner's. Tod, wie er eben zum Tode getroffen vom Pferde sinkt und zwei seiner Soldaten in Freiwilligenuniform ihn auffangen. Mit wenigen Worten über die Zeit der Reaction weggehend, zeigt Germania, daß die Morgenröthe eines besseren Tags für Deutschland heranzudämmere.

Doch heller wird's! Es mehren sich die Streiter
Und schaaren freudig sich um mein Panier.
Beschämt verstummen meine fremden Reiter
Und schlau verbirgt sich der Eroberung Gier.
Die besten meiner Söhne steh'n als Leiter
Zur Einigkeit, sie, Cures Landes Zier:
Und edle Fürsten sind mit Euch im Bunde,
Bereit, sich mir zu weihn mit Herz und Munde.

O lebt' in Allen Liebe nur für's Ganze,
Gut wär's um Ihren und Volk allwärts bestellt,
Nicht blutete ein Volk im Märtyrkranze,
Weil freches Spiel der Heuchelei gefällt.
Mein ein'ges Teutschland stänb' im Herrscherglanze,
Geehret und gefürchtet von der Welt.
Noch ist der Feind nicht hier, noch dort bezwungen;
Steht auf der Wacht, bis Ihr den Sieg errungen!

Der Vorhang rollt auf und ein deutscher Schütze, die Büchse im Arm, das schwarz-roth-goldene Banner neben sich und in der Ferne das glitzernde Band des Rheins, lugt zuerst scharf nach dem Feinde aus, während er zum Schluß siegesfreudig die Fahne schwingt, um nachdem er den Feind von der Grenze getrieben, froh wieder der Heimath zueilt.

Nachdem Germania dies Bild ihren Söhnen vorgeführt, nimmt sie segnend von ihnen Abschied:

Glorreicher Tag, wenn mein Panier wird weben,
Wo Ihr vereint Trotz bietet fremder Macht;
Wenn kein Verräther wird beim Feinde stehen,
Wenn Volk und Fürsten rufen mich zur Schlacht:
Dann will ich im Triumphe mit Euch gehen
Zum höchsten Sieg, den Einigkeit gebracht,
Und jubelnd wird von meinen Söhnen allen
Der Ruf: Nur Einigkeit macht stark! erschallen.
So ziehet denn hin! Und in den Festeshallen
Laßt deutscher Einigkeit ein Hoch erschallen.

Jubelnd stimmen ihre Söhne, zu denen die ganze Versammlung sich rechnet, ein, ein Wolkenschleier entrückt Germania den Augen und die festlich geschmückte Stadt wird sichtbar, nach der die Schützen unter dem Gelöbniß ziehen:

Wir wollen, treu dem Vaterland,
Zu freiem Bund uns einen.
Wenn uns umschlingt sein Segensband,
Wird Freiheit uns erscheinen.
Mit Herz und Mund
Beschwört den Bund:
Laßt Arm in Arm uns wallen
Hin zu den Festeshallen.

Rauschender Applaus wurde sowohl der trefflichen Darstellerin, der Germania, Frl. Janauschek, als dem Dichter, Hrn. Dr. Weißmann, als dem Componist, Hrn. Director Gellert zu Theil. Alle drei wurden am Schluß gerufen und ihnen mit stürmischem Bravo's gedankt.

Die zweite Festproduction der fünfzehn verbündeten Frankfurter Männergesangvereine fand am Samstag Abend statt.

Auf anderem, besseren Podium als bei der ersten Aufführung, nämlich zwischen Gabentempel und Festhalle, erhielten dadurch auch die gesungenen Lieder mehr Effect und wurden namentlich die „Tricolore" von H. E. v. C. und das „deutsche Vaterlandslied" von Reichardt sehr gut vorgetragen und beifällig aufgenommen. Das von C. R. H. Friebel für das Fest gedichtete und componirte „Neutdeutsche Schützenlied: Kein Schütz bin ich in des Regenten Sold!" wirkte in seiner einfach-schönen Frische, im Unisono mit Orchester gesungen, ganz besonders und Bravound Dacapo-Rufe zeigten die beifällige Aufnahme von Seiten des Publikums.

Wenn wir aber im Allgemeinen über die beiden Aufführungen der verbündeten Männergesangvereine unser Urtheil abgeben sollen, so müssen wir, gerade wie bei der Aufführung des Liederkranzes, sagen, daß sie ihre Wirkungen hier im Freien, umwogt von einer keineswegs ruhigen Menschenmasse, fast ganz verloren und nur die Näherstehenden, und auch diese unvollkommen die schönen Chöre genießen konnten.

Unter die vielen kleineren Zusammenkünfte, die sich in diesen Tagen aus dem großen Cirkel bildeten, gehört auch eine Vereinigung von Männern, zwar nicht zu speciellen Schützen-Zwecken, aber doch zur Förderung des großen Ganzen: wir meinen die Zusammenkunft der Gabelsberger Stenographen.

Da bei Gelegenheit des Schützenfestes das Eintreffen zahlreicher auswärtiger Stenographen zu erwarten war, so hatte der hiesige Stenographenverein schon vor einiger Zeit die Einladungen an sämmtliche auswärtige Vereine zu einem gemüthlichen Abend auf Dienstag den 16. Juli auf Bauer's Felsenkeller ergehen lassen. Vorher schon hatten sich die beiden hiesigen stenographischen Genossenschaften, der Verein und das Institut, wie im Allgemeinen, so auch zur gemeinsamen Feier in erfreulicher Weise geeinigt.

Herr Senfft, Vorsteher des hiesigen Stenographen-Vereines, begrüßte die Versammlung mit warmen und beredten Worten, hob die Bedeutsamkeit und Wichtigkeit der Stenographie hervor und betonte, wie nachhaltig und unverdrossen sie im Dienste des Vaterlandes und seiner Einigung gearbeitet habe und auch fortarbeiten werde, obgleich keiner der Schützen, die auf dem Festplatze wegen Erreichung des längst ersehnten Zieles jubilirten, der Stenographie in Toaste gedenke; obgleich kein Festredner sich erinnere, daß gerade sie ein wesentlicher Hebel dazu gewesen und daß sie schon bei der ersten Ausübung durch Meister Gabelsberger als Vorkämpferin für die Freiheit Deutschlands eingetreten und daß sie, die Stenographie, wiederum die Vermittlerin sei, daß alle die begeisterten Reden, welche in diesen Tagen gehalten wurden, den deutschen Brüdern — welche als Streiter für deutsche Freiheit vielleicht in fremden Welttheilen wohnen — Zeugniß gebe von der nationalen Begeisterung.

Schließlich spricht der Redner den Wunsch aus, daß, wie die deutschen Schützen sich zu einem Bunde vereinigten, auch unter den Stenographen ein ähnliches Bündniß erstehen möge.

Nachdem Hr. Rentwig, Vorsteher des hiesigen stenographischen Institutes, sich der Begrüßungsrede des Hrn. Senfft aufs Freundlichste angeschlossen hatte, folgte eine wahrhaft unerschöpfliche Fülle ernster und heiterer Vorträge und Toaste. Wir machten dabei abermals die erfreuliche Wahrnehmung, daß unsere Stenographen nicht allein der Feder und des Stiftes, sondern auch des „geflügelten Wortes" ganz mächtig sind. Unter den weiteren Vorträgen erwähnen wir die der hies. Vereinsmitglieder, der Herren Engel, Lieutenant Gack, Dr. Wendling und Dr. Pelzer; sodann die der Mitglieder des stenographischen Institutes, der Herren Geiger und Rindskopf; schließlich die zweier Schützengäste, der Herren Degen aus Bremen und Tr. Pfannbler aus Innsbruck, welche die stenographischen Bestrebungen in ihrer Heimath besprachen. Letzterer erklärte in Sonderheit, daß die zahlreichen Tyroler Stenographen, überzeugt von der Wichtigkeit des einheitlichen Wirkens aller Kunstgenossen, sich streng an die stenogr. Dresdener Beschlüsse halten und eine Abänderung des Systems nur einem allgemeinen stenogr. Congresse zugestehen würden.

Briefliche Begrüßungen auswärtiger Stenographen-Genossenschaften waren eingelaufen: vom Institut in Dresden, von den Vereinen in Bamberg, in Meißen, in Jena (letzterer in der Person des Herrn Hand officiell vertreten), in Gießen (welcher durch Uebersendung eines humoristischen stenographischen Bilderbogens die Versammlung erfreute). Der Gruß des münchener Centralvereins war leider nicht zeitig genug eingetroffen, um noch zur öffentlichen Kunde zu gelangen. —

Während draußen ein Unwetter tobte, entwickelte sich im Saale unter Scherzen, Gesängen und Vorträgen die heiterste Stimmung und man trennte sich in später Stunde mit dem Bewußtsein, ein Fest gefeiert zu haben, wie solches nur unter den Einflüssen und unter Rückwirkung des großen Hauptfestes in unsern Mauern entstehen und verlaufen konnte.

Der neunte Festtag.

Die Tage des Festes nahen sich ihrem Ende und schon morgen ist das Ziel erreicht, das demselben gesteckt ist. Doch je näher dem Schluß, um so belebter, wenn auch nicht in Bezug auf Besuch, doch auf die Reden, werden die Bankete.

So auch das heutige, welches als erster Redner v. Hoverbeck, Mitglied des preußischen Abgeordnetenhauses, eröffnete. „Deutsche Brüder! Ich trete hieher, nicht um Euch eine lange Rede zu halten, welche zum Glück die Bestimmungen dieser Tribüne verbieten, sondern um nur mit kurzen Worten den Gruß der Majorität des preußischen Abgeordnetenhauses, welche uns hieher entsendet hat, Ihnen zu überbringen. (Bravo.) Meine Herren!. Seien Sie überzeugt, daß diese Majorität, — und es ist dies das Einzige, was ich zu den gestrigen Versicherungen unserer Freunde Lüning und Dunker nur noch hinzuzufügen habe, — daß diese Majorität keine anderen als die deutschen Interessen kennt, und daß, wenn irgendwie die sogenannten preußischen Interessen mit den deutschen Interessen in Zwiespalt kommen sollten, wir nur die deutschen Interessen bevorzugen! (Bravo.) Meine Herren! Das, was ich Ihnen hier sage, ist nicht ein augenblicklicher Einfall, nicht eine Begeisterung, die durch diese herrlichen Hallen zieht und Sprecher wie Zuhörer ergreift; es ist dies ein Punkt unseres Programmes, auf welches wir gewählt sind, des Programmes, das ausdrücklich ausspricht, daß Preußens Größe, Einheit und Existenz nur abhängt von der Einigung mit dem großen vereinigten übrigen Deutschland. (Bravo!) M. H.! Wenn ich diesen Worten, die ich eben im Auftrag Derer, die mich entsandt haben, an Sie gerichtet habe, meinerseits noch einen Gruß hinzuzufügen wage, so kann ich da nicht einen so bestimmten Auftrag producieren, wie bei dem ersten; aber ich glaube dennoch, ich bin in vollem Maße berechtigt, ihn auszusprechen; es ist der Gruß meiner heimathlichen Provinzen, der vereinigten Provinzen Ost- und West-Preußens. Diese beiden Provinzen sind lange die Heimath deutschen Wesens und deutschen Rechts gewesen. Sie haben ehrlich gekämpft an den Grenzen, wo Deutschland mit fremden Nationalitäten zusammenstößt und gerade in Folge dieser Berührung hat sich in so deutscher Sinn in ihnen erhalten, wie er vielleicht in andern Landstrichen, die das Glück haben, in der Mitte Deutschlands zu liegen, nicht immer gefunden wird. Diese Provinzen bringen Ihnen ebenfalls einen herzlichen Gruß und bitte Sie dringend, daran zu denken, daß Deutschland an denselben ein großes Unrecht gut zu machen hat. Nach langen Jahren, die wir, als Vorkämpfer deutschen Wesens, im Osten unsre Pflicht gethan, ist uns endlich im Jahre 1848 unser Recht geworden. Wir sind feierlich in den deutschen Bund aufgenommen worden. Dann aber, m. H., kam die Zeit der Reaction, wo jene Provinzen, die ihrem guten Rechte gemäß zum deutschen Bunde gehörten, ohne daß uns entfernt wurden. Meine Herren! Das ganze Deutschland muß diese Schuld wieder gut machen;

wenn Sie Alle Ihren Theil dazu beizutragen bereit sind, so stimmen Sie mit mir ein in den Ruf, den ich erschallen lasse: das freiheitlich geeinigte ganze Deutschland hoch! abermals hoch und immer hoch!" (Bravo!)

Dr. med. Friedleben ist der zweite Redner, seine Mahnungen gelten der Schaffung eines deutschen Parlaments, bernhend auf der Anerkennung des Grundsatzes der Volkssouverainetät. „Es gibt verschiedene Wege der Besserung, der Weg des Umsturzes und der Weg der Reform. Betreten wir den Weg der Reform, so haben wir unsern Feinden die Waffen genommen, wir sind auf gesetzlichem Boden. Also nur ein Parlament kann allein helfen! Wie aber erreichen wir ein Parlament? Nicht durch Reden, nicht durch Vereine, nicht durch Zusammenkünfte, nein, deutsche Männer! Ihr selbst habt es in der Hand. Wählet solche Abgeordnete in Eure Kammern, welche die Regierungen drängen und treiben, daß sie ein Parlament schaffen! Nur solche Männer dürfen künftig Volksrepräsentanten werden, die diesen innern Drang des Volkes auch aussprechen und den Regierungen gegenüber es beständig verlangen. (Bravo.) Also Ausdauer, Ausdauer! Das ist Das, was ich Ihnen zurufe; zähe Ausdauer, um das Mittel, das einzige Mittel zu erreichen, welches uns die wahre Einheit des Vaterlandes zu erringen vermag: Ausdauer im Kampf gegen die Reaction, Ausdauer im Kampfe gegen die inneren Feinde, die diese Majestät des Volkes nicht anerkennen wollen; Ausdauer im Kampfe und nicht zurückgetreten vor den Schwierigkeiten! Also, nur solche Männer zu Abgeordneten gewählt, die diesem Verlangen des Volkes Ausdruck zu geben vermögen. Ich bringe darum ein Hoch der Ausdauer im Kampfe für ein deutsches Parlament! Die deutschen Männer sollen nicht milde werden, nur solche Männer zu wählen, die dieses Verlangen den Regierungen gegenüber in den Kammern unaufhörlich, beharrlich verlangen!

Also, hoch, hoch dieser Ausdauer! (Großer Beifall.)

Siebold aus Eschwege in Kurhessen fordert auf, den Turnern Waffen zu geben, und hier sei Gelegenheit, sich als practische Patrioten zu beweisen, wenn man den Turnern helfen wolle, sich diese Waffen zu verschaffen, wo die Mittel der Turner selbst nicht ausreichten.

v. Bunsen aus Bonn, Mitglied des preußischen Abgeordnetenhauses und der Berliner Deputation:

„Theuere Freunde und Festgenossen! Ihr herzlicher und herrlicher Empfang hat uns Preußen frischen Muth gegeben inmitten unserer theueren hessischen Brüder, von denen wir erwartet hatten, daß sie uns ein wenig groß würden. Jetzt glaube ich und will den Glauben festhalten mein Leben lang, daß Preußen nie zu spät kommen kann! (Bravo). Hier unter dem Rauschen jener schwarz-roth-goldenen deutschen Bundesfahne, im ernsten, wehmüthigen Hinblick auf das ehrwürdige Banner des teutschen Reichs, unter dessen Schutz schon einmal ein preußischer König in denkwürdiger Stunde sich und sein Land gestellt hat, hier will ich es ausrufen, das Wort der Hoffnung: Preußen wird nie zu spät kommen! (Bravo.) Meine Freunde! Das Land, aus dessen Vertretern wir kleine Schaar hierher gesendet worden sind, bietet in diesem Augenblicke das Bild einer innern Unfertigkeit, deren Hauptursache darin besteht, daß die Einen mehr, die Andern weniger — und Etliche gar nicht! — die Politik Preußens gestellt sehen wollen auf die deutsche Nation, gegründet auf ihren Beistand, gerichtet auf ihre Einheit, Größe und Weltmacht. Wir (und ich hoffe und meine bestimmt den Willen Aller darin auszusprechen, welche zu dem freundschaftlichen Ehrengeschenke ihr Scherflein beigetragen haben) wir stehen und fallen mit Deutschland (Bravo), wir sehen in der nicht gelösten deutschen Frage die Hauptursache unserer vielfach ungeklärten Zustände, und umgekehrt erwarten wir keine bleibende Verkörperung des deutschen Einheitsgedankens, bis daß Preußen aus dem bangen Werden seiner Verfassungszustände heraus in deren volles Sein eingetreten sein wird. Uns erschien daher das volle Eintreten der preußischen Macht für eine ungeschmälerte Herstellung des niedergetretenen Rechtes bei dem theuren, biederen Hessenvolke, uns erschien dasselbe keineswegs als eine äußere, sondern als eine recht eigentlich innere Frage (Bravo); und, meine Freunde, der gegenwärtige öffentliche Zustand in Kurhessen, welcher endlich dem kampfgestählten, viel geprüften Volk wieder einmal gleiches Licht und gleiche Luft zum Streite für die edelsten Rechte der Menschheit gewährt, dieser gegenwärtige Zustand liefert den Beweis und eine Vorwarnung Wessen (mit erhobener Hand), was Preußen kann, wenn es das nationale Recht will (Bravo!). — Ihr Freunde habt uns einen Einblick gegeben in dieses gewaltige, in seiner Art vollständig einzige Fest, dessen Glanz und Prachtfülle seit gestern vor unsern verwunderten Augen sich aufthut. Ihr werdet uns heute wieder mit Euren Gegenwünschen an unsere Arbeit entlassen. Glaubet uns aber, und wir geloben es uns hier heilig, wir werden den Grundsätzen nicht untreu werden, welche uns hierher geleitet haben (Bravo!). Und nun zum Schluß, meine Freunde, erlauben Sie mir noch eine kleine Freude des Andenkens. Ich bin Ihnen angemeldet worden als Abgeordneter aus Bonn. So wünsche ich auch an die Nation, welche der erste wackere Redner aus dem preußischen Abgeordneten-Haus gestern vor Ihnen hier genannt hat, an die eines Stein, Blücher, Scharnhorst und des wackeren Nettelbed, an diese Namen noch hinzuzufügen, welcher in der That heilig ist: „so weit die deutsche Zunge klingt", ich möchte Sie bitten, mit mir einzustimmen in den

Ruf: Es lebe hoch das Andenken, das da blühet, so lange Deutschland steht und seine Berge, das Andenken an Ernst Moritz Arndt!" (Lauter, anhaltender Beifall.)

Obergerichtsanwalt Naumann aus Hameln (Hannover): Wie das deutsche Turnfest in Berlin, und das deutsche Sängerfest in Nürnberg, so sei auch das deutsche Schützenfest in Frankfurt zur Erreichung eines Zweckes bestimmt, sie seien die Mittel zum Zweck. Diese Feste seien bestimmt, die Begeisterung für das Vaterland anzufachen, die Liebe zu demselben immer mehr zu entflammen und den Opfermuth für dasselbe immer mehr zu erstarken. Den Schluß seiner Rede bildet ein in gebundener Sprache ausgebrachtes Hoch auf das freie deutsche Lied! (Bravo.)

Hauptmann Behm, Mitglied des preußischen Abgeordnetenhauses: „Liebe Brüder und Schwestern, deutsche Männer und Frauen! Je näher wir dem Momente kommen, wo wir Alle in die Heimath zurückkehren werden, desto ernster wird die Stunde, und werden wir unsere Herzen fragen, was wir erlebt haben. Unser Herz empfindet ein doppeltes Gefühl; das erste entflammt aus voller Begeisterung über das, was wir hier erlebt, das zweite ist das des innigsten Dankes allen Denen, die hier thätig gewesen sind um Ordnung und Gastlichkeit, unsere herzlichsten Gesinnungen und Dank auszusprechen! Wir aber, die wir den Ernst der Zeit um so mehr verstehen müssen, und die es in die Heimath zurücktreibt, wir haben ein seltenes Glück gehabt, die stolze Tricolore, die uns so lange vorenthalten ist, wieder einmal in derselben Pracht (donnernder Beifall und froher Tusch) entfaltet zu sehen, wie sie vor 14 Jahren von Millionen Dächern wehte! Bei der Gelegenheit, wo uns Deputirten aus Preußen gestern die Festmünze gezeigt wurde, auf welcher die stolze Germania abgebildet ist, da konnte und kann ich nicht den lebhaften Wunsch unterdrücken, daß wir bald keine andere Münzen in unserem deutschen Vaterlande haben als die (stürmischer Beifall) mit der stolzen Germania geschmückte, und daß unsere Sache einen Sieg haben wird, das steht fest, wie auf Granit geschmiedet, denn Gott im Himmel steht darein!! Meine Herren! Wenn wir Alle mit Ernst in die Zukunft blicken, dann wollen wir auch auf den Ernst aufmerksam machen alle die deutschen Männer und Frauen, die unter uns verweilen. Wir alle, wir haben als wichtigste Pflicht: so viel Widerstand uns auch geboten, so oft der Hemmschuh an die Locomotive gedrückt wird, die uns endlich zur Freiheit führt, die Erziehung der Kinder ins Auge zu fassen (Bravo), die uns an eine endliche Freiheit bringt. Wir legen den zarten Keim der deutschen Freiheit in ihre Herzen, daß sie uns nachfolgen mögen. Und wenn es uns auch nicht gleich gelingen wird, die Hoffnung darf nicht untergehen, daß wir die Früchte ernten von der Saat, die wir überall gesät haben! Meine Herren! Ich kehre zum Anfang meines Toastes zurück, nämlich zur Mahnung an die Trennung! Wir scheiden aus der schönen, großen, freien Reichsstadt, wo wir das stolze Banner in so unzähligen Massen haben flattern sehen! Wir haben die ernste Aufgabe, den Eindruck des Festes in unsern Herzen tief zu bewahren, und den allen deutschgesinnten Preußen, wo wir sie treffen, den namenlosen, unendlichen Jubel der großen Nation mitzutheilen! Daß wir diese freie, heilige Stätte nicht eher verlassen, bis wir dem Festcomité, den Bürgern und Frauen Frankfurts, die so liebreich für unsere heilige, deutsche Sache gewirkt haben, unsern herzlichen Dank ausgesprochen haben! Ich bringe mein Hoch dem Festcomité und den gastlichen Bewohnern Frankfurts, sie leben hoch!" (Bravo.)

Gätschenberger aus Würzburg freut sich der Innigkeit, des echten freien reichsstädtischen Sinnes, den er hier gefunden; hier sei kein Oesterreich, kein Preußen, hier war nur ein einiges Deutschland zu sehen. Haben wir auch die Hoffnung verloren, unsere Einigung von oben zu finden, so bleibt uns doch die, daß es von unten gehen wird. Zwar habe hier bei dem Fest nur Heiterkeit geherrscht, doch es habe auch einen ernsten Hintergrund, es sei ein hoher Ernst im heitern Spiel gewesen. „Die Schützen sind überall Pioniere der Freiheit, ihnen gilt mein Hoch." (Bravo.)

Mit diesem Redner war das Bankett geschlossen.

Gegen Abend fand aber eine weitere erhebende Feierlichkeit statt, die Wiener übergaben ihre Fahne dem Vorstand des deutschen Schützenbundes. Dieselbe zeigt auf der Vorderseite das reich in Gold gestickte Wappen der Stadt Wien auf weißrothem Seitengrunde; rückwärts aber auf dem Felde von grüner Seide, eine Scheibe, auf zwei Stutzen ruhend, mit gold gestickten Eichenlaub umschlungen und auf Blättern die Namen der Schießstände: Korneuburg, Klosternburg, Großenzersdorf, Pottrastein, Böslau, Schwechat, Purkersdorf, Weidlingbach, Scheiblingstein, Carlstirchen, Baden, Stockerau, und zum Schluß Wien, 13. Juli 1862, tragend. Das Bandelier ist von weißer und rother Seide und auf weißem Grunde steht in Gold gestickt: „Wiener Schützen". Die Fahne ist mit deutschen und weißrothen Bändern geschmückt; der Schaft endet in einer reich vergoldeten Hellebarde, auf deren Hülse der deutsche Reichsadler sich befindet.

Unter Voraustritt verschiedener Comité-Mitglieder und eines Musikcorps zogen die Wiener nach dem Gabentempel. Dort ergriff J. G. Stubeck aus Wien das Wort:

„Meine Herren, ich bin beauftragt, dem deutschen Schützenbund oder jetzt seinem Vorstand die Fahne der Wiener Schützen zu übergeben. Sie kommt aus einer großen, in der größten deutschen Stadt, die mit Liebe und freudig an Deutschland hängt. Wir sind keine Kinder des Schmerzes, wir sind keine Kinder, die man von sich wegstößt, wir werden Euch treu zur Seite stehn, ich spreche dies nicht nur im Namen der Wiener, ich spreche dies im Namen ganz Deutsch-Oesterreichs. Wir Deutsche in Oesterreich haben einen schweren Stand, da wir umringt sind von verschiedenen Nationalitäten. Sind wir erst zur vollen Geltung gekommen, dann werden wir auch mit Macht eintreten. Ruft uns nur, wenn Gefahr ist, ruft uns nur, wir werden kommen. Ich übergebe hiermit die Fahne und glaube, daß Sie sie getrost an der Seite des deutschen Bundesschützenbanners aufstellen können."

Nachdem der Beifall, der dieser Rede folgte, etwas verrauscht war, sprach der Vorsitzende des deutschen Schützenbundes, Oberstaatsanwalt Sterzing aus Gotha: „Deutsche Schützenbrüder! Als Deutsche begrüße ich Euch hier an dem Tempel, auf dessen Zinne Germania, in dessen Innern reiche Gaben aus allen deutschen Landen aufgestellt sind, Alles Zeichen des Patriotismus. Wir hatten mit Zuversicht darauf gerechnet, Euch in unserem Bunde zu sehen, wir haben uns nicht getäuscht, Ihr seid hier erschienen an den Tagen des Festjubels. Wir hoffen aber auch darauf, daß Ihr erscheint, wenn es gilt, des Vaterlandes Ehre, des Vaterlandes Größe zu wahren. Ich übernehme diese Fahne als Pfand dafür, daß Ihr stets an unserer Seite steht, daß Ihr uns an alle Orte hinbegleitet, wohin das deutsche Banner getragen wird. Deutsche Schützenbrüder, ich fordere Euch noch ein Mal auf, ein Hoch auf die deutsche Einigkeit auszubringen. — Hoch!! Und nun übergebe ich als Vorstand des deutschen Schützenbundes die Fahne dem Festort Frankfurts."

Der Vorstand des hiesigen Schützenvereins, Dr. S. Müller, ergreift die Fahne mit den Worten: „Ich übernehme diese Fahne und wir werden treue Depositare derselben sein; wo nur das deutsche Volk erscheint zum deutschen Schützenfest, wird auch die Wiener Fahne wehen vereinigt mit den andern deutschen Fahnen unter dem schwarz-roth-goldnen Banner."

J. S. Stubók dankt schließlich im Namen der Oesterreicher für die Frankfurter Gastfreundschaft und bringt Frankfurt ein Hoch.

Unter den Klängen des Liedes „Was ist des Deutschen Vaterland" wurde die Fahne in die Halle getragen und dort an die Seite des Bundesbanners bei den Fahnen der Schweiz und des Sternenbanners von Amerika aufgehängt.

Der zehnte und letzte Festtag.

Wehmüthige und zugleich freudige Gefühle durchziehen unsre Seele, wenn wir an diesen Tag zurückdenken; wehmüthig, daß das schöne, erhabene nationale Fest zu Ende und so viel neuerworbene Freunde und Brüder von dannen ziehen; freudige, wenn wir uns daran erinnern, welch' herrlichen Verlauf das Fest genommen hat und wie segenreich es in seinen Folgen sein wird.

Mit so gemischten Gefühlen mag mancher zu dem letzten officiellen Banket gegangen sein, zu einem Banket, das, obschon das letzte, doch wohl mit zu den bedeutendsten gerechnet werden darf. Der erste Redner ist Dr. Stern von hier:

„Deutsche Brüder!" beginnt er. „Unser schönes, unser unvergleichliches Fest naht seinem Ende. Schon für Manchen unter uns hat die Scheidestunde geschlagen; aber gewiß, wir werden aus demselben nicht nur bleibende Erinnerungen, nein gewiß auch bleibende Wirkungen mit uns nehmen. Unauslöschlich wird in unsern Herzen bleiben das Gefühl der trotz äußerer Zersplitterung vom Volke selbst vollzogenen und sich vollziehenden Einigung, einer Einigung, die getragen ist von einer mannhaften, aus dem Boden des Volkes selbst hervorwachsenden Wehrkraft. Es wird in jedem Herzen das Bewußtsein stark werden, daß wir dieser Einheit angehören, selbst ein Glied des großen Ganzen sind, von dem wir getragen werden, und vor allen Dingen wird in jedem Herzen der Vorsatz wach und stark werden, für dieses Ganze und in diesem Ganzen seine Pflicht zu thun. Aber, meine Brüder! die Wehrhaftigkeit des deutschen Volkes, deren lebendiges Bild wir vor uns gesehen haben, ruht nicht nur in den tapfern Männern, die mit der Waffe in der Hand bereit sind, deutsches Recht, deutsche Freiheit und Unabhängigkeit zu schützen und zu wahren, wo auch immer sie gefährdet wird, nein! sie beruht auch auf Denjenigen, die durch die Wahl des Volkes selbst zu seinen Vertretern berufen sind, die in allen deutschen Ländern mit der Kraft des Wortes und des Gesetzes, gestützt auf den moralischen Willen des Volkes, berufen sind, Freiheit und Recht des deutschen Volkes im Innern zu wahren und zu hüten. (Bravo.) Die Vertreter der deutschen Stämme sind es, die für diese Freiheit und für das Recht einzustehen und das Gefühl der Einigung zu wecken und zu fördern haben, gleich uns. Wir haben solche Männer in unserer Mitte gesehen aus einer dieser Volksvertretung, wir haben uns erfreut an dem lebendigen Wort der Brüder, das sie uns entgegengetragen haben. Unser Herz hat mit ihnen empfunden, durch ihr Wort ist unser Vertrauen gestärkt, unsere Zuversicht erhöht worden. Sagen wir diesen Männern, die von uns geschieden sind, noch nachträglich unsern herzlichen Dank; senden wir ihnen noch einen brüderlichen Gruß in die Heimath nach und wünschen der Allem, daß das schwere und ernste Werk, das sie mit für uns vollbringen, und dadurch auch uns zum Heile sein werde! Aber nicht nur die Männer, auch das jene Land sendet, tragen die Gesinnung in sich, wohin sie auch gekommen waren, die Vertreter des deutschen Volkes und der deutschen Männer. Welche

Volksvertretung ihre Männer auch hieher gesendet hätte, alle würden dieselbe Gesinnung, denselben Geist, dieselbe Wärme der Empfindung, dieselbe Kraft der Entschließung und der That in sich getragen haben. In allen deutschen Volksvertretungen sind es die Männer, die für deutsche Gesinnung, für deutsches Recht unablässig wirken, und vergessen wir nimmermehr, daß sie eine starke Wehr sind für eben das Ziel, was sie zu erreichen streben. Freilich stehen sie hie und da noch vereinzelt da in Mitten ihrer Genossen; freilich vermögen sie auch da, wo sie die Mehrheit bilden, noch nicht zum Ziele zu gelangen. Warum? Weil ihre Kraft zersplittert ist, weil sie nicht im Stande ist, sich auf die Kraft des vereinigten Volkes zu stützen, weil sie mit uns fühlt, daß die gemeinsame Sache nur dann zum Siege gelangen kann, wenn sie durch eine gemeinsame, aus der ganzen Nation hervorgehende Volksvertretung ihre Vereinigung findet. Darum, meine Brüder, stellen wir uns hinter diese Männer, die für deutsche Freiheit und deutsche Einigung in ihrem Gebiete wirken, treten wir hinter sie, schließen wir fest eine Kette um sie, damit sie neue Kraft gewinnen durch das Gefühl, daß sie mit der Sympathie und mit dem Geiste und nach dem Willen des Volkes wirken. Vereinigen wir alle unser Wirken mit dem ihrigen nach dem einen und einzigen Ziele, daß von nun an der einzige Wahlspruch der Nation sein muß: nach dem Ziele eines einigen, aus der freien Wahl des Volkes hervorgegangenen Parlaments. Meine Brüder, die deutschen Volksvertretungen und die deutschen Vertreter, die in Wahrheit deutsch sein wollen, die die Sache deutscher Einheit und Freiheit, deutschen Rechts und deutscher Unabhängigkeit, trotz der Schwierigkeiten, die ihnen entgegenstehen, zu fördern nicht aufhören, vor Allen aber diejenigen deutschen Volksvertretungen, die allein berechtigt sein werden im Namen des deutschen Volks zu reden, diejenigen deutschen Volksvertretungen, die allein die Kraft haben werden, die Rechte des deutschen Volks zu wahren und zu schützen, die allein die Einigerinnen des deutschen Volks sein werden. Das deutsche Parlament es lebe hoch." (Lauter Jubel.)

Cetto aus Trier, das ehemalige Mitglied der Nationalversammlung und das jetzige Mitglied des preußischen Abgeordnetenhauses spricht:

„Herzlichen Dank, liebe Freunde, für den erhebenden Ausdruck Eurer Sympathieen, die wir übrigens nie bezweifelt haben, und die wir stets, so wie wir sie auf das herzlichste erwiedern, auch zu verdienen suchen und hoffentlich auch zu verdienen wissen werden.

Nach den begeisterten und begeisternden Worten, die wir gehört haben, ist Neues nichts mehr zu sagen, gestatten Sie mir, daß ich auf etwas Altes, aber nicht Veraltetes zurückkomme.

Ein Fürst, der vor allen Andern als deutsch galt, soll seiner Zeit gesagt haben: „Kein Preußen, kein Oesterreich, ein einiges Deutschland!" Das, meine Herren, hat sich leider sehr wenig bewährt; vielleicht weil neben der Einheit nicht der Freiheit gedacht worden ist, versuchen wir es, daher nun auf andere Weise: Darum, meine Herren, mit und durch die deutschen Stämme alle, mit den Preußen, mit den Oesterreichern, mit den Bayern, mit den Schwaben und allen, allen deutschen Stämmen, so vereint vorwärts zu einem freien, einigen und darum mächtigen Deutschland!. (Hoch, hoch, hoch!)

Als Abgesandter der heimgekehrten Schweizer betritt der bekannte, schon hochbetagte Diplomat Curti aus Sct. Gallen, Mitglied des Schweizer Nationalraths die Rednerbühne und wird mit Beifall empfangen:

„Deutsche Männer und Schützen, Freunde! Ich bringe Euch noch einmal einen Gruß, den herzlichsten und treuesten vom Lande der Alpen, aus der Mitte seiner Bundesversammlung, und, ich darf es sagen, aus dem Herzen seines Volkes; und ich bringe Euch den Dank, den tiefgefühltesten, immerbleibenden für den nicht nur äußerst ehrenvollen, sondern zugleich so brüderlich warmen Empfang, womit Ihr unsere Schützen — unsere Repräsentanten bei Eurem Feste aufgenommen, geehrt, gepflegt, glücklich und begeistert gemacht habt. Hier glänzt mein vaterländisches Kreuz auf dem deutschen Boden, neben Eurem Schwarz-Roth-Gold, und dort inmitten der Adler der alten, freien, immer jungen, immer höheren, immer größer blühenden Reichsstadt und Hanse-Genossin. Und es ist kein eitles Schauspiel, wie ein Ländchen, welches vor Allem entschlossen ist, seine Selbstständigkeit zu wahren, die Freiheit, von den edlen Ahnen ererbt, sich zu erhalten (Bravo), wie ein solches Ländchen nicht annexirt — wir lassen uns nie annexiren (Bravo); aber erobert werden kann es, Ihr habt es erobert, Ihr habt unsere Herzen auf immer erobert! (Bravo, Bravo.) Wenn man uns so liebend entgegen kömmt, wenn man es achtet einem Ländchen gegenüber, wo sonst so viel von Revolutionsheerd und Aehnlichem gesprochen ward, wenn man uns die Anerkennung bringt, daß wir die glücklich vollbrachte Reform unseres Bundes zum innern, friedlichen Ausbau redlich benutzen; wenn man es anerkennt, daß hier ein kleines Republiklein ist, das wenigstens den Beweis bietet, daß die Freiheit wohl verträglich ist mit der Ordnung (Bravo), wenn man es anerkennt, daß wir nicht abhängig sind von dem guten Willen der Mächte, sondern auf unser Schwert, wie unser Recht, auf unsere Volksbewaffnung uns stützen (Bravo): dann ist es ja nicht anders möglich, wir drücken die Hand, die uns geboten wird aufs Innigste und umsomehr, wenn es in Wahrheit die Bruderhand ist, die Hand des guten Mutterlandes (Bravo), mit dem wir das Beste in Kunst und Wissenschaft, in menschlicher Gesittung, in den besten Zwecken der Humanität theilen. (Bravo.) Das hier also ist eine vollendete Thatsache; einmal eine vollendete Thasache, die wir begrüßen dürfen und die ich — Gott sei es gedankt, daß mir dieser Augenblick noch geboten ist — von dieser Stelle mit der größten Innigkeit begrüße. (Bravo.) Aber auch im Uebrigen, — ich will Prophet sein, ich darf es sein, denn ich habe auch schon prophezeiet von einer ähnlichen Stelle, und das Wort ist aufs Glänzendste in Erfüllung gegangen, — ich sage auch im Uebrigen müssen die läuternden Ideen Eures großen, Eures wahren, und wenn ich nicht irre, ersten wahren nationalen Festes sich verwirklichen. Seid Ihr nicht Eine Nation? und habt Ihr nicht Ein Land, Eine Sprache, Eine Wissenschaft und Kunst, Eine Gesittung, Eine Geschichte, Eine Zukunft? Habt Ihr nicht miteinander gekämpft in ernsten großen Tagen, und habt Ihr nicht miteinander Euch frei gemacht? (Bravo) und die Interessen selbst, verlangen Eure Interessen nicht die Größe Deutschlands? Und darf ich nicht in Eure Herzen greifen, um herauszufragen: ist es nicht bei Euch eine gemeinsame Ueberzeugung, daß Deutschland eine große Mission geworden ist, Schwerpunkt zu sein in Europa für alle großen Interessen der Humanität und des Fortschrittes? (Stürmischer Beifall) des reinen makellosen Fortschreitens eines geläuterten Humanismus? Seid Ihr nicht hinaus über den engen, kleinlichen, traurigen Kampf der Confessionen? (Bravo.) Kümmert Ihr Euch viel um das Spiel des Ultramontanismus, das anderwärts (Bravo) so schwer drückt, daß man nicht einmal eine weltliche Herrschaft des Pfaffenthums — verzeihen Sie mir diesen Ausdruck — verbannen und das Land der Selbstherrschaft der Bürger zu übergeben vermag, wo das Bundesland noch so sehr, einstimmig, treu und redlich, so wohlbegründet darnach ruft! (Bravo.) Was gilt es aber nun? Ausdauer, Beharrlichkeit für die höchsten Güter des Lebens, für die Ehre einer Nation und für ihr Voranstehen auf dem Punkte, auf dem Platze, den ihr die Vorsehung angewiesen hat. Da darf man wohl etwas aushalten und bestehen! (Bravo.) Und sind nicht die alten Wahlsprüche die Eueren? Hier stehe ich, ich kann nicht anders! (Bravo!) und eine Idee, zehntausendmal vereitelt, darf nicht aufgegeben werden, ein richtiger Gedanke, richtig einmal ausgesprochen, ist des Erfolges sicher, der Wahrheit, der Natur des Dinge kann nichts widerstehen! (Bravo!) „Im Anfange war das Wort," steht geschrieben, aber jener große Bürger Frankfurts hat es dahin übersetzt: im Anfang war die That. (Bravo!) Braucht Ihr nun noch etwas Weiteres, so dürfen wir, in aller Bescheidenheit allerdings, ja sehr in Bescheidenheit, — denn der liebe Gott hat geholfen und der liebe Gott hilft auch überall, wo man's redlich meint und etwas einsetzt, — unser Beispiel anführen. (Bravo!) Unsere edelsten Schweizermänner haben schon gleich nach der ersten Mitte des letzten Jahrhunderts, gleich nach der französischen Revolution — es ist nun bald ein volles Jahrhundert seither — nach einem andern Schweizerbunde gerufen. Unser Zschokke, Euer Zschokke hat vor langen Jahren in ausgezeichneter Weise, in seiner Weise dafür geschrieben, 1826 begannen unsere Schützenfeste und von 1825 an ist kein Jahr verstrichen, daß sie nicht die Bundesreform postulirt hätten. (Bravo, bravo, hört.) Ich selbst — verzeiht mir, daß ich diese Erinnerung anbringe, aber sie ist mir bedeutsam aus meinem Leben, das Liebste, dessen ich mich erinnere, — ich selbst war in meiner ersten Jugend, beim ersten Eintreten in das bürgerliche Leben als schlichter Privatmann, der noch nie in einem öffentlichen Amte gestanden, nach unsern ersten Repräsentanten an der Tages-Satzung auf dieser Bühne, unter denselben der einst gefeierte Baumgärtner und der ebenfalls einst gefeierte, in Berlin verstorbene Keller, sie sprachen davon, man müsse nicht verzweifeln, man müsse glauben an ein Einigwerden des Volkes, an ein nationales Werden; ich kam unmittelbar nachher und mich brängte es, zu sagen, sind wir nicht Menschen, sind wir nicht eine Nation? Und alle erwiderten: Ja, wir sind eine Nation. (Bravo.) Was da fehlt, ist nur die Form, aber die Form muß und wird sich der Sache fügen, heute oder morgen; ein Volk kann aushalten. (Bravo.) Darum hinaufgeschaut und Gott vertraut und auf den Genius in Euch, auf den Genius Europas, auf den Genius der Menschheit. (Bravo.) Sie sind in Italien auch nicht verzagt und sie haben Großes errungen und wenn Sie noch in schwierigeren Verhältnissen stehen, Sie werden Mehreres erringen: Deutschland kann nicht hintan sein! Also auf den glücklichen Schluß Eures herrlichen, begeisternden, hinreißenden Festes und auf den nachhaltigen segenreichen Erfolg desselben, auf die Verwirklichung, die nicht ausbleiben kann, der Ideen, die es begründet, die es geordnet und die es durchgeführt haben. Ja, was wie ein elektrischer Schlag Eur ganzes Deutschland mit einemmale durchzuckte, was dieses Frankfurt sowohl in seinen Palästen, als in seinen Bürgerhäusern so herrlich schmückte; was diese Hunderttausende herrief, — nur durch den Zauber der Sache und durch den Trieb des Innern, — das muß in's Leben, in Fleisch und Blut übergehen und eine Zukunft gründen. (Bravo.) Also auf den glücklichsten Schluß, den ganzen, nachhaltigen segenvollen Erfolg Eures Festes — wie ihn die Besten Eurer Nation unter Euch, und die Besten Eurer Nation unter den Freunden, Förderern und Theilnehmern desselben gedacht, und, ich bin es sicher, ganz gewiß, festhalten werden, daneben aber noch einmal auf die bleibende Verbrüderung, die nachbarlichen, kleinen Ländchens mein doppeltes, dreifach donnerndes Hoch! (Großer Beifall) Hoch, hoch, hoch!"

Die Begeisterung, welche den Worten dieses Wackeren folgte, war unbeschreiblich. Alles drängte sich heran, ihm zu danken; wie vom Geist getrieben erhob sich eine Schaar blühender Mädchen vom Tische des Preßcomités und eilte auf den Jüngling-Greis zu, um ihm zu danken, zu danken — wie nur Mädchen danken können. Und die hochgegabte Tochter des sächsischen Dulders, Louise Elisabeth Rödel, Thaliens hoffnungsvolle Jüngerin, sprach das aus, was Aller Herzen durchzitterte, Aller Herzen durchwogte — und der Jüngling-Greis weinte Thränen der edelsten Rührung. Später aber erschien er nochmals am Tische der blühenden Mädchen, dankte noch einmal herzinniglich und ward mit großen duftenden Blumensträußen überladen — — — —

Der ihm nachfolgende Redner war v. Cornberg aus Karlsruhe, welcher sagt, daß ihn die Pflicht der Dankbarkeit auf diese Tribüne gerufen, er dankt zuerst den Bewohnern Frankfurts für die Pracht, womit sie die Gäste empfangen und für die Liebe, die diese Pracht noch verdunkelt habe. (Bravo!) Er dankt dem hohen Senat, der es gestattet habe, das Fest aus uns selbst anzulegen, zu feiern und zu leiten, er dankt dem Gesammtcomité für die Weisheit, mit der es das Fest geordnet, für die Stärke, mit der es dasselbe durchgeführt, und für die Schönheit, mit der es dasselbe geziert, er dankt der Jugend, die uns umschwebt und bewacht und die bewiesen habe, wie sie fähig sei, Mühe und Beschwerden zu ertragen, wenn es einst gälte, das schwarz-roth-goldne Banner zu schützen. Sie ließen nicht nur ihren herzlichsten Dank für alles das Schöne und das Gute, was ihnen hier geworden, nein, sie ließen ihr ganzes Herz zurück. Etwas aber nähmen sie mit, die Ueberzeugung, daß die Zusammengehörigkeit Deutschlands Niemand mehr bezweifle, Niemand mehr es wagen werde, daran zu rütteln. Und in dieser Ueberzeugung bringe er ein Hoch dem großen deutschen Vaterland aus vollem Herzen, Deutschland, das ganze, große, mächtige, lebe hoch, jetzt und immerdar! (Bravo, Bravo!)

Stadtgerichtsrath Dr. Jäger ist der nächste, aber auch der letzte Redner, welcher in der Festhalle die Rednertribüne besteigen wird. „Freunde, deutsche Brüder!" ruft er, „Im Namen des Festcomité's habe ich zunächst eine schriftliche Mittheilung des Senats dieser freien Stadt allgemein bekannt zu geben. Diese Mittheilung ist vor einer Stunde hiergelangt, ich erlaube mir sie vorzulesen.

Sie lautet: „Mit dem heutigen Tage endigt das nationale Fest, welches von Theilnehmern aus allen Gauen des deutschen Vaterlandes in Frankfurt am Main, der alten Reichsstadt, gefeiert worden ist. Der Senat dieser Stadt erfüllt, bei dem würdigen Verlaufe des Festes, eine ihm angenehme Pflicht, wenn er mit diesem öffentlichen Erlaß Dank und Anerkennung für Alle ausspricht, welche mit Hingebung und Ausdauer, mit Umsicht und maßvollem Verständniß gegebener Verhältnisse das Fest im Ganzen und Einzelnen vorbereitet, geleitet und zu allseitiger Befriedigung durchgeführt haben. Den stammverwandten Gästen, welche dem nationalen Feste ihre brüderliche Theilnahme geschenkt haben, ruft der Senat zur Erinnerung und ewigem Gedächtnisse, das „Willkommen" nach, welches sie bei ihrem Einzuge in die Stadt des Festes aus Aller Mund begrüßt hat. Das Fest war groß und schön; aber weitaus schöner und größer ist die Bedeutung, welche ihm beigemessen werden darf. Um dieser Bedeutung willen und um der Ueberzeugung der Zusammengehörigkeit und nothwendigen Eintracht, welche das Fest durchweht hat, zur dauernden Erinnerung für alle Zeiten Ausdruck zu geben, wird der Senat dafür Einleitung treffen, daß das hehre Standbild, um welches während des Festes Hunderttausende sich geschaart, in würdiger Ausstattung in dem Herzen der Stadt, auf historischem Boden bleibend, aufgerichtet werde. Der Senat ist der Ueberzeugung, daß er hiermit einem Wunsche entgegenkommt, der in den Herzen aller seiner Mitbürger lebt. Der Senat, in dankender Anerkennung der ganzen Geschäftsführung des Centralcomité's, läßt die gegenwärtige Verkündigung in einmaliger Ausfertigung dem Centralcomité des allgemeinen deutschen Schützenfestes unter dem Ersuchen zugehen, die thunlichst beförderte Veröffentlichung derselben zu bewirken."

Stürmischer Beifall folgte dieser wahrhaft patriotischen, hochherzigen Erklärung des Senats. Er hatte wie mit einem Zauberstab die geheimsten Wünsche Aller ausgesprochen; was Alle im Stillen gefühlt und geträumt, Niemand aber auszusprechen gewagt, dem hat der Senat Worte verliehen, und Worte, welche ihm für alle Zeiten zur höchsten Ehre gereichen werden.

Dr. Jäger fährt weiter fort: „Theure Freunde! Anknüpfend an diese Mittheilung des hohen Senats sage ich im Namen des Festcomité's Euch Allen für die so äußerst zahlreichen Besuch des Festes innigen Dank, sage ich Euch zugleich beim Schlusse desselben ein herzliches Lebewohl. Freunde! Frankfurt darf mit hoher Befriedigung auf die festlichen Tage zurückblicken, die nun hinter uns liegen, aber Frankfurt ist weit entfernt davon, sich selbst das größte Verdienst bei diesem Fest zuzumessen. Frankfurt, Ihr Freunde, hat Euch Alle, Alle aufgenommen, Frankfurt hat, als jener Sturm des 6. Juli diese Halle brach, sie in weinigen Tagen mit vereinten Kräften zu Eurem würdigen Empfang festlich wieder hergerichtet (Bravo!), aber die schönste Zierde dieses Festes ist nicht diese Halle, so hehr und herrlich sie auch sein mag, die schönste Zierde dieses Festes ist der Geist, der in dieser Halle von Anfang an gewaltet hat. (Bravo! Bravo!) Meine Freunde! Manche sind gekommen mit particularistischen Ideen, beim Festzuge haben wir zweifarbige Cocarden gesehen, aber das steht nun-

ſchlich feſt, die Tauſend und Übertauſende, die von dannen ziehen, ſie werden die nationalen Geſinnungen in alle deutſchen Gauen tragen! (Bravo.) Ja, meine Freunde, das iſt die große, das iſt die heilige Errungenſchaft dieſes Feſtes, die verkörperte Einheits-Idee, mag der Saamen, der hier ausgeſtreut worden iſt, tauſendfältige Früchte tragen in allen Theilen Deutſchlands. (Bravo!) Liebe Freunde! Vor 14 Jahren iſt dem deutſchen Parlamente ein Vorparlament vorausgegangen, möge das erſte deutſche Bundesſchießen das Vorparlament ſein, das uns das deutſche Parlament von 1862 bringe. (Stürmiſcher Beifall.) Freunde! Zum Schluſſe das Wort, das nie verklingen darf, das hohe Wort: Ein einiges, ein freies, ein großes Deutſchland hoch, hoch, hoch! (Endloſer Jubel.)

War mit der Rede des Dr. Jäger die Reihe der officiellen Bankette und ſomit das Feſt in der Halle geſchloſſen, ſo galt es noch das eigentliche Schützenfeſt zu ſchließen, die beſten Schützen zu verleſen und ihnen die Preiſe zuzutheilen. Die Feierlichkeit begann unter Anweſenheit des hohen Senats, der Ehrenjungfrauen, der Knaben, welche die Gaben getragen, und faſt ſämmtlicher Mitglieder der einzelnen Comités nach 5 Uhr Nachmittags. Eine dichte Menſchenmenge hatte ſich um den Gabentempel geſchaart, unter ihr mancher Schütz, deſſen Herz bang ſchlug in der Erwartung, ob auch ſein Name unter den Preisträgern genannt werde.

Dr. Müller eröffnet die Feierlichkeit mit den Worten: „Nach dieſem ſchönen, herrlichen Feſt bleibt uns nur noch übrig, zu verleſen, welche Schützen die beſten Preiſe gewonnen und ich beauftrage hiermit unſeren Secretär, das Reſultat zu verleſen." (ſ. Anhang.)

Nachdem die Preiſe verleſen waren, von denen die hauptſächlichſten jedes Mal durch eine der Ehrenjungfrauen vorgezeigt, mit Tuſch der Muſik und Kanonendonner begrüßt wurden, ergriff Dr. Müller abermals das Wort:

„Schützen, Feſtgenoſſen, Mitbürger! Wir haben ſchöne und herrliche Tage verlebt, Tage der Freude und der Erhebung. Den Schützen, welche Ehrengaben empfangen, gratulire ich, es iſt nicht der Werth der Gaben, ſondern die Ehre, welche die Gaben ſo werthvoll macht. Die Schützen, welche leer ausgehen, mögen ſich nicht verdrießen laſſen, denn ſie haben redlich gerungen und auch ihnen gebührt Ehre. Wir Alle aber fühlen, daß dieſes Feſt nicht blos ein Schieß- und Volksfeſt, ſondern ein nationales Feſt geweſen, und wir hoffen, daß die Schützen mehr mit nach Haus nehmen als bloße Ehrengaben, nämlich ein wärmeres Gefühl für's Vaterland, als ſie hiergebracht (Bravo). Alle, die hiergekommen, ſind als Deutſche mit dem Gefühl der Vaterlandsliebe gekommen. Hier war kein Stamm, der bevorzugt oder zurückgeſetzt worden wäre, alle ſind mit gleicher Liebe willkommen geheißen, alle

ſo entlaſſen werden. Hier herrſchte keine Parthei und das Vaterland ſtand höher als alle Partheien, hier galt kein Unterſchied des Ranges und Standes, der Fürſt ging mit dem ſchlichteſten Manne und drückte ihm die Hand, der Fürſt ſaß auf gleicher Bank, wie wir Alle (Bravo!).

Wir wollen und dürfen hoffen, daß der Saame, der hier ausgeſtreut wurde, ſich überall hin verbreitet, daß das Vaterland die Früchte des Schützenfeſtes genießen wird. Zwar wird dieſer Tempel, welcher nicht für Fürſten, ſondern zu Ehren der Majeſtät des Volkes erbaut worden iſt, binnen wenig Tagen niedergelegt werden; wenn aber das deutſche Volk den Sinn und den Geiſt des Feſtes richtig erkannt, ſo wird dieſer Tempel ewig dauern, ewig feſtſtehen im Herzen des Volkes. (Bravo! Bravo!)

Ich ſchließe dieſes Feſt, erhoben von dem Gedanken an's Vaterland und im Hinblick auf die traurigen Tage, die wir erlebt, als der Sturm dieſe Halle brach, aber auch erhoben von der Ueberzeugung, daß das deutſche Volk Alles kann, wenn es nur will. (Bravo!) In drei Tagen wurde dieſe Halle wieder aufgebaut, Arbeiter, Turner, Bürger, Behörden, Alles griff an, da ſich Jeder ſagte, daß dies keine Sache Frankfurts ſei, ſondern daß er hier im Dienſte des Vaterlandes ſtehe.

Die fremden Gäſte, mögen ſie freundlich von uns ſcheiden, mögen ſie ein freundliches Andenken an Frankfurt behalten und die Liebe zum Vaterland bewahren. Stimmen Sie alle ein mit mir in das Hoch auf unſer liebes, theures Vaterland, Deutſchland über Alles, hoch, hoch, hoch!"

Mächtiger Jubel ertönte, das Vaterlandslied erklang und die Kanonen donnerten darein, verkündend, daß das Feſt ſein Ende genommen.

Noch war aber Eines zu erfüllen; Frankfurts Ehrenjungfrauen, welche zur Verherrlichung des Feſtes mitgewirkt hatten, mußte doch auch eine Huldigung dargebracht werden. Ein Schleswig-Holſteiner hatte mit ritterlichem Tact ein paſſendes Geſchenk für ſie herausgefunden, er überreichte einen prachtvoll gearbeiteten künſtlichen Blumenſtrauß mit den Worten:

„Frankfurt's Jungfrau'n dieſe Gabe, von der Nordſee
und dem Belt,
Wenn ich ſolche Mädchen habe, trotz ich der ganzen Welt."

Dankend übernahm eine der Jungfrauen dieſe ſinnige Gabe und brachte ein Hoch auf das Vaterland aus.

Die Schlußfeierlichkeit war jetzt zu Ende; doch immer noch donnerten die Kanonen, als ob ſie auf den Zug aufmerkſam machen wollten, der nach Verhall ihres Schuſſes aus der Feſthalle herauskam, Muſikcorps und Turner voran. Es war ein Abſchiedszug. Die Bayern und Tyroler, welche am erſten Tage zuletzt gekommen, ließen es ſich nicht nehmen, am letzten Tage auch zuletzt zu scheiden. „Die Tyroler ziehen ab!" Dies Wort tönte von Mund zu Munde. Sie noch einmal zu sehen, ihnen das Geleite zu geben bis an den Bahnhof — war der Wunsch und die Sehnsucht Aller. Und so zogen denn die wackeren Söhne aus dem Süden Deutschlands, die ruhmgekrönten Fahnen in der Mitte, nach dem Bahnhofe. Bunt war der Zug; nicht nur die Nationaltracht der Tyroler machte ihn malerisch, sondern auch die Bänder und Schärpen der Comitémitglieder, die sich in großer Anzahl zu dem Geleite eingefunden hatten: aber die größte Ehre widerfuhr den Scheidenden, daß sich auch die Ehrenjungfrauen in ihren Festkleidern dem Zuge anschlossen.

Auf dem Bahnhofe entließ Dr. Müller die gefeierten Gäste mit einem Scheidegruß; aus warmem Herzen flossen die Worte, und wer vom Herzen spricht, der bringt auch zum Herzen, aber seine Rede gab auch Zeugniß von dem Geiste, der unser Fest belebt; in kurzen schlagenden Sätzen hob sie hervor, wie nur die Liebe zum großen gemeinsamen Vaterlande das Fest verherrlicht, und daß die Scheidenden diese Liebe unvertilgbar in ihren Herzen bewahren möchten. Wie ergreifend und ergriffen der Redner gesprochen, dafür ist Zeugniß die Abschiedsscene, denn die bärtigen, wettergebräunten Söhne des Hochlands drängten sich an ihn heran, ihn zu küssen und zu umarmen für den warmen Scheidegruß. Aber auch die Jungfrauen ließen ihrer Begeisterung die Zügel schießen, und das kindlichste der reizenden Kinder drückte einem Hochländer einen Kuß für das ganze Land Tyrol auf die bärtigen Lippen. Mit welchen Gefühlen die Wächter der Südgrenze unseres Vaterlandes von Frankfurt schieden, davon gibt am besten ihr Abschiedsgruß Zeugniß, den sie am Bahnhofe vertheilten.

„Frankfurter!" rufen sie. „Zum Erstenmal haben wir unsere Stutzen in großer Zahl, statt an die Grenze, in das Herz von Deutschland getragen. Wir haben gefunden, was wir gesucht — einen friedlichen Kampfplatz deutscher Wehrfähigkeit, eine auserwählte Stätte brüderlicher Vereinigung. Wir feierten ein Fest, das nicht dieser oder jener Parthei, sondern in Wahrheit dem gesammten Vaterlande angehörte, ein Fest der Verbrüderung aller Volksgenossen aus Nord und Süd, aus West und Ost. Wie wir allen Deutschen in die brüderlich Herz entgegentrugen, so hat sich auch das Ihrige brüderlich geöffnet. Wirkten so alle Deutschen in gleicher Eintracht zu einem gesammtdeutschen Fest, so verdanken wir doch Euch, Frankfurter, die Vermittlung des Gelingens. Befriedigt und gehoben heimwärts ziehend, drücken wir Euch dankend noch die Hand. Worte reichen nicht hin, auszusprechen, was Ihr in Thaten geübt. Doch wird Euch das laute Frohlocken und das freudige Auge der Alpensöhne genugsam gesagt haben, wie tief wir Eure Herzlichkeit empfunden. Hätten wir Schmerzen aus der Heimath mitgebracht, in Eurer Mitte hätten wir sie vergessen. Wir danken Euch, im Namen unseres Landes. In Tyrol werdet Ihr nirgends fremd sein. Von Thal zu Thal, von Berg zu Berg wird man's erzählen und jedes Kind im letzten Dorf soll es wissen, wie liebevoll Ihr uns aufgenommen, wie gastlich Ihr uns beherbergt habt. Gleiche Gaben können wir nicht bieten, aber gleiche Herzlichkeit wird das Alpenland erwiedern. Nehmt also unsern Dank, so wahr und warm wie Eure Herzen, so dauernd wie unsere Berge. Auf Wiedersehen!"

Als Nachfeier müssen wir noch des Banketts gedenken, welches am Donnerstag Abend die Mitglieder der Comités und ihre Freunde noch ein Mal in der Festhalle vereinte. Während des Mahles spielte eine ausgezeichnete Musik, aber die schönste Tafelmusik, wie Reden wollten während des Essens die Erwartenden nicht zu neuem Gläserfüllen anregen. Erst nach demselben ergriff zuerst Hr. Dr. Max Wirth das Wort, um den Turnern den wohlverdienten Dank für ihre aufopfernden Bemühungen während des Festes abzustatten und ihnen ein Hoch zu bringen. Bald darauf wurde dem Schützenmeister Obrist aus Zürich, welcher die Einrichtung des Schießens während des Festes geleitet, eine Ueberraschung bereitet. Hr. Dr. S. Müller sprach ihm den Dank der Festleiter für seine Thätigkeit aus, und überreichte ihm Namens des Centralcomités ein schönes und werthvolles silbernes Besteck. Da diese Rede zu gleicher Zeit den Dank für die warme und herzliche Betheiligung der Schweizer an unserem schönen Feste enthält, so möge sie hier vollständig eine Stelle finden:

„Meine Herren! Zu den erfreuendsten und erhebendsten Erscheinungen unseres jetzt beendigten Festes gehört ohne Zweifel der so zahlreiche Besuch desselben Seitens unsrer Schweizer Nachbarn, die gegenseitige Anerkennung der Schweizer und Deutschen als stammverwandte Völker, die geschlossene Freundschaft, ja ich darf sagen die geschehene Verbrüderung zwischen der Schweiz und Deutschland! Ich bin überzeugt, daß dieselbe einer nachhaltigen Wirkung nicht entbehren wird, da beide Länder so viele gemeinsame Interessen und Berührungspunkte haben, daß sie, namentlich dem Auslande gegenüber, wie zwei Brüder zusammenstehen können, müssen und werden in guten und bösen Tagen. Und wenn je ein gewisser und unruhiger Nachbar noch Gelüste haben sollte, sei es im Dappenthal oder am Rhein, — er werden ihm jetzt wohl vergehen; er werden sich die wohlthätigen Folgen unseres Schützenfestes erst recht zeigen.

Aber auch schon lange vor dem Feste zeigte sich der Brudersinn der Schweizer im schönsten Lichte. Uns, den Unerfahrenen, waren sie nicht bloß Vorbild, sondern wirkliche Lehrer und Helfer; da war keine Eifersucht, daß wir auch solche Feste und vielleicht größere oder schönere zu Stande brächten; da theilte man uns alles aufs bereitwilligste mit, was wir zu haben und zu wissen nöthig hatten; da half man uns aufs herzlichste in jeder Beziehung, die Einrichtungen zu dem Feste thunlichst gut und praktisch zu treffen. Insbesondere hat sich der hier anwesende Herr Obrist aus der Schweiz die größten Verdienste um dasselbe erworben, ja ich möchte sagen, es allein möglich gemacht, indem er alle das Schießen betreffenden Einrichtungen übernahm und leitete, und dem Central- wie dem Schießcomité überhaupt als wahrer treuer Freund zur Seitestand. Ehre diesem Manne! Wir können ihn für seine großen Verdienste nicht belohnen; wir wollen ihm nur hier nochmals öffentlich unseren herzlichsten Dank aussprechen. Gestatten Sie mir, lieber Herr Obrist, Ihnen die Hand zu drücken und wenigstens als ein kleines Erinnerungszeichen an dieses Fest, Ihnen dieses Etui (es enthielt ein silbernes Besteck für 18 Personen) zu überreichen, — eigentlich Ihrer lieben Frau geltend, der wir Sie so lange entzogen haben.

Euch aber, Ihr anwesenden Mitbürger, fordere ich auf, Euch zu erheben und dem Herrn Obrist zu danken durch ein Hoch, ihm und in ihm der ganzen Schweiz geltend. Herr Obrist und die Schweiz, sie leben Hoch!" (Stürmischer Beifall.)

Nachklänge.

Nachdem wir nun den eigentlich officiellen Theil der Festbeschreibung beendet, möge uns der Leser nach dem Festplatz, in seine einzelnen Theile und seine Umgebungen begleiten, dort mit uns das Treiben der fröhlichen Menge anschauen und dann, wenn wir uns hier ein Bild geschaffen, mit noch der Stadt zurückkehren und dort die festlich geschmückten Häuser, die fahnenprangenden Straßen betrachten.

Wenn auch spät in der Nacht, oder gar bei anbrechendem Tag die Straßen noch belebt wären und die aufgehende Sonne in mancher stillen Ecke verirrte Wanderer aus Morpheus Armen aufschreckte, so regte es sich doch schon am frühsten Morgen allerwärts. Milch-Karren und Gemüse-Wagen fuhren zu allen Thoren hochbeladen herein und suchten mit möglichster Eile ihr Geschäft abzuwickeln. Mancher Rippenstoß wurde von der Milchverkäuferin ihrem alten Freund, dem durch langjährige Gewohnheit gemüthlich trabenden Gaul versetzt, um ihn zu schnellerem Lauf anzutreiben, mancher Schlag dem treuen Geschäftsgenossen, dem distelvertilgenden Grauthier gegeben, um sein sonst so beliebtes Trippeln in Lauf umzuwandeln, ja manche der milchspendenden ländlichen Houri's vergaß in der Eile ihr Hauptgeschäft,

dem labenden Stoff durch möglichsten Zusatz von wässrigen Theilen die liebliche Bläue zu verleihen. Kein Wunder, denn auch sie trieb das Verlangen, so bald als möglich mit ihrem „Hannes" die parabelischen Gefilde der Bornheimer Haide aufzusuchen und dort auf einem der vielen Tanzpläne bei den rauhen Klängen der trotzenden Geige auf einige Zeit ihr oft undankbares Geschäft zu vergessen.

Und wie die Angehörigen dieses Geschäftszweiges, so eilt sich ein Jedes, um in der Hälfte der Zeit sein Tagwerk zu vollenden. Das Treiben auf den nach dem Festplatz zu führenden Straßen wird, je mehr der Tag vorrückt, je toller, Fiaker reiht sich an Fiaker, Wagen an Wagen. Hier meint ein Fiaker zu den sechs Personen, die er schon eingeladen, noch eine siebente zu bringen und dort versichert der Führer des Omnibus, daß in dem innern Raum desselben ganz gut zwölf Personen Platz hätten, während doch schon den darin sitzenden Zehn der Schweiß aus allen Poren herausbricht. Hier versucht ein eleganter Herr seine Ueberredungskunst, um mit dem Fiakerkutscher den Bock theilen zu dürfen und dort klettert eine wohlbeleibte Frau auf die luftigen Sitze des Omnibus, angestaunt von den Umstehenden ob ihrer Kühnheit. Doch was thut man nicht Alles, um auf den Festplatz zu kommen, obschon man sehr oft zu Fuß früher dort anlangt, als zu Wagen, denn das Gedränge wird, je näher man dem Thor kommt, je ärger. Wagen aller Art stehen hintereinander, die Omnibus aus der ganzen Umgegend haben sich hier Rendezvous gegeben, unternehmungslustige Eckenheimer, Heddernheimer rc. Pferdebesitzer haben ihre Krautwagen in ambulante Lauben verwandelt, auf deren schwellenden Sitzen dem Unverdaulichkeit Leidenden sichere Heilung winkt.

Trotz alledem waren die Plätze gesucht und die Unternehmer machten glänzende Geschäfte, gerade so wie die den Badegästen in Soden und Königstein durchgegangenen Esel, welche ihr Standquartier am Friedbergerthor aufgeschlagen hatten und dort ihre Rücken den müden Festwanderern zur Weiterbeförderung anboten. Mancher kühne Reitversuch wurde hier gemacht, doch allzu schnellem Galoppiren durch den am Eingang der Friedberger Landstraße stationirten reitenden Gensdarmen Einhalt geboten, da von hier aus bis an den Festplatz jedes Thier ruhig seinen Weg fortsetzen mußte.

Hier angekommen, treten wir durch einen der drei Eingänge der großen Ehrenpforte, an der in Mitten ein mächtiger Reichsadler prangt, während die Seitenverzierung links ein Armbrustschütze mit der Inschrift:

„Allezeit kampfbereit
Für des Landes Herrlichkeit",

rechts ein deutscher Schütze der Festzeit mit den Worten:

„Gut und Blut, Herz und Hand
Alles für das Vaterland"

angebracht ist, und begeben uns nach dem Eingang, an dessen enger Pforte Turner, sowie Mitglieder des Ordnungs- und des Wohnungs-Comités in ihren rothweißen und grünen Bändern Wacht halten, uns, wenn wir mit einer Schützen-Karte versehen, einlassen, andernfalls aber ersuchen, an den beiden rechts und links des Einganges angebrachten Kassen Karten zu lösen.

Haben wir glücklich diese „hohle Gasse" passirt; ja glücklich, denn an manchen Tagen war das Gedräng so arg und die controllirenden Herrn wegen der vielen begangenen Unterschleife, so streng, daß man wirklich froh sein mußte, wenn man hindurchgeschlüpft war, — so gelangen wir auf den Festplatz. Hier sehen wir uns zuerst nach der am Eingangsthor befindlichen großen Uhr um, da wir wegen „Vor Taschendieben wird gewarnt", die unsrige daheim gelassen und wenden uns nach der langen Buskenreihe auf der rechten Seite des Platzes. Da geht es lustig zu und weil auch wir an der Lust Theil nehmen wollen, so suchen wir uns ein Plätzchen, erkämpfen mit Noth ein Glas Bier und lassen uns an der Seite eines Kindermädchens nieder, unter deren Aufsicht, trotz des Verbots, keine Kinder unter sechs Jahren an dem Festplatz mitzubringen, doch drei hoffnungsvolle Rangen von 2 — 6 Jahren stehen. Gleich neben den Bierbänken befindet sich das Local der Festbruderei, deren Setzkasten auf leere Bierfässer aufgestellt sind und in deren einer Ecke eine gar niedliche Handpresse aufgestellt ist. Vor ihm und in ihm herrscht reges Leben, hier sitzt ein Mitarbeiter der Festzeitung und liest Correctur, dort steht ein Redner, der die letzte Revision seiner schon heutigen Bankel gehaltenen und so eben fertig gesetzten Rede durchsieht, und da steht der Besitzer der Buchdruckerei selbst in Hemdsärmeln zum „Stich", um mit dem Geschäftsausdruck zu reden, woher drauf los, den Rest der auszugebenden Reden fertig zu bringen, auf welche die sie colportirenden jugendlichen Turner mit Schmerzen warten und deren Ungeduld der freundliche Herausgeber einer hiesigen Zeitung nur mit Mühe zügeln kann. Daneben aber auf den Bierbänken sitzen berühmte Autoren, Militärs, Coryphäen verschiedener Landtage, Correspondenten, Redacteure ꝛc. und warten bei einem Glas Bier; die einen, um die ersten zu sein, welche die Reden erhalten; die andern, um nach diesen ihre eigenen Berichte vervollständigen zu können. Auf einer andern Bank sitzt ein Familienvater mit seiner ganzen Familie, daneben Damen in eleganter Toilette, politisirend mit gegenübersitzenden Männern, hier lustige, patriotische Mainzerinnen, dort Bremenser in grünen Blousen, sich mit Schweizer Freunden unterhaltend. Hinter unserm Rücken sagt ein Redner dem Mittag liebenswürdigen jungen Damen artige Complimente, vor uns scherzt ein schwäbischer Bauer mit seinen Landsleuten und neben uns krabbeln Kinder auf dem Tisch herum;

wir aber machen ihnen Platz und eilen nach der Schreibstube.

Doch nicht ohne vorher einen Blick in das neben ihr liegende Post- und Telegraphenbüreau geworfen zu haben, wo, namentlich in den ersten Tagen des Festes, ein ungemeiner Zudrang herrschte. Nach allen Weltgegenden meldeten von hier aus die Schützen ihre Zufriedenheit mit der Aufnahme, und aus den verschiedensten Orten liefen hier Begrüßungstelegramme ein. Jeder glückliche Schütz, der einen Becher gewonnen, wandte sich an eins dieser beiden Büreaus, um mit dessen Hülfe sein Glück in der Heimath zu verkünden. Gar mancher Schütz fragte ängstlich bem Postbeamten, ob kein Brief an ihn da sei und wann dieser eines der blauen, grünen oder gar rosenrothen Billets, auf welche Farben die erste Liebe gern ihre heißen Gefühle hinhaucht, aus dem Schalter hervorreichte, dann strahlten die Augen des Empfängers in hellem Glanze und mit beflügelten Schritten suchte er ein stilles Plätzchen, wo er die Herzenergüsse seines Liebchens in Ruhe genießen konnte.

Dies die heitere Seite des Bureaus, aber für nicht Alle bot dasselbe so Erfreuliches, und gar mancher Schütz sah nun mit halbem Auge auf die Tafel, welche die angekommenen und nicht abgeholten Briefe anzeigte, da er schon längst die ihm von seiner lieben Ehehälfte daheim gestellte Reisezeit überschritten und jeden Tag mit Bangen einer mahnenden Epistel entgegensah, die ihn daran erinnerte, daß die schönen Tage der Freiheit vorüber und er wieder in dem Joch ziehen müsse, in welches sein Geschick ihn eingespannt.

Das beschäftigste von diesen beiden Bureaus war jedoch das Telegraphenbureau, und wir könnten nicht sagen, bei den dort angestellten Beamten festliche Tage verlebt hätten, sind doch an einem Tage vom Festplatz aus über 200 Telegramme befördert worden, der einlaufenden gar nicht zu gedenken. Und dieser ist eine schöne Zahl, wie man schon an den Begrüßungstelegrammen ersehen kann, welche in den ersten Tagen des Festes angekommen. Es liefen, so viel wir erfahren konnten, aus folgenden Orten officielle Telegramme an das Centralcomité ein, nämlich aus: Aalen: v. Breitschwert; Achern: Turnverein; Altona; Altenburg: Luckaer Schützencorps; Asch: Schützencorps; Annaberg: Schützencommando; Barmen: dortige Deutsche; Bradford (England): Nationalvereinsmitglieder; Bergedorf b. Hamburg: Schützen; Bautzen: Franz Geier, Schützenkönig; Bremen: Schützenverein; Barmen: Gesellsch. Genügsamkeit; Berlin: A. Peters und W. Mayer a. Frankfurt: deutsche Fortschrittspartei; Breslau: Brandowsky, Schützenkönig; Bonn: C. Schmits, Pr. der Schützengesellschaft; Bopfingen: Keppler; Bistritz: Bürgerschützen; Cassel: Liedertafel; Coburg: Turn- und Wehrverein; Clausthal: R. Rolle; Danzig: Dietendorf;

— 57 —

Cuxcler; Delmenhorst: Schwarz; Elberfeld: Brüdmann; Eisleben: Bergleute zu Salzstedt; Eßlingen: Schützencompagnie; Elbing: Schützenmajor Rautenberg; Friedorf (Geburtsort Wolfram's von Eschenbach); Genf: Président du Chosal; Gesele: Schützengilde; Glogau: Turnbrüder; Greifenstein, Burg: Greifenberg; Hannover: Männergesangverein; Hamburg: C. Götz; Horde-Dorup: Auerbach; Hildesheim: Schützengilde; Heidelberg: Turnverein; Innsbruck: Ehrenpreger und mehrere Schützen; Kempten: 20 vereinigte Brüder aller Nationen; Kiel; Köstritz: Schützengesellschaft; Königsberg: Turner; Landshut: Turnverein; Laibach; k. k. priv. Schießstand; Leipzig: fröhliche Gesellschaft; Turner-Festcomité; Liegen, Schützenmajor; Luzern: Arbeiterverein; Marseille: dortige Deutsche; Münster (Westphalen): Gesangverein Arion; Mecklenburg: Schützenzunft; Memel: Kilwel; München: Turner Freyschützen und Erdings; Mannheim: Männergesangverein; Lauz zur Stadt Coburg; Neviges: Schützen; Nürnberg: Schultheißenschütze; Osterrode (Ostpreußen): vereinigte Schützen d. Oberelbe; Oldenburg: Schützenverein; Osnabrück: Festvorstand Rolle; Passau: Liedertafel; Pirna: vereinigte Bürger-Schützen; Pforzheim: Turnerrath; Posen: Rechtsanwalt Pilet; Plauen: Schützendirectorium; Prerau: Turnrath; Paris: Gesellschaft Deutsche in der Brasserie; Rechau, (Oberfranken): Schützagesellschaft; Rendsburg; Reichenbach: Gesellschaft Concordia; Rostock: Festausschuß der Sänger; Saarbrücken: Turnverein zu Oberstein; Schaffhausen: Feldschützen; Seehausen (Altmark): Turnerbrüder; Stabe: Schützen; Stuttgart: Turnerschützen; Teplitz: Liedertafel; Troppau: Schützenvorstand; Basel: Schützenverein; Werden: Männerturnverein; Büllach: Gesangvereinsvorstand; Worms: Obersburg; Wien: akademischer Gesangverein; Warburg: Schützencompagnie; Wunsiedel im Fichtelgebirg: Schützen; Wittenberg: Pichler; Würzburg: Sängerverein; Zürich: Arbeiterverein; Studirende.

Und nun, nachdem wir die beiden, uns mit der Außenwelt in Verbindung setzenden Anstalten betrachtet, gehen wir in die mit diesen in engster Beziehung stehende Schreibstube. Hier wird zum größten Theil die Berichte verfertigt, welche die Freude und den Festjubel in alle Welt verbreiten sollen, hier sitzen die mancherlei Correspondenten der auf ihre Berichte mit Schmerzen wartenden auswärtigen Zeitungen, hier in einer stillen Ecke hat auch die Redaction der „autographirten Correspondenz vom Festplatz" ihr Bureau aufgeschlagen und hier eilen die Stenographen nach beendigtem Bankett, um hier ihre Uebersetzungen vollenden zu können.

Während es in diesem Raume verhältnißmäßig still zugeht, hat daneben ein um so hörbareres Rad der Festmaschine sich niedergelassen, nämlich das vielgeplagte Wohnungscomité. Zwar ist jetzt bei demselben in Hinsicht auf die Einquartirung neu eintreffender Schützen etwas Ruhe eingetreten, in besto größerer Blüthe steht aber der Zweig der Auskunftsertheilung. Alle Welt hofft ja hier Bekannte zu treffen, Freunde, die sich seit ihrer Jugendzeit nicht wiedergesehen, haben sich hier Rendezvous gegeben und da bei dem ungeheuren Menschenandrang ein bestimmter Wohnort nicht angegeben werden konnte, so muß eben das Wohnungscomité Rath schaffen und der Suchenden mit seiner Leuchte zu Hülfe kommen. Zwar nicht in jedem Fall kann es die Getrennten vereinigen, doch zumeist; und dies thun die Mitglieder desselben mit der größten Freundlichkeit und Bereitwilligkeit, trotzdem der Anforderungen mannigfache und sogar, wenn nicht anders zu bezeichnen, komische an sie gestellt werden, darunter nicht allein von Fremden, sondern meisthentheils von Frankfurtern.

Neben dem Wohnungscomité befindet sich das Fabriklager von Offenbacher Etuis, Portefeuilles und Schützendosen, dem sich Glauth mit den verschiedenartigsten Bedürfnissen für große Schützen anreiht, während gleich neben an Heinrich Martini für die Liebhaberei der Kleinen in den mannigfachsten Schützen-Spielwaaren reiche Vorsorge getroffen hat. Doch damit die Eltern, welche hier ihren verlangenden Kleinen durch Ankauf der Spielwaaren eine Freude machen, diese auch gleich auf die ernste Beschäftigung hinweisen können, der sie sich einst zu widmen haben, so hat nebenan die Polizei des Festplatzes, die wackern Turner, ihr Wachtlocal aufgeschlagen. Von hier aus beziehen sie, durch Trommel oder Horn zusammengerufen, ihre Posten und versehen ihr bisheriges Amt mit der größten, nie nachlassenden Aufopferung. Die Zeit aber, welche sie nicht im Dienst zuzubringen haben, benutzen sie, um auf dem vor ihrem Wachtlocal aufgestellten Barren und Springpferd ihre Muskeln zu stärken, und sich Gewandtheit in ihren Bewegungen anzueignen.

Vor dem Wachtlocal steht die Spritze der Providentia, um, wenn Gefahr drohen sollte, gleich bei der Hand zu sein und neben demselben hat, als in engster Beziehung mit den Turnern stehend, das Ordnungscomité sein Bureau aufgeschlagen. In weiterer Reihe folgen jetzt Thenn mit Schützenkappen, Kühle mit Porzellan, und Reiffschnelder mit Portefeuilles aus Offenbach. Fähnchen aus schwarz-roth-goldgelbem Haar bezeichnen sodann das Atelier des Friseur Seiffermann, welcher hier seinerseits bemüht ist, die Köpfe der Schützen in Ordnung zu halten, während gleich neben an Martini für die Bedeckung derselben sorgt und eine reiche Auswahl von Schützenhüten zur Verfügung der Schützen stellt. Unter der Aegide Merkur's, dessen Bild oberhalb des Bettlaufsstandes angebracht ist, bietet Albert den sehnsüchtig blickenden Augen der Jugend allerlei Spielwerk, und mancher Schütz hat hier seinen Kleinen daheim ein Andenken vom Festplatz mitgenommen. Gleich neben an hat sich P. U. Mumm ein herrliches Privatcabinet eingerichtet, dessen Sessel zu beschaulicher Ruhe und dessen Tische, mit Flaschen, voll der edelsten Blumen des Rheingaues, besetzt, zu fröhlichem Genuß einladen. Der lebhafteste Verkehr herrscht in der Räumlichkeit, zu welcher wir jetzt gelangen, denn während in dem einen Theil H. Keller die Festzeitung ausgiebt und neben den verschiedenartigsten auf das Fest bezüglichen Ansichten, Turnliederbüchern, Festgrüße, Album's und Münzen, ja sogar Fest-Biersiedel verkauft, befindet sich in dem andern Theile das Lesecabinet, welches früh und spät von Schützen gefüllt ist, welche hier Nachrichten aus der Heimath suchen und finden, denn die meisten Zeitungen Teutschlands und der Schweiz sind hier, manche sogar in mehrfacher Anzahl, vertreten. Mit dem Wirthschaftscomité in einer Behausung befindet sich der belebende Nerv des ganzen Festes, das Centralcomité. Hier laufen alle die Drähte zusammen, welche die großartige Maschine des Festes zusammenhalten, und wenn jemals der aufopfernden Thätigkeit aller Comité's ein Denkmal gesetzt werden soll, so müßte es an dieser Stelle geschehen.

Hiermit ist die Reihe einzelner Parzellen der langen Halle beschlossen, denn, nachdem wir an dem einen Ausgang vorüber, präsentirt sich uns das zweite Bierlocal, welches das Ende der Halle bildet. Von diesem Ort, auf den Gambrinus von erhöhtem Punkte herabsieht, könnte man eine ganze Geschichte schreiben von erbittertem Kampf um leere Seidel, von Derbheit, ja mitunter Grobheit der verzapfenden jugendlichen Bierwirthe, wenn uns nicht der Raum nöthigte, auf andere Einzelheiten des Festplatzes überzugehen. Doch wir können diese Stelle nicht verlassen, ohne einer Art Comité's zu gedenken, das am Ende der Halle seine Wohnung aufgeschlagen, nämlich eines Reinigungscomité's.

Folgende classische Strophen bezeichnen seine Thätigkeit:

„Wo alles glänzt, will ich auch Glanz verleihen,
„Den Füßen all, die mein begehren,
„Ein netter Fuß wird stets erfreuen,
„Denn Reinlichkeit, die muß man ehren."

Die einzelnen Bogen der Halle sind mit Blumengewinden verziert und die ganze lange Fronte schmücken die Fahnen aller deutschen Bundesstaaten, während auf den erhöhten Punkten Tricoloren der Welt verkünden, daß alle Theile des großen Ganzen hier nur unter einer Flagge versammelt sein sollen.

Bevor wir jetzt in die Festhalle selbst gehen und dort uns das Treiben am Tag und bei Nacht ansehen, werfen wir einen Blick auf den weiten Platz selbst. Zwischen breiten und schmalen, mit gelbem Sand bestreuten Gängen sind lauschige Bosquets aus Tannen- und Birkengebüsch errichtet, in deren Schatten zahlreiche Bänke zwar nicht zur Ruhe einladen, doch solche

gewähren. Vor dem Gabentempel lassen zwei Fontainen ihre Wasser in die sie umgebenden Bassins fallen und hinter demselben fordern zwei mit Fahnen und Guirlanden geschmückte, durch Gascabelaber zu erleuchtende Tanzpläne zur Huldigung Terpsichore's auf. Hier ist, mit weniger Ausnahme, nur am Abend ein tolles Treiben, während des Tags die meisten Besucher sich nach dem Eingang des Gabentempels begeben, an dem, da die wachhabenden Turner wegen Vermeidung des Andrangs im Innern des Tempels nur zeitweise die Barrière öffnen, zum Schutz gegen die Sonnenstrahlen eine Zelt errichtet worden ist.

Haben wir die hemmende Schranke überwunden, so eilen wir in das Innere — doch nein — zügeln wir lieber unsere Ungeduld und betrachten wir uns erst die beiden rechts und links aufgeschlagenen Hütten. In der linken erhalten die glücklichen Schützen ihre Becher, während in der rechts einige Gaben aufgestellt sind, die in dem Tempel selbst keinen Platz fanden, unter ihnen eine, welche der näheren Beschreibung werth ist, wir meinen das Ehrengeschenk der Mainzer Schützen.

Auf einer Unterlage liegt ein kunstvoll gearbeitetes Faß, mit den edelsten Rheinwein gefüllt; silberne Reife, die durch gleiche Nägel in Eichelform befestigt sind, umschließen und Weinlaub bekränzt es. Die vordere Seite des Fasses trägt zwischen in Holz geprägten Reben die Widmung, während die hintere ebenso schön verzierte Seite die Inschrift hat:

„Ich komme vom alten Mainz am Rhein,
Bin edel, unverfälscht und rein,"
Hoff', daß der deutsche Schützenmann,
Der mich als Preis begehrt,
Von sich dasselbe sagen kann
Und wir einander werth."

Sechzehn Flaschen moussirenden Rheinweins, von den größten bis zu den kleinsten, und auf die mannigfachste Art verziert, repräsentiren das Product der meisten Schaumweinfabriken Mainz's und vier auf den Ecken stehende, mit Weinlaub bekränzte Römer winken uns mit verführerischem Glanze, den Weißköpfigen die Hälse zu brechen. Doch wir müssen leider dieses angenehme Geschäft dem glücklichen Gewinner überlassen, während wir uns nur noch die Inschriften merken dürfen, welche zwei der größten Flaschen tragen. Sie lauten:

„Du braver Schütze, sei mir gut
Und freue dich mit mir,
Ich bin ein echtes deutsches Blut,
Geb gute Lehre Dir.
Seh ich Dich traurig irgendwo,
Bin tröstend ich zur Seite;
Seh ich Dich glücklich, heiter, froh
Vermehr ich Deine Freude."

„Die Freiheit lieb ich heiß und treu,
Nach ihr geht all mein Streben;
Und gilt es ihr und Teutschlands Heil,
Gern opfre ich mein Leben.

Dann, braver Schütze, zögre nicht,
Auch löse meine Bande:
In sterben ist mir süße Pflicht,
Es gilt ja dem Vaterlande."

In gleichem Raum sind auch zwei Flaschen „guten und unverfälschten Kornbranntweins" untergebracht, welcher in Oelde, Provinz Westphalen von dem sel. Branntweinbrenner W. Gildemeister im J. 1797 gebrannt wurde; ebenso fanden dort ihren Platz drei Pumpernickel, von denen der niedlichste, 114 Pfund schwer, mit schwarz-roth-gelben Stoff beschlagen, einen Theil der Mingbener Ehrengabe bildet, welche, außerdem noch aus zwei geräucherten Schinken und sechs Krügen Steinhäger bestehend, in den letzten Tagen mit folgenden Zeilen übersandt wurde:

„Kennt Ihr das Land, wo vor zweitausend Jahren
Hermann den Varus schlug mit seinen Schaaren?
Kennt Ihr das Land der goldnen Aehrenfelder,
Das schöne Land der grünen Eichenwälder?
Wo's Haidenblümlein wächst auf rother Erde,
Der Schäfer träumend ruht bei seiner Heerde?
Wo deutsche Tugend kennt und deutliche Sitte
Der ärmste Mann in seiner kleinen Hütte?
Seht Ihr von fern Westphalens Pforte winken
Im Land der Pumpernickel und der Schinken?
Das ist das Land; da liebt man solche Speise,
Nimmt freundlich auf sie unter „kleine Preise."

Und nun in den Tempel selbst, an dessen Eingang das Geschenk der hies. zoologischen Gesellschaft — ein Hirsch und ein Löwe mit einer Schlange kämpfend, in Bronze — aufgestellt ist. Das Innere des Tempels ist ein Glashaus, um das ein Gang herumführt, welchem breite Fenster von Außen das nöthige Licht geben. Mit dem ganzen Arrangement desselben waren die Herren Malz und Spelz betraut, während die innere Ausschmückung in Schwarz-Roth-Gold Tapezierer Schmidt-Rumpf besorgte. Im Innern des Glashauses sind in den Fenstern sind die Gaben aufgestellt. Dasselbe bildet drei Abtheilungen, in deren unterster die verschiedenartigsten Dinge, in der mittleren die Pokale aller Art, Bücher rc. und in der obersten Gemälde, Glaswaaren rc. sich den Augen der Besucher darbieten. Unter den Gaben, welche uns gleich beim Eingang auffallen und denen wir nicht schon früher eine nähere Beschreibung gewidmet haben, ist, die der Schützen von Bozen, welche im Epheulaub versteckt 12 Ducaten dem glücklichen Gewinner bietet. Im Fenster gegenüber ist der von den Berliner Abgeordneten gegebene Tafelaufsatz aufgestellt. Weiter vor, neben dem Trinkhorn des Herzogs von Coburg und dem des Nationalvereins befindet sich ein mit Blumen geschmückter silberner Tafelaufsatz, es ist die Ehrengabe der Deutschen in Prag; auf sechs Feldern trägt er folgende Inschriften: (Hauptschild.) Ehrengabe der Deutschen in Prag. 2. Schild. Zum Nationalfestschießen in Frankfurt a. M. im Juli 1862. 3. Schild. Auf einer Jagd fängt man nicht alle Wild. (Deutsche Schützen aus Prag.) 4. Schild. „Das ganze Deutschland soll es sein!" 5. Schild.

Zum Ringen gehört mehr als Singen und Klingen. 6. Schild. Gut Heil den Schützen in Frankfurt! (Deutsche Turner in Prag.) Um uns gleichsam das Herz schwer beim Abschied zu machen, so zeigen sich uns am Ausgang des Tempels der Gaben herrlichste, zuerst der Auerhahn der Tyroler mit dem goldnen Halsband vollwichtiger Ducaten, sodann der Becher, resp. die Kanne des Liederkranz und die Gabe der Stadt Wien, ein großer in Elfenbein geschnitzter Becher: Diana und ihre Nymphen vorstellend, wie sie im Bade von Endymion überrascht werden. Das Piedestal, so wie der Deckel und Rand sind geschmackvoll in Silber gearbeitet und schwer vergoldet. Um den Rand des Deckels herum sind die Worte eingravirt: „Die Stadt Wien der Stadt Frankfurt für das Schützenfest." Der Knauf des Deckels formirt das Wappen der Stadt Wien in schöner Arbeit. Vor allen aber macht uns den Abschied schwer eine verführerische Schlange, deren blinkende Windungen gar zu verlockend den schwachen Sterblichen anziehen, wir meinen die Ehrengabe der Stadt Frankfurt, die tausend Schützenthaler, welche unter Glas und Rahmen, mit grünem Laub bekränzt dem glücklichen Gewinner das Herz vor Freude lachen machen. Aber noch eine andere der Betrachtung werthe Gabe steht am Ausgang, es ist die von der Hauptschützengesellschaft in München gestiftete Fahne. Die Münchner wollten, wie unser Brauch, sagt: „Wie unser Brauch, so die Gabe auch" nicht von einem aus den Tagen des Mittelalters stammenden Herkommen ablassen, wonach bei feierlichen Gelegenheiten solche Bannerfahnen geschenkt und im Geist des herrschenden Geschmacks charakteristisch geziert wurden. Das Banner mißt von der Spitze der vergoldeten Bavaria, die in Zinn gegossen ist, bis zum Ende der Stange 12 Fuß, in der Breite der Fahne selbst 3 Fuß 9 Zoll, in deren Höhe 4 Fuß 1 Zoll. Die dunkel gezeichneten Felder bestehen aus dunkelgrünem Sammet, die hellen aus weißem Taffet, mit echten Goldborten und Lihen und der goldgestickten Schrift geschmückt. Helle Bänder in den bairischen Farben, weiß und blau, flattern an den Seiten herab und unten links zeigt sich das bairische, rechts das Münchner Stadtwappen. Auf der Rückseite sind wieder die sechs Eckfelder von dunkelgrünem Sammet und von gleichem Stoffe ist dort das ganze Mittelstück. Das auf der Vorderseite angebrachte Oelgemälde ist ein Gemälde des bekannten Historienmalers Frhrn. v. Pechmann. Während das landschaftliche Motiv in freier Behandlung dem Starenberger See entnommen ist und im Hintergrunde die luftige, warme Abendsonnenbeleuchtung auf den blauen Berglehnen der Benedictenwand zeigt, ist im Vordergrunde eine Kahnfahrt, eine Rückfahrt von einem ländlichen Hochzeitschmäßen, abgebildet, wie es die fröhliche Volkssitte der bairischen Alpbewohner mit sich bringt, welche der Beschauer hier in ihrem kleidsamen Nationalcostüm vor sich sieht.

Vom Gabentempel herabgeflogen lenken wir unsre Schritte nach der Festhalle. Es ist Mittag und wir passiren, im Besitz einer Banketkarte, unangefochten die Chaire der wachehaltenden Turner. Unser Platz in der Nähe der Rednerbühne ist belegt und wir sehen getrost dem Kommenden entgegen. „Sind viele Redner eingeschrieben?" „Wer wird heute sprechen?" „Wer nimmt den Ehrenplatz bei dem Comité ein?" Dies sind die täglichen Fragen an unserem Tisch, welcher die Journalisten der verschiedensten deutschen Blätter vereinigt, deren Zahl sich jedoch von Tag zu Tag verringert, bis zuletzt nur noch die mehrerer bairischen Zeitungen und der eines württembergischen Blattes, so wie die einzelnen Frankfurter übrig bleiben. Hier entwickelt sich eine wahrhafte Neuigkeitsindustrie, jeder möchte von dem andern das Neueste erfahren, und gern theilt der Wissende dem Frager seine Nachrichten mit. Am mißbegierigsten unter allen zeigt sich aber der durch seine Liebhaberreien zu den Berichten Anderer bekannte Frankfurter Redacteur, er ist eben so elfrig im Fragen, wie, da er immer der erste am Platze, unermüdlich im freundlichen Abweisen der nicht an diesen Tisch gehörigen Gäste. Doch jetzt Ruhe, die Trompete ertönt und die Suppe wird gebracht, die wir kaum genossen haben, als auch schon Trompetenruf oder Trommelschlag von der Rednerbühne aus anzeigt, daß wir uns fertig machen müssen, dem Redner zu folgen. Ein Mitglied des Preßcomité's meldet den Namen desselben, der je nach seiner Stellung oder seinem Beliebtsein mit größerem oder geringerem Beifall begrüßt wird. Er beginnt, und während wir bemüht sind, seine Worte auf das Papier zu bringen, drängen sich hinter unserem Rücken allmälig fast sämmtliche Besucher der Halle vor der Rednerbühne zusammen und das Beifalls- und Hochrufen ist manchmal, so glut es auch gemeint ist, nervenerschütternd, betäubend. Mit mehr oder weniger Unruhe geht das Auftreten der einzelnen Redner vorüber, bis endlich, welche Worte an unserem Tisch immer mit Freude begrüßt wurden, das Preßcomitémitglied verkündet, daß das Banket beendet sei.

Während desselben hat sich vor der Halle, durch die Turner zurückgehalten, eine Menge Menschen angesammelt, doch kaum ist der Schluß verkündet, so öffnen sich die bis dahin geschlossenen Pforten: herein fluthet es, Groß und Klein, Familien- und Sippenweise und Jegliches sucht einen Platz zu gewinnen, um ihn für sich und seine Angehörigen mit Beschlag zu belegen, der wo möglich während des ganzen Nachmittags und Abends nicht aufgehoben wird. In dieser Ausdauer ist besonders der Frankfurter groß, welcher, da er nun ein Mal eine Familienkarte bezahlt hat, auch bemüht ist, sich für das Geld möglichst zu amüsiren, das Geld möglichst abzuvergnügen. So kommt es, daß man auf denselben Plätzen, die sie Nachmittags eingenommen, Abends noch dieselben Inhaber

findet und wenn man nach gethaner Arbeit einen der leeren Plätze in der Halle einnehmen will, so tönt einem, gewöhnlich aus jugendlicher Kehle, das schreckliche Wort entgegen „Besetzt".

Und je näher die Nacht, um so gesuchter werden die Plätze, um so größer die Anzahl derer, die keine finden, um so ärger das Gedräng, bis zuletzt in allen Gängen eine Menschenmasse angesammelt ist, von der man sagen kann, daß sie sich nur vor- und rückwärts drückt, denn an ein Gehen ist nicht zu denken; Kopf an Kopf steht hier Alles beisammen und über diesen schwebt eine Staubwolke so dicht, daß kaum die Töne der Musik hindurchdringen.

Aber trotz alledem, trotz den vielen Unbequemlichkeiten herrscht eine Fröhlichkeit, eine Lust, ein Jubeln, Jodeln und Singen, so daß gar keine üble Laune zum Durchbruch kommen kann, Alles ist Freund und Bruder, fein Standes-, Volks- und Religionsunterschied herrscht hier und wenn man es dahin zählen darf, so war diese Harmonie das erste, glückliche Resultat der vielen über Einheit und Einigkeit gehaltenen Reden.

Doch nicht allein beim Banket wurden Reden gehalten, auch des Abends fließen der Reden gar mancherlei aus beredtem Munde und wenn hier überall Berichterstatter und Stenographen zugegen gewesen wären, so hätten sie der Worte manche zu berichten gehabt, die ganz gut den Vergleich mit den bei den Banketten vernommenen hätten aushalten können. Und je näher Mitternacht kommt, um so mehr wächst die Rede-, Umarm- und Kußlust, so daß die Lehrausbrüche der Turner gar oft zu unliebsame Störer zärtlicher und inniger Scenen werden, ihrer Aufforderung aber immer mit größter Bereitwilligkeit gehorcht wird.

Auch wir nehmen von der Halle um Mitternacht Abschied, um des andern Morgens unsere Umschau fortzusetzen und da stößt uns vor dem am oberen Ende der Halle erbauten Pedium für die Sänger, die kleine runde Hütte auf, welche die Arbeit eines denkenden Künstlers enthält, es ist die „deutsche Eiche" R. Siebenpfeiffers. Schon vor drei Jahren trug sich der Künstler mit dem Entwurf einer teutschen Reichsfahne für das Bundesheer und er hat nun seine Idee in einem Denkmal in Erzguß, das die Gestalt eines großen Tafelaufsatzes hat, plastisch verkörpert. Dasselbe ruht auf einem architektonischen, achteckigen Fußgestelle, das mit Bändern und Ornamenten verziert ist, zwischen welchen Wurzeln sich hervordrängen. Das unterste Band trägt als Inschrift die Strophe des Arndt'schen Liedes: „Das ganze Deutschland soll es sein 2c." Auf einem zweiten Bande weist der Künstler auf eine Reihe von Bibelstellen hin, in welchen er sein Vertrauen auf die Hülfe Gottes und die Hoffnung auf den endlichen Sieg der guten Sache ausspricht. Auf diesem Fußgestelle ruht ein walzenförmiger Sockel, der mit einem sinnigen Basrelief geschmückt ist. Die Reichsfahne wird hier den deutschen Heerhaufen, die an ihrem kriegerischen Schmucke leicht erkenntlich sind, von den deutschen Frauen und Jungfrauen, mit Fürstinnen an der Spitze, überreicht. Das ganze Volk eilt freudig herbei, um mitzufeiern das Fest deutscher Einheit. Voran drängt sich die Mutter mit ihren Kindern, welche Blumen streuen; ihr folgt der Lehrer mit seinen Schülern. Der Baumeister steigt mit seinen Gesellen vom Gerüste, um an der Feier Theil zu nehmen. Auf der andern Seite eilt der Landmann, der Jäger herbei. Der Meister (Portrait des Künstlers) verläßt die Glocke, indem er mit dem Hammer auf deren Inschrift „Konkordia" hinweist. Die sinnige Auffassung, die feine Gruppirung, der leichte Faltenwurf der Gewandung geben dem Bilde den Ausdruck großer Lieblichkeit. — Ueber diesem Sockel wächst aus knorrigen Wurzeln eine mächtige Eiche empor. Unter ihren Aesten steht in ganzer Figur Germania, von der Religion und der Kunst mit den entsprechenden Attributen umgeben. Dem reichen Blätterwerk der Aeste, das diese drei Figuren überwölbt, entsprossen die Wappen sämmtlicher deutscher Staaten, die mit dem Ganzen enge verwachsen sind. Ueber dieser Blätterkrone hebt sich der deutsche Reichsadler vom Stumme und breitet seine Fittiche aus. Eine kleinere Blätterkrone beschattet den Reichsadler; auf ihr aber erhebt sich der Erzengel Michael, unter seinen Füßen den besiegten bösen Feind niederhaltend, mit dem flammenden Schwerte und dem schützenden Schilde mit der Inschrift: „Die Rechte des Herrn behält den Sieg". Dieser Erzengel sollte nach der Idee des Künstlers die Reichsfahne schmücken, wie wir es auch auf dem Basrelief am Sockel dargestellt sehen. Das ganze Denkmal hat mit dem hölzernen Untersatz eine Höhe von 10—11 Fuß.

Gleich neben an ist eine Anstalt errichtet, welche wohl die am wenigsten benutzte des ganzen Festplatzes war, die Douche- und Regenbäder, denn da uns der Himmel an den meisten Festtagen in freigebiger Weise mit natürlichen Regenbädern bedachte, so dürften die Schützen auf den Genuß der künstlichen verzichtet haben. Aehnliches kann man nicht von der in der Nähe derselben befindlichen Anstalt für unabweisliche Bedürfnisse sagen, deren Besuch im Gegentheil so zahlreich war, daß das an die dort bedienenden Frauen abgegebene Trinkgeld hunderte von Gulden beträgt.

Haben wir uns die Speisehalle der Warner, Zeiger und sonstigen Bediensteten des Festplatzes betrachtet und die zur Rechten der Schießhalle liegende Büchsenmacherei von Wurtz mit Mithöst besehen, so kommen wir in die Schießhalle selbst. Der Scheiben sind 100 aufgestellt, rechts beginnen die Feldkehrscheiben 20 — 11, dann folgen die Feldfestscheiben Palm, Andreas Hofer, Theodor Körner, Schill und Helmath, von jeder 2. dann die Feldkehrscheiben 10 — 1, nach diesen die Standkehrscheiben 50 — 26, sodann die Standfestscheiben Weser, Elbe, Donau, Rhein, Deutschland, ebenfalls doppelt; darin die Standkehrscheiben 25—1, auf diese die beiden Scheiben der Festschelfe Oder zum Auflegen, worauf die Feldkehrscheiben zum Auflegen 8 —1 den Beschluß der langen Reihe machten.

Jeder Scheibenstand ist mit einem Warner, der die Schießmarken entgegen nimmt, die Scheine über die Schüsse ausstellt, dem Zeiger mit der Leine das Signal gibt und mit einem Zeiger versehen, außerdem sitzt bei jeder Festscheibe ein Schreiber, welcher die getroffenen Punkte in die Controll-Bücher und gleichzeitig auf die Schießkarten der Schützen schreibt. Auf den erhöhten Punkten im Hintergrund der Halle ist überdies ein zahlreiches Bureau- und in der Hütte, welche vor der Schießhalle liegt, ein nicht weniger beträchtliches Cassapersonal beschäftigt. Auf vielen Plätzen der Halle ist folgendes Plakat angeschlagen: „Deutsche! Zeiget bei dem erhabenen Fest deutscher Verbrüderung, daß es der Wille der Nation ist, die Spielhöllen zu stürzen. Darum bleibet weg von den grünen Tischen die das Laster gedeckt hat, wo die Leidenschaft tafelt und Tod und Verzweiflung der Nachtisch sind. An edleren Gaben erfreuet euch in unsern schönen Taunusstädten: an der herrlichen Natur und dem acht deutschen Volk der Hessen und der Nassauer! Einer für viele." Ob viele dieser Warnung gefolgt, wir wissen es nicht, doch sie ist wohlgemeint und Dank dem guten Willen!

Das Leben in der Halle selbst ist für den Laien ein fortwährendes Durcheinander, aber nach längerer Beobachtung merkt man, daß alles in vollkommener Ordnung vor sich geht und die Herrn vom Schießcomité ein scharfes Auge auf jede Unzuträglichkeit gerichtet haben. Der eine Schießplatz wird natürlich mehr umringt, als der andere, je nachdem sich das Publikum seine Lieblinge erkoren, bald ist es ein blutjunger Schweizer, der durch sein Treffen das Erstaunen der Umstehenden erregt, bald ist es ein Tyroler, der wie aus Stein gemeiselt dasteht, anlegt, zielt und so — sieben Mal hinter einander schwarz schießt. Ueberhaupt haben sich die Tyroler trotz ihrer plumpen Waffen die Achtung aller Schießverständigen zu erwerben gewußt und namentlich die Schweizer konnten die Fertigkeit derselben nicht genug rühmen. Die Eingänge zur Halle hüten Portier mit großen breitkrämpigen Hüten, die rothgelben Binden um die Brust, die großen Portierstäbe in der Hand. Den Anfang und den Schluß des Schießens zeigen jedesmal die Schüsse der freiwilligen Artillerie an, deren Campagne-Zelt an dem linken Ende der Schießhalle aufgestellt ist.

So haben wir unsern Umgang auf dem eigentlichen Festplatz beendet, aber wir können denselben nicht verlassen, ohne zweier Umstände zu gedenken, die so verschieden von einander, doch jeder in seiner Art etwas ungemein Sinniges, ja Rührendes haben. Es war an dem Tag, an welchem die kleinen Turner einen wohlverdienten Lohn für ihre Bemühungen erhielten und ihre kleinen Schweizer-Freunde sie zu diesem Triumph begleitet hatten — die Festlichkeit war eben beendet, da zog die Schaar der kleinen Schweizer-Trommler, mit einer Anzahl ihrer deutschen Freunde vor das Wohnungscomité oder vielmehr vor die Brücke, die zu demselben führte. Hier trat ein älterer Schweizer Herr zu ihnen, begleitet von einem lieben freundlichen Mann mit schneeweißem Haar, dem die Freude und die Rührung so recht aus dem Gesichte leuchtete. Nachdem die Jungens auf Befehl des Schweizers mehrere Märsche getrommelt, begann endlich dieser: „Und nun, Jungens, Achtung vor dem weißen Haar! der Herr da, ein berühmter Componist, der möchte gern den Schweizer Sturmmarsch hören und wissen, wie Ihr ihn schlagt, wenn Ihr mit Euren Freunden gen Westen zieht. Achtung, los!" Und die Buben rührten die Trommel, als gälte es eine Welt zu erobern, da „Achtung! Vorwärts Marsch!" und weiter zogen sie, Arm in Arm mit ihren Freunden. — Schnyder von Wartensee aber, denn dies war der Componist, sah ihnen nach und weinte vor Rührung — Andre mit ihm.

Das Zweite, dessen wir gedenken wollen, bevor wir vom Festplatz Abschied nehmen ist, daß in dem Birkengebüsch seitwärts des Postbureau's ein Vögelpaar, trotz des Lärmens, trotz der vielen Menschen und trotz des Kanonendonners begonnen hat ein Nest zu bauen und fortwährend bemüht ist, seine Wohnung mit all' dem Comfort auszustatten, dessen ein Vögel-Ehepaar bedarf.

Und nun zu dem Platze, der dazu bestimmt ist, ein Organ für Jedermann aus dem Volke zu sein, zu dem Platze, auf dem sich in langen Gassen Bude an Bude, Zelt an Zelt reiht, zu dem Platze, auf dessen weiter Fläche Tausende und Abertausende Genuß suchen und Genuß finden, zu dem Platze, auf welchem auch dem größten Enthusiasten für Zukunftsmusik noch nie gehörte Freuden geboten werden, kurz nach dem Platze, den man die Bornheimer Haide nennt.

„Hier ist des Volkes wahrer Himmel,
Hier darf ein Jeder Mensch nur sein",
ja ein Himmel, der aber voller Geigen, Flöten, Guitarren, Drehorgeln 2c. hängt; hier wappne dich, du armes deutsches, so oft durch Musik geplagtes Ohr, hier wappne dich, denn die Töne, die dir hier entgegenschallen, hast du in solcher Fülle, in solch' schönem Durcheinander noch nie gehört — ein wahres Chaos von Tönen wälzt dir hier seine Schallwellen entgegen, doch muthig voran, denn nur in und mit demselben kannst du die Herrlichkeiten des Platzes genießen.

„Wo soll ich beginnen, wo soll ich enden,
Wer führt mich aus dem Wirrwarr raus,"
so frage ich und Ihr, die wir zusammen den Platz besuchen wollen, denn überall winken die Gläser, überall winken die süß-schmelzenden Töne der „Ach, wie wär's möglich dann!" überall schlagen unsern Beuteln geldschmachtende Herzen entgegen. Vorwärts in's Gewühl, doch nein, wir müßten keine Frankfurter Patrioten sein, wenn wir an dem Hauptdepot der „Krebbelzeitung" und „Latern" vorübergehen wollten, ohne uns die neuesten Nummern derselben zuzulegen. Deutlich genug mahnt uns die Inschrift der Bude an diese Pflicht:

„Und wer in Fraukfurt war, der Stadt
Und nicht die Krebbelzeitung hat,
Der war in Rom und muß gesteh'n
Er hat dort nicht den Papst geseh'n."
und
„Ein deutscher Schütz von Herzensgrund
Was thut der wohl ihr Herrn,
Der liest die Krebbelzeitung, und
Bestellt dann die Latern."

Gehoben und gestärkt von diesen herrlichen Versen stürzen wir uns mit Todesverachtung in die Menge; nur keine Angst, immer voran, uns winkt ja der Lohn in Gestalt eines Policinello's, der dort seinen Kasten aufgestellt. Und Wunder: widerspenstige Frauen werden hier gezähmt, Tyrannen erdolcht, Mädchen entführt, Bormänner gewarnt und das Alles durch eine Person; arme Künstler, die Ihr oft Euch abmüht, eine Rolle gut darzustellen, hier könnt Ihr lernen, auf welche Weise man es möglich macht, drei und vier Personen auf ein Mal Leben zu verleihen; hier auf den Hanswurst könnt Ihr ganze Stunden Euer Studium verwenden, und wenn Ihr fertig seid, so habt Ihr doch nur den Anfang seiner Leistungsfähigkeit gesehen.

Doch immer vorwärts, die Töne einer Trompete, deren Bläser die schönste Berechtigung zum Zahnarzt verräth, rufen uns und wir stehen vor einem hier lang nicht gehabten Schauspiel, vor einem Seiltänzer. Sprünge und Schwenkungen aller Art werden hier dem verwunderten Auge geboten, doch also umsonst, hier naht sich der gelbe Teller und mit unserem Scherflein verschwinden auch wir, um den Weissagungen der klugen Frau zuzuhören, die mit prophetischer Miene uns kündet, daß wir in hohes Alter erreichen, und obgleich schon Vater von drei Kindern doch noch acht zu erwarten hätten. Erschreckt durch diesen keineswegs freundlichen Blick in die Zukunft verhüllen wir das Gesicht und unser Geschick wirft uns auf der Schila in die Charybdis, wir gerathen in den Bereich eines Mordgeschichten verkündenden Ehepaars. Die ohrzerreißenden Töne der klagenden Orgel breiten uns auf das Grausenerregende vor und wir hören den der Schweiz passirte „schreckliche Begebenheit, wo eine Mutter aus Geldgärde ihren eigenen, elf Jahre von ihr entfernten gewesenen Sohn ermordete", wir hören den fürchterlichen Kinderraub, und die hohe Macht der Liebe, wir sehen die Mordkammer bei Prag und den Kampf der Süd- und Nordamerikaner bei Poston in Amerika durch den Sclavenhandel verursacht und das verlangen nach dem Vaterlande im J. 1861."

Erschreckt ob dieser Greuelthaten, die wir in unserem civilisirten Jahrhundert nicht mehr möglich gehalten, wenn uns nicht die Geschichte selbst gemalt, in anschaulichen Bildern und gedruckt, schwarz auf weiß vorläge, verlassen wir diese Scene.

Doch jetzt genug des Aufregenden, wir suchen Ruhe, und siehe da, wir finden in der „Sängerhalle" gerade wenig Besucher, lassen uns nieder und wollen eben mit Ruhe ein Glas Bier trinken, da ertönen neben an die hinreißenden Klänge einer Guitarre und mit schmelzender Stimme singt eine schon im Hochsommer weiblicher Blüthe stehende robuste Schöne: „Scheiden thut weh", während ein, die schönsten Hoffnungen in sich tragender jugendlicher Künstler sie mit bewundrungswerther Ausdauer auf der Flöte begleitet. In Furcht, von diesen zauberischen Lauten allzu sehr ergriffen zu werden, eilen wir fort, doch an der Thür empfängt uns schon wieder ein Orgelspieler mit der italienischen Volksstimme: Evviva Garibaldi e la libertà!", dem auf dem Fuß ein Landsmann mit einem beutelustigen Affen folgt.

Können wir denn nirgends Ruhe finden? Doch, da drüben winkt ein academisch und mimisch-plastisches grand cabinet de Paris, wir treten näher, doch nicht ein, da die Inhaber zu bekannte Frankfurter Kinder sind, als daß wir bei ihnen Unterkunft suchen sollten, aber gleich nebenan ist ein Tanzsalon, es ist gerade Pause, wir bezahlen 6 kr. Eintrittsgeld und sind für den Augenblick geborgen, bis die Musik auch hier wieder beginnt und uns unaufhaltsam weiter treibt, denn Musik ist überall und mancher Theaterdirector, der seine Wolfsschlucht noch nie bis zu einer gewissen Vollendung brachte, könnte hier Consturdien machen — die ganze Halde ist in dieser Beziehung eine Wolfsschlucht.

Aber bei dem mancherlei Volk, das hier zusammengekommen, war das Leben und Treiben doch von einer solchen Gemüthlichkeit, Fröhlichkeit und Einigkeit durchweht, daß uns nur sehr wenige Fälle bekannt sind, wo die am Eingang des Platzes aufgestellte Wache einschreiten mußte.

Ueberall Lust und Freude, Jubeln und ausgelassenes Scherzen, an dem selbst alte und gesetzte Personen theilnahmen; wir selbst haben uns bekannte, sonst sehr phlegmatische Engländer mit hellem Frohlocken auf die Pferde der Caroussels springen sehen. Wenn es ihnen gelang, einen der geflügelten Engel zu erhaschen, so war die Freude erst recht groß und mit wahrem Entzücken wiegte sich das eine dieser alten Kinder in den ausgebreiteten Flügeln des Holzengels, während das andere mit dem Holzpferd des Caroussels um den Preis feilschte, für welchen es ihm gestattet sei, die Pauke des Instituts zu schlagen.

Doch lassen wir jetzt die Fröhlichkeit da draußen und verfügen wir uns in die Stadt um zum Schluß das Feierkleid, das dieselbe angelegt, mit etwas Muße zu betrachten.

Geschmückt stand sie da, in einer Weise, wie wir sie kaum an dem hoffnungsreichen Einzuge des Erzherzogs-Reichsverwesers gesehen, weit schöner als am Schillerfeste vor nunmehr bald drei Jahren. Durch welches Thor man auch hereinkam von den festlich verzierten Bahnhöfen, mit um Scheiben gereihten Laubenbündeln in den deutschen Farben und denen der Stadt waren die Pfeiler der Barrieren rings gekrönt und der Blick in die Straßen erschaute keine grauen Häuserfronten, sondern eine grünschattige Allee von jungen Fichtenbäumen, über denen Kränze und Guirlanden, Teppiche und allegorische Gemälde, Statuetten, farbige Arabesken, Willkommensgrüße, Sinnsprüche rc. bis hinauf in die höchsten Stockwerke die Architectur verhüllten, während schwarz-roth-goldne Fahnen, verhältnißmäßig nur selten mit andersfarbigen Fahnen abwechselnd, groß und klein, in allen denkbaren Formen, sich aus allen Fenstern über die Wipfel der Fichtenalleen hinausneigten, die Straße, wo sie ein wenig eng, fast wie ein vielfarbiger Baldachin überdachten. Riesige Flaggen, immer wieder in denselben Farben, überstiegen hier und da noch diesen Fahnenwald und sanken mit ihrem majestätischen Faltenwurfe von Firsten der höchsten Gebäude hernieder bis zu den Fenstern des Erdgeschosses. Antwerts trugen auch venetianische Masten den Schmuck des deutschen Banners hoch in die Luft empor. Alle öffentlichen Gebäude, Römer, Börse, Theater, die Stadtthürme nahmen an dem Festschmucke Theil und die Schiffe in dem Hafen hatten ihre schönsten Flaggen auf den Masten aufgehißt. Da und dort erhoben sich prächtige Ehrenpforten in frischem Grün, von lichten Blumen durchleuchtet, mit Flaggen und Emblemen der verschiedensten Art in überquellendem Reichthum geschmückt.

Was aber als das Bezeichnendste erschien, das war: daß auch die ärmsten und engsten Gäßchen, die kleinen und kleinsten Häuser, welche keine Hoffnung hatten, in der allgemeinen Pracht beachtet zu werden, des heiteren Schmuckes der Freude nicht entbehrten. Ja selbst die kaufmännischen Schaufenster, die Metzgerschirren, die Bäderladen waren in Gebüsch und Blumenbeete verwandelt, vor den Gast-, Wein- und Bierhäusern luden moosige Sitze unter schattigen Bäumen zur Ruhe ein und selbst die Droschkenkutscher, Brezeljungen und Colporteure hatten sich und ihr Geschäftszeug becorirt.

Alle besondern Einzelheiten anzuführen ist bei dieser ungeheuren Menge der Verzierungen nicht möglich, denn wenn wir auch bemerken, daß die Judengasse wie ein im schönsten Blumenflor stehender Garten prangte, wenn wir auch sagen, daß die Neugasse, die Vorgasse und andere kleinen Straßen, der größeren gar nicht zu gedenken, prächtig geschmückt waren, so würde wieder eine andere Straße von sich das Gleiche und mit Recht behaupten. Einige Inschriften haben wir uns gemerkt, so prangte am Domplatz der Wunsch:

Möge die bei fröhlichem Feste der Einheit gestreute Saat
In Vaterlandsliebe keimend reisen zur kalbigen That.

In der Friedbergergasse redet ein Spruch die Schützen an:
Des Vaterlands Größe, des Vaterlands Glück,
O schafft sie, o bringt sie dem Volke zurück.

In der gleichen Straße heißt es ferner:
Frankfurtia grüßt Euch tausendfach
O bleibet einig, bleibet wach!

Die Altgasse hat einen großen Triumphbogen aufgerichtet, auf dessen einer Seite ein Turner, Schütze und Sänger sich die Hand reichen, mit der Unterschrift:
Ob Fels und Eich zersplittern
Wir werden nicht erzittern,

während auf der andern Seite der Schwur auf dem Rütli die bekannten, aber nicht genug zu beherzigenden Worte trägt:
Wir wollen sein ein einzig Volk von Brüdern
In keiner Noth uns trennen und Gefahr.

Weiter hinauf in der Altgasse mahnen folgende Worte die Schützen:
Ihr Schützen wacht am Ostseestrand
Und schirmt das deutsche Vaterland
Es soll der freie deutsche Rhein
Der Schützen Hut vertrauet sein.

In der Schäfergasse grüßt der schön gezierte Tannenhirsch:
Gruß den Schützen, fern und nah
Heil dir, heil Germania!

Ein weiterer Spruch in derselben Gasse spricht in kräftigen Worten den Gedanken aus, der dem Schützenfest zu Grunde liegt:
Willkommen ihr freien deutschen Gäste,
Wir reichen euch die Bruderhand,
Beim ersten deutschen Schützenfeste
Zu gründen ein einiges Vaterland.

An dem Hause eines schon lange in unsern Mauern weilenden Franzosen in der neuen Mainzerstraße lesen wir folgende, in französischer Sprache geschriebene, aber wahrhaft deutsch gedachte Inschrift:
Pourquoi la guerre! egaux par la vaillance
Anglais, Français, Russe, Suisse et Germain,
Peuples, formez une sainte alliance,
Et donnez vous la main.

Den Hirschsprung in der Fahrgasse schmückte ein großes, schwarz-roth-goldenes Transparent mit den schönen Worten:
O sei gegrüßt Du Einheitsfarbe,
Erhoben hat das Vaterland
Dich hoch gleich einer Himmelsgarbe,
Ihr Deutschen reichet Euch die Hand,
Und fühlet mächtig, daß nur frei
Das Vaterland doch Einheit sei.

In der gleichen Straße hatte ein Tabakshändler eine originelle Decorirung seines Locals vorgenommen. Ueber der Thüre des Verkaufslocals sah man einen 4 V. Schuh hohen, aus lauter Tabaksblättern geformten Schützen, der kunstgerecht mit seiner Büchse anschlägt, ausgestellt.

Das Gasthaus zur Stadt Darmstadt in der Fischergasse trug eine Decoration, welche zu den ausgezeichnetsten der ganzen Stadt gehörte, nämlich eine Germania, von Herrn Margraf im Städel'schen Institut unter Leitung des Herrn Professors J. Becker gemalt. Der talentvolle junge Künstler hatte die Idee glücklich gefaßt und ausgeführt; er hatte eine Germania geschaffen, die in ihrer stolzen, selbstbewußten Haltung der am Bilde befindlichen Inschrift entsprach:
So sollst Du stehn, mein deutsches Vaterland,
Das Banner hoch, das Schwert zur Hand.
Dein Volk geeinigt unterm schwarz-roth-goldenen Panier,
Und einer Welt in Waffen trotzen wir.

Das Hessen-Denkmal vor dem Friedbergerthor war von Seiten der Kurhessen mit venetianischen Masten, von denen schwarz-roth-goldne und roth-weiße Flaggen herabwallten, mit Kränzen und Gascandelabern geschmückt worden und der Eschenheimerthurm, dieses alte Wahrzeichen unserer Stadt trug sinnig verziert die Inschrift:
Nach dieses Thurmes Wetterfahn,
Ein Wildschütz schoß da einst hinan,
Und mit neun Kugeln schoß er fein,
Den schönsten Neuner da hinein.
Und heut bei Deutschlands Schützentag
Da guckt hinauf und macht's ihm nach.

Sogar die Gefangenen der Constabler-Wache hatten decorirt und die Hauptwache trug außer der Tricolore die Farben sämmtlicher hier garnisonirenden Landeskinder.

Außer der Altgasse hatte auch die Bockenheimergasse, die Krögerstraße Triumphbogen und die Graubengasse deren sogar zwei errichtet, von denen der nach der Töngesgasse zu ein Transparent, die Germania zeigte, mit den Worten:
Weil diese Gasse eng und klein
Und auch ein schlechtes Pflaster drein,
Und wenig Schützen einquartirt,
D'rum wäre die Pforte doch geziert,

während der nach der Schnurgasse einen Reichsadler mit ausgebreiteten Schwingen blicken ließ, mit dem lustigen Verslein darunter:
Wär' diese Gasse zehn Schuh breiter,
Lang wie die Zeil und noch was weiter,
Viel Schützen hätten dann Quartier,
Wir wollten keinen Dank dafür.

Die Decoration der Lederhalle (Schweizerhof) haben wir schon früher beschrieben und wenn wir der im Vorbeifahren gesehenen Verzierungen der Wirthschaft des Hrn. Vollmer in der Haasengasse, des Cafe's Germania und des russischen Hofs gedenken, so dürfen wir doch auch nicht vergessen, daß das Bundespalais mit zwei schwarz-gelben und einer schwarz-roth-goldenen und das Hotel der französischen Gesandtschaft mit einer großen französischen und einer großen deutschen Fahne geschmückt war, ebenso die einzelnen Casernen mit den Fahnen ihres Landes. Im Allgemeinen waren, nach einer Zusammenstellung der

„Südd. Ztg." von folgenden Gesandtschaften die deutschen Fahnen nebst den landeseigenen aufgehißt von: Preußen, Baden, den sächsischen Herzogthümern, Braunschweig und von den freien Städten (vom Großherzogthum Hessen, wenn auch nicht durch den Gesandten, doch an dem Darmstädter Hof, der von dem Großherzog den Ständemitgliedern zur Beschauung des Festzuges zur Verfügung gestellt war); nur die landeseigenen von Oesterreich, Bayern, Luxemburg; gar keine von Sachsen, Hannover, Württemberg, Kurhessen, Holstein, Mecklenburg, Oldenburg und Anhalt, und von der 16. Kurie.

Daß, wenn Frankfurt schmückt, Sachsenhausen nicht zurückbleibt, versteht sich bei dem patriotischen Sinn unserer Nachbarn von selbst. Die Brücke schon war zu beiden Seiten mit Tannen- und Fichtenbäumen besteckt. Am obern Ende der Brückenstraße, wo sich Wallstraße, Kirchhofstraße und Schulstraße kreuzen, stand ein aus Laubwerk geschmackvoll errichteter Triumphbogen ein Viereck bildend. Derselbe trug vier Inschriften: von der Brückenstraße aus las man: „Dem deutschen Wehrstand!" auf der entgegengesetzten Seite, nach der Kirchhofstraße zu, stand:

Größern Ruhm kann nie ein Herz erwerben,
Als treu zu sein im Leben und im Sterben.

Die Inschrift nach der Schulstraße zu hieß: „Dem deutschen Lehrstand!" und nach der Brückenstraße war zu lesen: „Dem deutschen Volksnährstand!" Das schön verzierte Wissenbach'sche Haus in der Brückenstraße trug eine Germania, mit der Inschrift:

Die rost'ge Kette ist für Thoren,
Für freie Männer Büchs und Schwert.
Noch ist die Freiheit nicht verloren,
So lang ein Herz noch sie begehrt!

In der Löhergasse am Gärtner Rumbler'schen Hause hatte man ebenfalls eine Germania angebracht, mit folgenden Worten:

Ist Einheit unter den Meinen,
Dann werde ich erscheinen
Als ein Theil der Macht,
Die über Europa's Schicksal wacht.

Originell waren die Häuser der Gebrüder Freyeisen in der kleinen Rittergasse und in der Klappergasse decorirt. Beide, welche als gewandte Waidmänner bekannt sind, hatten an ihren Gebäulichkeiten unter den Laubgewinden eine große Masse von Jagdemblemen, ausgestopfte Hirsch- und Rehköpfe, Eichhörnchen und sonstiges Gethier des Waldes in recht passender Weise angebracht, so daß das Ganze einen namentlich für Schützen und Jäger höchst pikanten Anblick gewährte.

Und wie in Frankfurt sich die kleinsten Häuser und die kleinsten Gäßchen in Schmuck hervorgethan, so gab es auch in Sachsenhausen kein Haus, selbst nicht in dem engsten Gäßchen, das nicht ein festliches Kleid angezogen. Aus allen Inschriften leuchtete aber der Wunsch nach Einigung heraus und selbst durch Thür und Wand drang dieser Gedanke, wie wir denn selbst im Innern der Häuser sinnige Inschriften und prächtigen Schmuck vorgefunden haben.

So sind wir am Ende unsrer Festbeschreibung angelangt, hoffend, daß dem Leser dadurch ein Bild des Ganzen geschaffen worden ist und er in diesen Blättern für spätere Zeiten eine Erinnerung an die große nationale Feier findet. Möge sie eine freundliche sein!

———

Verklungen sind die Reden, verhallt ist der Jubel, verschwunden der Schmuck der Straßen, verschwunden die stolz wehenden Tricoloren, eingestellt unter den Augen des versammelten Volks in die ehrwürdigen Hallen des Kaisersaals, anvertraut der Obhut der Obrigkeit sind die schönsten Zeichen des Festes, die herrlichen Banner. — Das Fest ist vorüber!

Aber nicht vorüber sollen sein seine Wirkungen, im Gegentheil, immer weiter und weiter soll es seine Kreise ziehen und immer weiter seine Bogen spannen, bis es endlich Alles umfaßt hat, festhält und so Stein auf Stein an einander setzt zu dem großen Tempel der Einheit.

Hiezu möge ein Jeder in großen und kleinen Kreisen sein Scherflein beitragen, möge die Jugend dem Alter helfend und stützend, das Alter aber der Jugend warnend zur Seite stehen, damit weder durch allzu große Eile Alles verdorben, noch durch Verstnkenlassen der jetzt hochfluthenden Wogen ein stehender Sumpf daraus werde!

Möge Jeder in der Brust das Herz warm halten für das Vaterland, warm halten für das Recht und möge Jeder, wie ein Redner hoffend aussprach, seinen Eigenwillen dem Gesammtwillen unterordnen, auch wenn es weh thut!

Und diese Worte rufe ich, wenige Tage nach dem Schluß des schönen herrlichen Festes Euch zu, Ihr drittes Glied im Trifolium der deutschen Beschreibung, diese Worte rufe ich Euch zu, Ihr Sänger Frankfurts; geht endlich in Euch, laßt die Sondergelüste fahren, stumpft überall die Spitzen ab, welche Eurer Einigung im Wege stehen und trachtet darnach, daß, wenn abermals ein Fest der Einigung in Frankfurts Mauern gefeiert wird, Ihr nicht wie diesmal einen Mißklang in Euere schönsten Lieder bringt, trachtet darnach, daß Ihr dann nicht das traurige Bild der deutschen Zersplitterung in dem kleinen Frankfurt selbst darbietet! ———

Am Schluß bleibt uns aber noch eine Pflicht zu erfüllen, nämlich den Männern von ganzem Herzen den Dank auszusprechen, welche als Comité-Mitglieder so unermüdlich, aber auch mit so glänzendem Erfolge uns dieses große Nationalfest vorbereitet, geleitet und zu Ende geführt haben. Wir können diese Aufgabe nicht besser, unser Aller Gefühle entsprechender und dieser Männer würdiger lösen, als es Heribert Rau beim letzten Bankett des Comité's gethan. Mögen seine Worte unser Aller Dank aussprechen. Sie lauten:

„Deutsche Brüder! deutsche Schwestern! Es ist hoch Mitternacht! Das schöne, herrliche Fest, welches wir hier gefeiert, ist vorüber. Seine sonnigen, wonnigen Tage sind hinabgesunken in den Ocean der Vergangenheit; es ist vorüber gerauscht, wie ein reiches Jahr, das uns der köstlichen Früchte viel gebracht. Wenn aber ein altes Jahr mit seinen Stürmen und Kämpfen, seinen Freuden und Leiden verflossen und ein neues an die Pforten der Zeit pocht, da ist es gebräuchlich, daß wir mit hoffender Seele dem neuen einen freudigen Gruß, ein jubelndes Prosit-Neujahr bringen. Meine Freunde! es gemahnt mich, als ständen auch wir, als stände Deutschland an der Schwelle eines neuen großen Zeitabschnittes; — als dürften auch wir Deutschen mit dem Hinabsinken dieser Tage neue Jahrzehnte, ein neues Jahrhundert begrüßen! Wohl liegen auch hinter uns der Stürme und Kämpfe gar viele, aber auch wir wenden uns mit hoffender Seele dem neuen Morgen zu, dessen munterer Hahnenschrei dies erste deutsche Nationalfest war. Meine Freunde! wollen Sie die Morgenröthe dieses neuen Tages, dieses neuen Jahrhunderts sehen? dort spiegelt sie das Banner Deutschlands ab: Schwarz ist die hinabgesunkene Nacht, roth erglüht die Aurora der neuen Zeit, und golden steigt für unser großes, schönes, deutsches Vaterland die Sonne der Einheit, der Macht und der Größe auf! (Bravo!) Aber der tüchtige, der wackere Mensch geht einem neuen Zeitabschnitte nicht leichtsinnig entgegen. Auch wir, die wir hier versammelt waren, wollen dies nicht. Nicht nur zu Lust und Jubel, zu freudigem Beisammensein und Toasten waren wir hier! — nein! — ein edler Same ward hier auch ausgestreut, große Gedanken machten sich geltend, edle Entschlüsse reisten, Hochgefühle schwellten die Brust. Lassen Sie uns denn auch in die neue Zeit diese Gedanken und Entschlüsse als tüchtige und wackere Männer hinübertragen, daß sie zu schönen und großen Thaten werden! (Bravo!) Bringen wir, getragen von diesem Vorsatz, dem neuen vor uns auftauchenden Jahrhundert ein jubelndes Prosit-Neujahr! (Prosit-Neujahr mit lautem Jubel.) Aber, meine Freunde, ich habe noch etwas auf dem Herzen. Wenn ich jetzt in Gedanken in das neue Morgenroth schaue, das uns hier umglüht, so sehe ich einen schönen Stern uns entgegenblinken. Dieser Stern, es ist einer unserer tüchtigsten und wackersten Mitbürger — ein Mann, dem unser Fest viel zu verdanken hat, — ein Mann, der sich mit großer Aufopferung und Liebe der Ausführung des großen Nationalfestes hingegeben! Ich glaube, Sie werden mir entgegenjubeln, wenn ich Ihnen seinen Namen nenne; es ist der Präsident der Gesammtcomités, unser trefflicher Dr. Sigmund Müller! (Langdauernder Jubel.) Meine Freunde! Als vor kurzer Zeit die Elemente diese schöne Halle mit ihrer Wuth bedrohten, als ein furchtbarer Orkan über sie hintobte, sie in ihrer Grundfeste erschütterte und theilweise zertrümmerte, — da war es dieser wackere Mann, der der deutschen Eiche gleich fest und unerschütterlich stand und mit ungebeugtem Muthe rief: „Und wir feiern unser Fest doch zur bestimmten Zeit!" — Da war er es, dessen feuriger Muth auch alle Andere begeisterte, so daß wir ihm zum großen Theil verdanken, daß das Fest zur bestimmten Zeit gefeiert werden konnte, und so herrlich und so erhaben ausfiel. (Bravo!) Unser wackerer Dr. Sigmund Müller — wie alle die übrigen Comitémitglieder — hat der Mühen und Anstrengungen so viele gehabt; aber er wie alle die übrigen Herren des Comités haben sie mit riesiger Ausdauer, mit unerschütterlichem Eifer überwunden; was die Gesammtnation ihnen zu danken hat, wissen Sie Alle! Bringen wir haben unserem hochverehrten Mitbürger, dem wackern Präsidenten des Gesammt-Festcomités, Herrn Dr. Sigmund Müller — bringen wir allen einzelnen Mitgliedern sämmtlicher Comités voll Dank und freudiger Anerkennung ein dreifaches, donnerndes Hoch! Hoch! Hoch!"

Anhang

zur Festbeschreibung des ersten deutschen Bundesschießen, abgehalten zu Frankfurt am Main im Juli 1862.

Anhang
zur Festbeschreibung des ersten deutschen Bundesschießen in Frankfurt a. M.

Schützengruß von Frankfurt.

Seid herzlich all' gegrüßt aus allen Gauen,
Willkommen hier in unsrer freien Stadt!
Seid all' gegrüßt von uns und unsern Frauen,
Ihr Wackern, die das Fest gerufen hat!
Es herrsche Freundschaft hier, nicht Rang und Stand,
Ihr Schützen all', reicht uns die Bruderhand!

O, seid willkommen all', ihr Stammgenossen,
Ihr Alpensöhne der Helvetia!
Und alle, die Germaniens entsprossen,
Ihr wackern Schützen all' von fern und nah!
Nun knüpfe heute sich ein Freundschaftsband!
Ihr Schützen all', reicht uns die Bruderhand!

Mag Eintracht nun das schöne Fest beleben,
Sie sei ein jedes Ehrenmannes Ziel!
Wir wollen redlich und gemeinsam streben
Es walte stets ein Ernst im heitern Spiel!
Wir grüßen heut in Euch das Vaterland,
Ihr Schützen all', reicht uns die Bruderhand!

Heil allen Euch, ihr Söhne aller Lande,
Willkommen in der freien Stadt am Main!
Hoch, dreimal Hoch, Germaniens Stammverwandte,
Wir wollen stets ein Volk von Brüdern sein!
Geheiligt sei das theure Vaterland,
Drum reicht uns treu im Bund die Bruderhand!
                        E. H. Ehrt.

„In das Centrum!"
(Willkommen den Schützen.)

Seid willkommen wackre Schützen,
In des Maines freiem Thal!
Tücher weben, Augen blitzen,
Herz in Herzen pocht der Strahl.
Seht die Straßen hell geschmücket,
In die Stadt zog unser Wald,
Seine grünen Söhn' entrücket.
Grüßt er — Jubel wallt und schallt:
„In das Centrum! in das Centrum!"
Frankfurt öffnet euch sein Herz. —

O ihr wundervollen Tage
Unseres Vorparlaments,
Fast schon wie verklung'ne Sage,
Ein vom Nord zerstörter Lenz:
Saget an, kehrt ihr denn wieder
Mit den Hoffnungen so schön?
Rauscht des Doppelaars-Gefieder!
Wieder prächtig von den Höh'n?
Frankfurt wieder Deutschlands Centrum!
Frankfurt wieder Deutschlands Herz! —

Eine Scheibe seh' ich prangen —
Schwarzrothgold — wie's strahlt und funkt! —
Noch der Mitte zielt Verlangen,
Nach der Mitte Mittelpunkt!
So in unsres Welttheils Mitte

Steht mein Deutschland herrlich da,
Und als Ziel der frohen Schritte
Dich, o Bundesstadt, ich sah —
Freu' dich, Frankfurt, Centrums Centrum,
Zeig' dich, als des Herzens Herz! —

Strömt aus Süd und Nord ihr Mannen!
Strömt aus Ost und West heran!
Laßt uns Neid und Streit verbannen —
Seht, hier mündet Bahn um Bahn!
Rhein und Main eint Süd und Norden;
Donau einet Ost und West —
Also strömet aller Orten
All' in Eins! o welch' ein Fest! —
Strömet, Blutadern, in das Centrum;
In Schlagadern flamme, Herz!

Ha, Tyroler mit dem Stutzen,
Deine Feder steht dir gut!
Schwed', ein Aar zu Schutz und Trutzen,
Ob der Firn, zu Deutschlands Hut! —
Seht, die Schweizer! — Hochwillkommen!
„Grüß' Di Gott", Freund Eidgenoß!
Nicht auf's Korn sei heut' genommen
Ein „Zankapfel", Tell's Geschoß! —
Eure Kugel blitz' ins Centrum,
Doch der Blick ins Bruderherz. —

Euch ein „Hoch" aus offner Halle,
Völker nah' und fernen Stamms! —
„Einer Menschheit sind wir Alle!"
Seel' in Seele tön' und flamm's! —
Deutschland möcht' euch all' versöhnen,
Deren Streit uns oft zerreißt;
Und als Kaiser möcht' es krönen
Den befreiten Menschengeist!
Zielet Alle „in das Centrum"
Das ist, lieberglüht, das Herz!

Offen stehen viele Scheiben —
Voll um Voll ring' um den Preis:
Das soll „Schützenkönig" bleiben,
Das den Kern zu treffen weiß! —
Uns doch lasset Eine Scheibe!
Hüten wir sie treu und gut,
Dann auch sorgen wir, daß bleibe
Euch der Sonne Licht und Gluth.
Deutschland auf! du bist das Centrum
Halt dich wacker, Böllerherz! — —

Ach, noch bist du nicht gekommen,
Tag, der endet jede Noth;
Noch ist's nebelhaft, verschwommen,
Schwarz noch zwischen Gold und Roth! —
Aber heute schweige Klage,
Denn die Freude hat den Thron;
Ringt auch Nacht noch mit dem Tage,
Siegen wird die Nation.
Ihre Sonn' im Himmels Centrum,
Wird durchglüh'n dann jedes Herz! —

Wenn dann Parlamente tagen
In der Mainstadt frisch und frei;
Feuerzeichen rings es sagen,
Daß es eine Wahrheit sei:
Dann kommt wieder, herz'ge Gäste,
Kommt in hundertfacher Zahl
Zu der Feste höchstem Feste
In des Maines freiem Thal. —
Hoch dann rufe: „in das Centrum!"
Frankfurt, dann des Herzens Herz! —
Leopold Stein.

Der Schweizer Schützengruß
an die deutschen Schützenfreunde in Frankfurt am Main.

Hoch von des Rheines Quellen, von luft'ger Alpenwand,
Wo mit dem ew'gen Gletscher die Rebe sich verband,
Wo an die Felsenriesen die Flur sich üppig lehnt,
Wo sich des Stromes Brausen zum stillen See gewöhnt;

Wo frei auf Bergeshöben die Alpenrose glüht
Und kühn die grauen Firnen der stolze Aar umzieht, —
Da kommen wir gezogen her an des Maines Strand
Und bringen tausend Grüße vom freien Schweizerland.

Was trieb uns wohl herunter in Waffen und in Wehr
Zu Euch in solcher Menge, ein stattlich' kleines Heer?
War's wohl der Glanz des Festes, war's lockender Gewinn?
O nein! — es trieb die Söhne der Alpen höh'rer Sinn.

Zu manchem Freundesfeste rief uns ein herzlich Wort,
Doch aus den stillen Thälern nur wen'ge zogen fort!
Es donnerten die Büchsen in manchem Nachbarland,
Und ruhig ließ der Schweizer die Waffe an der Wand.

Doch als die Jubelstimme erscholl vom Vater Rhein:
„Es ziehen meine Söhne hinunter an den Main,
Die Waffen zu erproben, zu üben Aug' und Hand,
Zu schlingen immer enger das deutsche Bruderband,"

Da dachten wir der Eintracht, die frei uns selbst erhielt;
Da trieb's hinaus uns Alle, was lange wir gefühlt,
Dem Brudervolk zu künden, zu reichen unsre Hand
Der Eintracht, neu erstanden im deutschen Nachbarland.

„Seid einig, einig, einig!" rief einst des Sängers Mund.
„Ein einig Volk von Brüdern!" er rief's dem Schweizerbund.
Er rief's dem deutschen Schützen, zu legen Hand in Hand;
Er rief's aus tiefster Seele dem ganzen deutschen Land.

Auch wir, die nur durch Eintracht erreicht, was Euer Stern,—
Ein glücklich freies Leben, von jedem Drucke fern,
Wir rufen mit dem Dichter Euch zu das große Wort:
Seid einig, Hermann's Söhne, seid einig fort und fort!

Seid einig, wie die Schweizer in Noth und in Gefahr,
Wollt frei ihr sein und mächtig. Denn blieben nicht, fürwahr,
Die zweiundzwanzig Brüder zusammen fest und treu,
Sie wären längst vernichtet, die Freiheit längst vorbei.

Seid einig erst ihr Schützen, des Landes Kraft und Wehr,
Der Freiheit stärkste Säule in Zeiten bang und schwer!
Seid einig, daß im Reiche sich bild' ein fester Kern;
Denn Sturm und Wetter droben von Außen nah und fern.

Seid einig, dann, ihr Bürger, ihr Völker allesammt!
Es seien eure Herzen für Eines nur entflammt!
Nicht Hessen und nicht Schwaben, nicht Preußen, nicht Tyrol—
Deutschland sei das Eine, das Euch verbinden soll!

Seid einig — und erzittern wird dann der stärkste Feind
Vor Euern scharfen Büchsen, nach einem Ziel vereint!
Seid einig, einig, einig! — dann trifft der schwächste Schuß!—
Das ist, ihr deutschen Brüder, der Schweizer Schützengruß!
J. Oswald-Schoen.

Festgruß
der Schützen von Plauen im Voigtlande.

Nach L. Methfessel's Weise:
„Hinaus in die Ferne
Mit lautem Hörnerklang" ꝛc.

Nach Frankfurt am Maine
Die deutschen Schützen zieh'n,
Vom Elbstrom, vom Rheine,
Aus Wien und aus Berlin,
Sie zieh'n zur Stadt, wo hoch in Majestät,
Das schwarz-roth-goldne Banner All' Teutschlands weht.

Nach Frankfurt am Maine,
Zum Fest, wie kein's noch war,
Zieht auch eine kleine,
Doch treugesinnte Schaar.
Von Voigtlands grünen Höh'n am Elsterfluß,
Und bringt aus deutschem Herzen den biedern Gruß.

Nach Frankfurt am Maine
Zog's mächtig uns und stark,
Zu steh'n im Vereine
Mit Teutschlands bestem Mark!
Du deutsche Stadt! Ihr Schützen allzumal!
Gegrüßet seid, gegrüßet viel tausend Mal!

Zu Frankfurt am Maine,
Der alten Kaiserstadt,
Da reden die Steine,
Wenn Niemand Worte hat:
Da klingt der alte Ruhm zum Dom heraus,
Der Traum der neuen Hoffnung — aus anderm Haus.

Zu Frankfurt am Maine,
Wo viel versank in Nacht,
Mit hellerem Scheine
Die Sonne wieder lacht,
Wenn Mannestraft, die kühn vom Auge blitzt,
Nach Schützenbrauch das Banner von Teutschland schützt.

Zu Frankfurt am Maine,
Du deutscher Schützenbund,
Gelob's im Vereine
Mit Herz und Hand und Mund:
Wir deutschen Schützen steh'n, ein mannhaft Heer,
Allwegs dem Vaterlande zu Ehr' und Wehr!
Gustav Heubner.

Deutsches Schützen-Trinklied. *)
Gedicht von Müller v. d. Werra.

Die Schützen sind ein frisches Volk
 Zu Stadt
 Und Land,
 Wie man kein munt'rers hat
 Und treuers fand!
Drum lassen sie sich's wohl auch sein:

---

*) Vorstehendes Lied hat der Dichter zum deutschen Schützenfeste der verbündeten Mäunnergesangvereinen in Frankfurt a. M. gewidmet und zwar mit einer Originalcomposition des berühmten Liedercomponisten C. Kunze, Königl. Musikdirector in Aschersleben.

Bringt Wein,
Schenkt ein!
Ihr Brüder, bringt's euch zu
Auf Du und Du!

Die Schützen sind ein frohes Volk
Zu Stadt
Und Land,
Sie kämpfen kühne That
Und halten Stand!
Drum singen sie froh im Verein:
Bringt Wein,
Schenkt ein!
Hoch leb' zu jeder Stund'
Der Schützenbund!

Die Schützen sind ein freies Volk
Zu Stadt
Und Land,
Sie halten kurzen Rath,
Gehn Hand in Hand!
Drum jubeln sie auch drauf und drein:
Bringt Wein,
Schenkt ein!
Den Stutzen nehmt zur Hand
Für's Vaterland!

An die Tyroler.

O Wonneland Germanias
Du herrliches Tyrol!
Wie schlägt das deutsche Schützenherz
Entgegen Dir so voll!
Von meinem Leib bist Du ein Glied,
Dein Land ist deutsch, deutsch ist Dein Lied,
Bewährt in bösen Tagen.
Hat deutsch Dein Herz geschlagen.

O Lieblingssohn Germanias
Mein Bruder aus Tyrol!
Wie thut dem deutschen Auge doch
Dein Anblick hier so wohl!
Dein Adler auf dem Schützenhut
Roth ist er von des Erbfeinds Blut,
Dein Fähnlein ging in Ehren
Bei den Franzosenheeren.

O Herzenskind Germanias!
Mein Herz ist übervoll!
Bring diesen Bruderkuß und Gruß
Ins herrliche Tyrol;
Zeig ihm das schwarz-roth-goldne Band
Und sag ihm, was Dein Herz empfand,
Als wir das Banner weihten!
Heil ihm für alle Zeiten!

C. Frhr. v. Cors berg.

Schützengruß.

Für die jugendlichen Führer gedichtet von J. Schönhof.

Musik von H. Heßl.

Schützen Ihr, von Nah und Fern,
Eure Führer sind wir gern!
Wo Ihr, Schützen, kehret ein,
Werdet Ihr willkommen sein!
Alle freu'n sich solcher Gäste,
Bei dem schönen deutschen Feste.

Schützen, Schützen, kommt heran,
Thür ist gastlich aufgethan.
Schützen Ihr, von Nah und Fern,
Eure Führer sind wir gern!
Wo Ihr, Schützen, kehret ein,
Werdet Ihr willkommen sein! —

Voller Jauchzen, voller Lust
Pocht das Herz uns in der Brust!
Führen heute Euch in's Haus;
Später führt Ihr uns hinaus,
Wenn es gilt einst Deutschlands Ehre,
Zu des Vaterlandes Wehre. —
Schützen, Schützen, kommt heran,
Thür und Thor sind aufgethan. —
:,: Schützen Ihr, :c. :,:

Wenn die Büchse lustig knallt,
Jung und Alt zum Feste wallt,
Steh'n wir bei Euch, geben Acht,
Lernen, was den Schützen macht.
Nicht zu viel und nicht zu wenig,
So nur wird man Schützenkönig. —
Schützen, Schützen, kommt heran,
Herzen sind Euch aufgethan. —
:,: Schützen Ihr, :c. :,:

Treffen!

Gesungen bei der Stenographen-Zusammenkunft zur Feier
des Schützenfestes am 15. Juli 1862.

Gedichtet von Postrevisor Engel.

(Mel. Was blasen die Trompeten.)

Was wollen wohl die Schützen in Frankfurt an dem Main?
Sie wollen schießen: nein! ich — oh! schießen nicht allein!
Vor allen Dingen treffen, das sicher Aug' und Hand,
Wenn einst sie ruft in's Treffen das deutsche Vaterland.
   Juchheirassasa die Schützen sind da
   Die Schützen sind lustig, sie rufen hurrah!

Ja treffen ist die Losung, ein inhaltschweres Wort!
Man hört's zu allen Zeiten, man hört's an jedem Ort.
Wie's einer traf im Leben, darnach ist er erbaut,
Der möcht vor Unmuth fahren, vor Lust der aus der Haut.
   Juchheirassasa, zu treffen giebt's da
   Und wer es getroffen, der rufet hurrah!

Den Amors Pfeil getroffen, der fühlts bedenklich tief,
Wie Kopf und Herz ihm sitzen nach solchem Treff' ganz schief,
Und eher niehmen Beide den allen Platz nicht ein,
Bis er und sie sich trafen beim süßen Stelldichein.
   Juchheirassasa, das Liebchen ist da
   Und Beide sind lustig, sie rufen hurrah.

Fühlt einer sich getroffen, so steht er wie ein Tropf,
Der Kluge trifft dagegen den Nagel auf den Kopf;
Und trifft sich's, daß im Glücksspiel ber trifft das große Loos,
So trifft dagegen Jenen das Loos des Nachseh'ns bloß.
   Juchheirassasa und trau man es da
   Darf lustig man lachen und rufen hurrah!

Wir singen froh beim Mahle. Was thut dem Sänger noth?
Das Treffen! Auch dem Maler ist Treffen Hauptgebot.
Der Ton- und Redekünstler erringt nur dann den Preis,
Wann er für Ohr und Seele den Ton zu treffen weiß.
   Juchheirassasa, zu treffen gilt's da
   Und hat er's getroffen, so ruft er hurrah!

Und diesen Ton erjagen auf geistigem Revier,
Ihn mit dem Bleistift treffen und nageln auf's Papier:
Das thun die Stenographen, die Künstler ehrenwerth
Die Jäger, die gut trafen, was sie im Flug gehört.
   Juchheirassasa, Stenographen sind da
   Stenographen sind lustig, sie rufen hurrah!

Wohl ist solch' Treffen trefflich, doch heute ruht der Stift,
Weil jeder sucht beim Mahle, daß er sich tüchtig trifft.
Ich mein', der Grund ist triftig und treffend ist der Schluß,
Daß Bachus edle Gabe das Herz erheitern muß.
   Juchheirassasia, Stenographen sind da,
   Stenographen sind lustig, sie rufen hurrah!

Drum laßt uns fröhlich singen; dem Treffen sei gebracht
Ein volles Glas! dem Treffen, ich sag es mit Bedacht;
Und hab' ich's recht getroffen, so sag' ich wohl noch mehr:
Daß mit uns hier getroffen, das ist ein Treffer sehr.
   Juchheirassasia, Stenographen sind da,
   Stenographen sind lustig, sie rufen hurrah!

Ausreden eines fehlenden Schützen.*)

Ein schlechter Schütz ist der, wann er auf der Schießstatt
Die Scheiben hat verfehlt, und keine Ausred hat,
Da doch unzehlich viel, zur Ausflucht vorzuwenden.
Bald ist es ungestüm, bald will die Sonne blenden.
Bald ist man allzustark aufs Schützenhaus gerennt.
Bald hat es nicht recht auf- und bald nicht z'samen brennt.
Das Pulver ist zu reich. Bald feucht von vielem Regen.
Die Pulver-Müller es, nicht recht zu machen pflegen.
Bald ist es allzustark, bald z'schwach, bald z'alt, bald z'neu.
Bald sagt man, daß es grob, und bald zu subtil sey.
Die Kugel war zu schwer, zu leicht, nicht recht gegossen,
Das Bley war allzuheiß, der Model überflossen,
Taber die Kugel hol, nicht rund gewesen ist,
Und bei dem wäschern war das Rohr nicht wohl gerüst.
Das Rohr war allzu neu, als daß ich es könnt kennen,
Ich will es fürohin, wie andre auch ausbrennen.
Die Gabel wanlete, und stunde mir nicht still,
(Gestümpfet habe ich zu wenig oder z'vil.
Die Muden hat man mir, verruckt und krumm geschlagen,
Ich solte mein Zil-Rohr aufs Schützen-Haus lehen tragen.
Der Zunden war zu hart, und bald ist er zu weich,
Das Futter war zu dün, zu dick, zu feist, zu trocken,
Botz tausend wie bin ich, doch hintterm Rohr verschrocken.
Die Kugel geht zu trang, bald fallt sie selbst herab,
Das Spilen ist die Schuld, daß ich gefehlet hab.
Der Anschlag ist zu hoch, auch nicht zu meinen Handen,
Die Gabel ist zu hoch, zu tief, nicht recht gestanden.
Im Schießen kam der Wind, mit einem starken Schwid,
Bald ist es allzutrüb, bald gibt es Sonnen-Blid.
Der Ziel steht nicht recht, bald fehlt es an der Scheiben.
Auch mancher will die Schuld dem Zeiger selbst zuschreiben.
Die Kugel ist zu hart, das Bley daran nichts nuß,
Und bald hat man gestampft, bald mir geredt in Schuß.
Ich thate allzug'schwind, und vor der Zeit abtruden,
Bald hab ich allzuhart, bald z'wenig z'vieil die Muden.
Der Mobel ist zu groß, und bald ist er zu klein,
Das Rohr solt neu gefrischt, bald sollts geöhrlet sein.
Das Aufrehr-Pulver war zu dick, bald z'hart verriben,
Zu wenig, bald zu vil, mir auf der Pfann geblieben.
Der Schnee hat mich verblendt. Ich hatte wenig Lust
Zum schießen, weil mich stoßt das Rohr an meine Brust.
Das Zündloch war zu hoch, bald z'nider bei der Pfannen,
Die Schrauben allzuschwach, den Lunden aufzuspannen.
Das Rohr war mir zu lang, zu kurz, zu schwer, zu leicht,
Es gieng mir los, eh ich das Zünglein hab erreicht.
Die Läuff sind allzustumpf, und gänzlich abgemürbt,
Hätt ich das Rohr mit Oel, mit Wasser trocken bußet.

Das Zünglein gebt zu bart, und bald gebt es zu gstr,
Und wie ich Achtung gib, so bilfst doch Alles nir.
Man that mich vor dem Schuß erzörnen und verbittern,
(Geloßen hab ich z'vil, und müßt dabevo zittern.
Die Ladung war zu voll, zu lär, bald sonst verruckt,
Ich habe rechts, bald linds, den Schuß im Feur verruckt.
Die Zündpfann habe ich z'frühzeitig aufgedecket,
Das Zihlrohr ist was trum, das Zündloch war verstecket
Geeissert habe ich zu wenig, bald zu vil,
(Gebußet habe ich, auch wider meinem Will.
Der Lunden wollte mir kein rechtes Mündlein geben,
Auch ware mir ganz schwer, den Athem zu verheben.
Die Binde plagten mich, und dann das Wasser auch.
Zut Gabel fehlte mir das Blättlein, so ich brauch.
Zo daß doch jemand mir im Schuß vorbey müßt rennen,
Das Jutter thate sich im Rohr zu Stüden trennen.
Der Nagel stunde krumm so mitten in dem Rohr,
Der Abfeuhrer benahm mir fast das Ohr.
Zu finster machte mir Nacht, Nebel, viler Lufft,
Auch hatte zum Unglück die Boden-Schrauben Lufft,
Ich hab ein blöd Gesicht, zu kurz war der Labstecken,
Das Pulver thate mir am Schmuß in Lüffen bstechen.
Den Tag vorbero hat, ich einen starken Schmauß,
Vom Pulver kame vil, mir zu dem Zündloch aus.
Wann nur die Buben nicht, um mich gespferret hätten,
Und wegen meinem Schuß, hab ich wohl sollen wetten.
Die Muden ist zu groß, zu hoch, zu did, zu klein,
Das Abiehn solte doch, bald sollt es weiter sein.
Hätt ich ein Todtenbaum. Bald sagt man, wär es offen,
Zu furchtsam ware ich, als hätt ich mehr gesoffen,
Und vor dem Pulver that die Kugel ich hinein,
Zu unterst war Papir, da es sollt mitten seyn.
Ich hab offt abgeseilt, und das Papir vergessen,
Die Ladung müste ich auf meiner Kugel müssen.
(Gehalbet hat das Rohr, verstanden ist der Schuß,
Der Hahn schlug mir nicht ab, das Feur war gar nichts nuß,
Weil es zu wenig war, mit lichen übergozen.
Hätt ich ein Spiegel-Glaß. Bald es mich hat betrogen.
Aufs Pulver thate ich, zu viel Papir hinein.
Das Rohr unsauber ist, und solt es geschmürgelt seyn,
Das Pulver ist ungleich, ich bin nicht wohl abkommen,
Das steifse herben hat, mit meiner Frau benommen.
Das Rohr hat einen Sad, der Stecher ist nicht gut,
Mein linkes Aug muß ich, verdecken mit dem Hut.
Der Wücher ist zu stumpf, und will nicht recht angreiffen,
Die Stäßen dran so lang, daß sie den Lauf bestreiffen.
Die Kugel steppt mir, bald das Rohr ist zu vor schwer,
Wann es nur nicht zu beiß, bald z'kalt gewesen wär.
Ich bin mit meinem Kopff, zu starl aufs Rohr gelegen,
Der Schuß ist allzustark, die Scheiben weit entlegen.
Vom Barchet ware mir, das Futter allzuschlim,
Bald steht es mir nicht an, wann ich's vom Leder nihm.
Ich hab mich zvil verstellt, zu hart auch angeschlagen,
Das Rohr ließ sollen mir der, der Bub, so es getragen.
Das Feberlein hab ich, gelassen aus der Acht,
Verblendt hat mich das Feur, so man hat lichen gemacht.
Das Zahnweh plagte mich, der Baden war geschwollen,
Gleich andern hab ich auch, das Rohr ausbiasen sollen.
Im schießen irrte mich, mein nagel-neues Kleid,
Zu lustig ware ich, und bald in tiefstem L'eid.
Am Hahn hat was gesehlt, ich müßte lang dran bären
Und mancher schreibet zu, die Ursach gar den Hären.
Wer aus jetzt strohin auf unserem Schieß-Hauß
Die Scheiben hat verschilt, und redet nichts nicht aus,
Der ist ein tummer Knopff, und ein von schlechten Schützen,
Ein solchen solte man wie einen Esel drüsichen.

(Das Original befindet sich im
Schützenhause zu Frauenfeld,
Kanton Thurgau.)

Prämien-Liste.

Gewonnene Becher auf Standkehr- und Feldkehr-Scheiben.

I. Standkehr.

Joh. Hauser aus Richterswyl (Canton Zürich)*; Streiff-Luchsinger aus Glarus; Jac. Holz aus Föllanden (Canton Zürich); Fr. Knubi aus Basel; M. Reif aus Geiselhöring; C. J. Fisch-Sutter aus Bühler (Appenzell); F. Bonniger aus Glarus; Aug. Dörner aus Nürnberg; Joh. Jac. Banzinger aus Wald-Appenzell *; Nicolaus Mertes aus Neustadt a. d. Haardt; Joh. Linder aus Leinau in Bayern; Nicolaus Kunz aus Oberhelferswyl (St. Gallen); Amann Dupont aus Ermatingen (Thurgau); J. J. Morf aus St. Gallen; Jos. Flückinger aus Bern; Alb. Höbu aus Thusis (Bern); Otto Hammer aus Augsburg; M. Baader aus Erlangen; Erwin Johann aus Ruswyl (Luzern); Peter Stockler aus Gunzwyl (Luzern); L. Bermeitinger a. Schopfheim (Baden); Casp. Wippmann a. Ettiswyl (Luzern) *; Joh. Hohenegger aus Innsprud; Emil Pfenniger aus Steplau in Tyrol *; Ad. Wechsler a. Ulm; M. Kretschmar a. Dresden; Jos. Pfenniger a. Winikon (Mlrich)*; Fr. Feller aus Bern; Joh. Prottengeier aus Nürnberg; Fr. Leutzinger aus La Chaux des Fonds; B. Boos aus Beyersweil bei Kaufbeuren; Laun aus Heidenheim a. d. Brenz; Peter Blumer aus Glarus; Rud. Groß aus Mönchaltorf (Zürich); Joh. Huber aus Grüningen (Zürich); Joh. Fentt aus Rankweil (Vorarlberg); Fr. Born aus Herzogenbuchsee (Bern); Joh. Bud aus Ulm; H. J. Tahinden aus Schupfheim (Luzern); Frz. Huber aus Innsprud; M. Pflüger aus Lörrach; M. B. Röd aus Nürnberg; Fr. Gruner aus Frankfurt a. M.; E. Benz aus Bozen; E. v. Krempelhuber aus Tegernsee; J. Silbernagel aus Rosenheim (Bayern); E. Aymon aus Sitten (Wallis); Rud. Ganahl aus Feldkirch; M. Gottschalk aus Schopfheim; Frz. Blind aus Düsseldorf; Mich. Perthaler aus Innsprud; Gg. Beiswenger aus Ulm; J. H. v. Heckel aus Allersburg bei Nürnberg; Jos. Brunner aus Geiselhöring (Bayern); J. Salzmann aus Affoltern (Zürich); J. Schenkenhofer aus Augsburg; Jac. Weber aus Schaffhausen; Alb. Durrmüller aus Küßnacht (Zürich); Peter Ludwer aus Chur; S. P. Flury aus Chur; G. Spieß aus Chur; R. Jöhl aus Ragatz (St. Gallen); J. Müller aus Winterthur (Zürich); Th. Mayer aus Kempten; J. Reisen aus Bremen; J. Rechten aus Bremen; H. E. Jeanerel aus Locle (Neuenburg); Joh. Raith a. Ottobewren (Bayern); Jos. Stegmüller aus Rottbalmünster (Bayern); W. Gaerich aus Erfurt; Fr. Pidarth aus Klagenfurth (Kärnthen); Rep. Drexl a. Kaufbeuren; Const. Morsch aus Neustadt a. d. Haardt; Georg Kappelmayer aus Freising; Joh. Fledinger aus Innsprud; Karl Stiegler aus München; Jos. Roth aus Inkwyl (Bern); Jos. Miller aus Tegernsee; Jos. Walcher aus Glarus; J. Greuling aus Eßlingen; J. Feldmann aus Glarus; Joh. Suter aus Hergen (Zürich); Paul Tritscheller aus Lenzkirch (Baden); Michel Strathaus a. Tegernsee; Casp. Häuser aus Zürich; J. Schweizer jr. aus Eßlingen; L. Dachauer aus Fürth bei Nürnberg; J. E. Zechel aus Bingen; Wilh. Abele a. Heidenheim; Anton Schmaus aus Welchenberg (Niederbayern); J. Tschavoll aus Feldkirch; L. Keppenstein aus Linz; A. Straßburger aus Traunstein; E. Herbster aus Lörrach; B. Kern aus Lörrach; C. Roth aus Lörrach; G. Eisele aus Stuttgart; Jac. Hausermann aus Erlen (Thurgau); Leo Kopelstetter aus Bruneck (Tyrol); C. v. Tarnozy aus Innsprud; Jos. Steiner aus Weitering (Tyrol); F. Wüste aus Amsterdam; Sebastian Reden aus Wilden (Tyrol); Mich. Jenewein aus Insing (Tyrol); Leop. Entel aus Innsprud; S. Korytko aus Wien; Cl. Wagener aus Straubing; Ph. Gebhard aus Ludwigshafen am Rhein; Chr. Schaaf aus Ungstein (Pfalz); Joh. Hebling aus Böhrenbach (Baden); F. M. Hämmerle aus Dornbirn (Vorarlberg); Joh. Schweizer aus Weinfelden (Thurgau); Mayer Nagoli aus Zürich; G. Schwaiger aus Angath bei Kuffstein (Tyrol); Hechenbleicher aus Kirchenbichel (Tyrol); Adam Wetzlar aus Speyer; Andr. Baumann aus Umhausen (Tyrol); R. Schuler aus Oetz bei Silz (Tyrol); M. Korb a. Oberndorf (Würtemberg); Domenic Schöllenhammer a. Waidhofen; J. E. Chatelain aus Tramesan (Bern); Jos. Hapf aus Fürth b. Landshut; Domerich Lardiardir aus Chur; Heinrich Ketterer aus Lenzkirch (Baden); Conrad Baumann aus Zürich; J. Gemble aus Freiburg (Baden); Leo Körner aus St. Imier (Bern); Fritz Hammerstein aus St. Imier (Bern); Xaver Meutel aus Bregenz *; M. Heß aus Speyer; Ph. Hagen aus Rothendorf *; Ludw. Grieb a. Burgdorf (Bern); Max Steger aus Monheim b. Donauwörth; Alcit Droz aus St. Imier (Bern); Bartlin-Sutter aus Schopfheim (Baden); Heinr. Eckart aus Nürnberg; J. Rauch aus Ittenhausen am Bodensee; Joh. Scharrmüller a. Waidhofen (Niederösterreich); A. Meriana. Thal (St. Gallen); Joh. Budeli aus Chur; Franz Baumann aus Feldkirch (Vorarlberg); Friedr. Bub a. Neustadt a. H. (Rheinpfalz); Damin. Landauer a. Erding (Oberbayern); Fr. Werndl aus Steier (Oberösterreich); Wilh. Rauzenberger aus Roßbrunnen im Speßart; Jos. Tarnach aus Weiler *; Seb. Pirschnofer aus Kuffstein (Tyrol) *; Jos. Mayer aus Saulgau; Frz. Hofbauer a. Waidhofen a. Ibbf a. (Oberösterreich); Th. Bertschinger aus Baden (Zürich)*; Jos. Winkler a. Kuffstein (Tyrol); J. Wirz a. Lißnacht (Zürich); Eduard Lantwig aus Zug; Fr. Völter aus Neustadt a. H.; Alois Pichler aus St. Martin bei

Meran; Ferd. Troll aus Wien; J. Krampl aus Braunschweig; F. Maßl aus Straubing; M. Schäfer aus Kaufbeuren; G. Tritscheler aus Lenzkirch; F. J. Faller aus Lenzkirch; Jos. Arregger aus Schupfheim (Luzern); G. Gandermann aus Düsseldorf*; Theod. Lutze aus Naumburg; F. Laue aus Naumburg; Fr. A. Kirschbaum aus Solingen; J. Kunz aus Burchdorf (Bern); Simon Schmitt aus München; Mathäus Ziegerer aus Kempten; Moritz Walcher aus Thiengen (Baden); Joh. Schemmetzler a. Murz (Steiermark); Heinr. Huber aus Burmensdorf (Zürich); Jos. Sanftl a. Bozen (Tyrol): Joh. Lehmann aus Feldkirch*; Fr. Weber aus Hausen (Zürich); Alex. Schaffrodt aus Singen (Bad. Seekreis). Michael Eber aus Bühlersee (Tyrol); Jac. Huber aus Urdorf (Zürich); H. Götte aus Carlsbad (Böhmen); P. Nägele aus Rhetenbach bei Ottobeuren; J. Stein aus Göppingen (Würtemberg); Th. Vergeiner aus Johann im Wald (Pusterthal, Tyrol); Fr. Utz aus Erlangen; Lorenz Waller aus Lenzkirchen (Baden); Ad. Walch aus Augsburg; A. Austermaner aus Uri; L. Gerster aus Gelterkinden*; C. Krafft aus Erlangen; Jul. Bourry aus St. Gallen; Dr. Chr. Schärmer aus Imst (Tyrol); Melch. Freuler aus Glarus; Wilhelm Enters aus Kehl; G. Spangenburg aus Ilmenau; Hch. Ketterer aus Lenzkirch; Ad. Siebinger aus München; Gottl. Klaus aus Basel*; Joh. Blattmann aus Wadenschweil*; Fahrni du Bois aus Thun*; Jos. Ziegler aus Ingolstadt; W. Pezold aus Solothurn; Jos. Ruch aus Glarus*; J. Schauffenberger aus Uster (Zürich)*; Ulrich Schlöpfer aus Herisau (Appenzell)*; Jos. Frankenberger aus Kaiserslautern; Carl Widert aus Durlach; Ric. Hofer aus Hall bei Innspruck; Nic. Wachter aus Laured (Tyrol); Casp. Schwister aus Reifels (Glarus)*; Joh. Pet. Streif aus Schwanden (Glarus); Rud. Strickler aus Stäffa (Zürich); Georg Escherich aus Zürich*; Hector Egger aus Aarwangen (Bern).*; Rud. Heggi aus Burgdorf (Bern); M. Armbrüster aus Offenburg (Baden); S. Berger aus St. Johann bei Salzburg; J. Huter aus Bregenz; Anton Steinlechner aus Hall (Tyrol); Ludw. Tschugguell aus Bozen; Joh. Ringger aus Langenau (Zürich); Aug. Hippman aus Oberndorf bei Salzburg; Dr. J. A. Wagner aus Rorschach (St. Gallen); S. Großmann aus Uebelstadt (Steiermark); Joseph Unterturner aus Meran (Tyrol); J. Moosmeier aus Meran (Tyrol); J. Ochsner aus Einsiedel*; Anton

Innspruck; Georg Eder aus Bühlersee (Tyrol); Wilh. Lottner aus Eppingen; Weiland aus Bremen; Ludwig Obpacher aus Salzburg; Gg. Schald aus Wiesbaden; Jos. Blum aus Baden-Baden; Dom. Blesing aus Neustadt (Schwarzwald); Rud. Locher aus Altdra bei Bühl; Heinrich Bogler aus Engstriegen*; Louis Angerer aus Wien; Dr. Schärer aus Bern; Franz Schlegel aus Locle; Caf. Weber aus Zürich*; Heinrich Lantolt aus Engstriegen*; Gottfr. Meyer aus Vorarlberg*; Steusberger aus Oberammergau (Bayern); R. Weitershausen aus München; Volkmar Neugebauer aus Zwickau; Joh. Jägermann aus Wien; Caspar Schmidt aus Zürich*; Daniel Fantoni aus Wien; Johann Mayer aus Saulgau (Würtemberg); Joh. Wegler aus Feldkirch*; Joh. Bachlofen aus Weißlingen (Zürich); Ernst Pfizenmeyer aus Ulm; Jacob Burr aus Ulm; Fr. Buhler aus Ulm; J. C. Dresten aus Bonn; Chr. Meyer aus Meran (Tyrol); Joh. Brühling aus Staffelstein bei Bamberg*; Aug. Ohr aus Langenthal (Bern)*; Heinr. Kneip aus Wiesbaden; Michael Fuchs aus Fürth bei Nürnberg; Louis Bonrquin aus Lenzburg (Aargau); Paul Blancpain aus Villeret (Bern)*; Andreas Stander aus Stephansdorf (Tyrol); Carl Heinde aus Ingolstadt; Conr. Bauer aus Nürnberg*; J. B. Federlaus aus Oberammergau (Bayern); Max Levy aus Eßlingen; J. G. v. Larringa aus Carlsruhe; Louis Franzmann aus Pforzheim; Hch. Montandon aus Ponts (Neuenburg)*; Samuel Müller aus Zofingen (Aargau); Jacob Pfister aus Goßau (Zürich)*; Johann Nyf aus Horgen (Zürich)*; Carl Schupp aus Landau (Pfalz); Joh. Witmer aus Ettiwyl*; J. Baumgärtner aus Thurgau*; Luchsinger Blumer aus Glarus; Georg Schald aus Wiesbaden*; Xaver Wagner aus Salzburg; J. J. Ryby aus Jfny (Würtemberg); Valentin Blättler aus Unterwalden*; Georg Nescher aus Bremen; Phil. Lentner aus Darmstadt; Anton Ballbach aus Rierstein; Caspar Honegger aus Thiengen*; Joh. Heinz aus Frankenthal (Pfalz); Mantile Numa aus Chaux des Fonds; Jos. Mayer aus Bichtach (Bayern); Jos. Ranch aus Reisting bei Straubing; Franz Krieg aus Neuenburg (Schweiz); J. Müller aus Winterthur*; Joseph Leiner aus Meran (Tyrol); J. J. Tobler aus Wolfshalten*; C. Eik aus Speyer; J. J. Wieber aus Wetzikon (Zürich)*; L. G. Scherer aus Bern; R. Herrig aus Schramberg (Würtemberg); Joh. Bümpel aus Feldkirch; Joh. Alprecht aus Strau-

Stäber aus Geiselhöring; Gg. Echardt aus Waging (Oberbayern); F. Scheusler a. Sieglingen (Württemb.); Arn. Bleuler aus Küßnacht (Zürich); F. Fenner aus Küßnacht (Zürich); G. L. Dauner aus Nürnberg; H. Gellacher aus Staubach (Bayern)*; Jac. Ongolz aus Laupenau (Zürich); Jos. Schwaiger aus Straubing; Jacob Weißgerber aus Kehl (Baden); Ed. Kölsch aus Neustadt a. d. H.; Fr. Elz aus Wien; Paul Marchand aus Sablüller*; J. J. Sonderegger aus Laubweibel*; Enoch Sönderegger aus Heiden*; F. Lentner aus Heldenheim (Breisgau); Hermann Vogt aus Bregenz; M. Seltsam aus Grünstadt; K. Heß aus Stanz*; H. Schittler aus Feldkirch; Ch. F. Illing aus Zwickau; Carl Imhoden aus Glarus; Mich. Eppensteiner aus St. Johann (Tyrol); Georg Müller aus Schopfheim (Baden); Georg Fischbachen aus Kitzbühl (Tyrol); J. Mayer aus Obernberg a. Inn (Oberösterreich); Georg Haberlein aus Watwyl (St. Gallen); Eugen Hütter aus Erlangen; Gottfried Haßler aus Zürich*; Andreas Haßler aus Manntorf (Zürich)*; Ludwig Heinzle aus Feldkirch; Franz Mayer aus Zürich; Caspar Hoß aus Hollanden (Zürich); Joseph Gruber aus Hall (Tyrol); Johann Detter aus Würzburg; Dr. med. G. A. Neuz aus Oberdischingen*; Stanislaus Pröm aus Haarlt (Tyrol); J. Rienak aus Zürich*; Jean Blanchoud aus Bevey; Joseph Ed aus Düsseldorf; Daniel Boshart aus Wüllshofen (Zürich); Emil Staub aus Männedorf (Zürich); Karl Sommerlatt aus Lahr (Baden); Mich. Weißhaupt aus Mändelheim (Bayern); L. A. Lang aus Kehlheim (Bayern); Ad. Knapp aus Basel*; Wilh. Lothar aus Eppingen (Baden); Walther Gebhard aus Giesingen (Oesterreich); Karl Roos aus Stuttgart; Jos. Melch. Cramer aus Fürth; Jac. Bühlmann aus Burgdorf (Bern); Ed. Heininger aus Burgdorf (Bern); Otto Andres aus Frankfurt a. M.; Jac. Honegger aus Witzken (Zürich); D. von Gablenz aus Baden (Schweiz); G. Guttenberger aus Nürnberg; F. P. Fackler aus Kempten; G. Lustmann aus Königslutter bei Braunschweig; O. A. Schmitt aus Fr. nsfurt a. M.; Emil Dubois aus Augsburg; Ferdinand Lehmann aus Bremen; Ferdinand Pachmayer aus Pfaffenhofen (Bayern); Ferdinand Weygand aus Biebrich; Harry Frank aus Frankfurt a. M.; D. Hartegen aus Wilsbad; Fritz von Spath aus Ravensburg a. Bodensee; Paul Spamann a. Ravensburg a. Bodensee; Joseph Eßler aus Meran; Otto Datow von Steinbach aus Bläheny (Vorarlberg); Franz Gallet aus Telfs (Tyrol); Albert Gennheimer aus Neustadt a. d. H.; Florian Leichinger aus München; Joh. Haffstätter aus Horgen*; Jacob Sutter aus Bern*; Hans Brand aus Bern*; Jacob Winkler aus Zürich; J. J. Ritter von Jenisch aus Kempten (Bayern); Jacob Guggisberg aus Burgdorf (Bern); Ulrich Stark aus Buhler (Appenzell); Ludwig Beitlinger aus Leonstein (Oberösterreich); Georg Obrr aus Lichtenstein (Eintheim); Aleys Schärmer aus Imst (Tyrol); Ch. H. Schmidt aus Peßneck (Meiningen); Alexander Großmeyer aus Feldkirch (Vorarlberg); A. Kupfer aus Magdeburg; J. J. Rüst aus Zürich; Friedrich Keßler aus Freiburg (Baden); J. Euzler aus Wald (Appenzell)*; H. Waldau aus Braunschweig*; A. Gritsch a. Reuthe (Tyrol); A. Petri aus Frankfurt a. M.; H. Höbrer aus Herisau (Appenzell); Johann Sutter aus Schopfheim (Baden); G. E. Engels aus Müllheim am Rhein; Johann Bär aus Männedorf (Zürich)*; Vincent Großauer aus Webelbach (Steiermark); Joh. Braxmayer aus Kupfstein (Tyrol); Leoph. Koller aus Lindau; Andreas Leiter aus Reiner (Tyrol); Conrad Welser aus Appenzell*; Ferd. Bräur aus Winterthur*; Dan. Johann aus Ludwigshafen am Rhein; Adam Eisele aus 3 Ludwigshafen a. Rh.; Heinr. Kellenburger aus Walzenhausen*; J. G. Reinhard aus Frankfurt a. M.; Jos. Brunner aus Küßnacht (Zürich); M. Hohenegger aus Innsprud; J. J. Hindermann-Merian aus Basel*; Max Galimberti aus Bamberg*; Georg Goßwein aus Berding bei Nürnberg; G. Hertl aus Wien; Jac. Schweitzer aus Watwyl (St. Gallen; F. Reiser aus Innsprud; Joh. Schirmer aus Hollfeld bei Bayreuth; Franz Bontant a. Frankfurt a. M. Fidel Schmitt aus Mösner bei Lauved (Tyrol); Heinr. Nußly aus St. Gallen; Heinr. Obrist aus Küßnacht (Zürich); W. Graf v. Bentheim Tellenburg aus Höchst; Johann Leriten aus Wolfenschießen (Unterwalden)*; v. Sauerbrey aus Basel; Caspar Lehmann aus Küßnacht (Zürich); Gottlieb Ritz aus Brugg (Aargau)*; Rob. Wallis aus Luzern; Luc. Seidel aus Hall (Tyrol); Joh. Slegle aus Stuttgart; Adalbert Lehmann aus Küßnacht (Zürich); Joh. Rößler aus Karsruhe; H. Stab aus Basel (M. J. J. Burz aus Frankfurt a. M.; E. Storz aus Fischhausen (Bayern); G. H. Kellermann aus Frankfurt a. M.; Fr. Rauff aus Bern; Fritz Durst aus Ulm; Ludwig Finster aus München; Fr. von Gurk aus Köln; J. Massa aus Lahr; Nikolaus Wachter aus Lantegg (Tyrol); G. Barth aus Würzburg; Heinr. Brugpacher aus Horgen (Zürich)*; Othomar Graf zu Khevenhüller-Metsch aus Wien; P. C. Exter Neustadt a. d. Haasbt; Heinrich Lumpert aus St. Gallen; R. Oppenheim aus Berlin; Franz v. Schlechtleitner aus Wien; Jos. Schlenz aus Feldkirch*; Donati Paola aus Pisa (Italien); Bin. Kesler aus Boden; Balthafor Erni aus Luzern*; H. Kummer aus Dresden; Johannes Sternlmann aus Ettisweil (Luzern); J. J. Reisch aus Frastanz (Vorarlberg); Johannes Dipperle aus Meran; M. Seng aus Wirmlangen (Tyrol); J. J. Lumpert aus St. Gallen.

II. Feldsehr.

Jakob Staub a. Wädensweyl; Jac. Sturzenegger a. Tregen (Appenzell); G. Wüst a. Basel; Jac. Honegger aus Wetzikon (Zürich); C. de Leuw aus Düsseldorf; F. P. Fackler aus Kempten; Fr. Siebermann aus Aarau (Aargau); Jos. Baumgärtner aus Emishofen (Thurgau); Ad. Siebinger aus München; Jac. Fuchs a. St. Gallen; Leuzinger-Schnell aus Bern; Joh. Hofstetter a. Horgen;

(Zürich); Gottlieb Haab a. Richterswyl (Zürich)*; H. Kummer aus Dresden; Heinr. Bachmann aus Schöneberg (Zürich); Ferd. Lehmann aus Bremen; Joh. Reif aus Horgen (Zürich); Jac. Kurath aus St. Gallen; Felix Thomann aus Zürich; Heinrich Köhnke aus Bremen; Gottfried Haßler aus Männedorf (Zürich); Joseph Grüter aus Wohlhausen (Schweiz); Fr. Wilhelm Röthingen aus Thun (Schweiz); Johann Gräser-Suter aus St. Gallen; Bal. Schurer aus Elsnat (St. Gallen); Leonh. Gran aus Fürth (Bayern); Tob. Dierauer ans Berneck (St. Gallen); Adolph Knapp aus Basel; Lav. Kurz aus München; Georg Fischbacher aus Kitzbühl (Tyrol); Jos. Fleckberger aus St. Johann (Tyrol); Fr. Siebenmann-Buel aus Aarau (Aargau); Joh. Faller aus Tyrol; P. Marchand aus Son-Billier (Schweiz); Fr. Klopfenstein aus Thun; Georg Kreißer aus Kitzbühl (Tyrol); Henry Montandon aus Ponts (Neuenburg); Fr. Rentner aus Heidenheim (Würtemberg); Heinr. Schwarz aus Winterthur (Zürich); Heinr. Bachmann aus Stuttgart; Fr. Bauernfeind aus Heidelberg; Fr. Wehle aus Braunschweig; Johann Erni aus Ruswil (Luzern); Joh. Jac. Engeli aus Lausanne; Jac. Spieß-Ringert aus St. Gallen; Johann Siegle aus Stuttgart; Casp. Uhli-Strauß aus Andelfingen (Zürich); Johann Astler aus Biel (Bern); Wilh. Römer aus Biel (Bern); Franz Bontant aus Frankfurt a. M.; Joh. Stupy aus Uster bei Zürich; Heinr. Grunholzer ebendaher; Walter Steinlein aus St. Gallen; Heinr. Lustmann aus Königslutter (Braunschweig); J. J. Senderegger aus Trogen (Appenzell); J. Bernegger aus St. Tölz (Bayern); J. G. Tanner aus Nürnberg; Jos. Sattler aus Tölz (Bayern); Carl Bauer aus Eger; Friedr. Scheffel aus Schneeberg (Sachsen); Joh. Müller aus München; Heinr. Bennede aus Bremen; Bernh. Lehmann aus Offenbach; Valent. Blättler aus Hergiswil (Schweiz); Ferd. Ernst aus Winterthur; Hubert Hatz aus Chur; Albert Iseler aus Richtersweil (Schweiz); Heinr. Waldau aus Braunschweig; Hans Gg. Schwarz aus Eierthal (Schweiz); Friedr. Väler a. Stäfa (Zürich); Jacob Kuchenreuter aus Regensburg; Heinr. Bürgger aus Chur; Ferd. Wieger aus Stedbern (Schweiz); Phil. Gnadinger aus Feldkirch (Oesterreich); Joh. Frey aus Watt (Zürich); Joh. Wiedmer aus Hettingen (Zürich); Ennoch Senderegger aus Hayden (Appenzell); Staniel. Präm aus Hayd in Tyrol; Mich. Tengler aus Fürth bei Nürnberg; Friedr. Helm aus Riesa (Sachsen); Paul Körber aus Nürnberg; Hermann Denede aus Helmstadt (Braunschweig); Fr. Zürcher aus Langnau (Bern); Hch. Gagolz aus Lausanne (Bern); Ferd. Wortmann aus Basel; Joh. Jac. Kleder aus Interlaken (Bern); Joh. Prottengeyer aus Nürnberg; Gottfr. Bränali aus Wädenschwyl (Zürich); C. G. Schönemgruber aus Nürberg; Carl Beigel aus Unter-Dürkheim (Würtemberg); F. Mauerhofer aus Burgdorf (Bern); P. Krasst aus Nürnberg; C. Enderlin aus Mayenfeld (Schweiz); John Schönemann aus Philadelphia; Ferdinand Pach-

mayer aus Pfaffenhofen (Bayern); Aug. Dorner aus Nürnberg; Gottlieb Riggenbach aus Basel; E. Bourry aus St. Gallen; Joh. Huber aus Boswyl (Aarau); H. Schreiner aus München; Eduard Erler aus Innspruck; K. Mertes aus Neustadt a. d. H.; Johann Linder aus Leinau (Bayern); Eduard Gut aus Ausersihl (Zürich); J. Weinelsen aus Kitzbühl (Tyrol); Emil Forcart aus Basel; J. Groß aus Uzwyl*; F. Walser aus Basel; Anton Zoller aus Basel*; T. Polling aus Düsseldorf; Dr. Ludw. von Barth aus Innspruck; Chron. Schweiger aus Kempten; Melchior Bischof aus Winfelden (Thurgau); Hauptmann v. Buchpöd aus München; C. Oehslin aus Basel; Louis Kettler aus Braunschweig; Frz. Dischler aus München; J. Rößner aus Grub (Appenzell); Georg Wittich aus Isenburg*; Jac. Bär aus Zofingen (Aargau); Hch. Lambert Innauer aus St. Gallen*; Alb. Schaufelburger aus Bubikon (Zürich); Johann Hanser aus Richterswyl*; Richard Hofer aus Bevay; Th. Schütz aus Pirnau (Ostpreußen); J. J. Hindermann-Merian aus Basel*; Dr. Ed. Arbenz aus Andelfingen (Zürich); J. G. Zeller aus Mannheim; Dr. Wilhelm Blum aus Heidelberg; C. Kubli aus Glarus; Ph. Reinberger aus Neustadt a. d. H.; Th. Marcus aus Bremen; Joh. Melch. Ikuni aus Glarus; Ferd. Enders aus Forchheim; Otto Hammer aus Augsburg; Rud. Baumann aus St. Gallen; Jac. Müller aus Winterthur*; Jos. Zermotten aus Sitten (Wallis); Johann Progmater auf Kufstein (Tyrol); Ferd. Bräm aus Winterthur*; Michael Balsberger aus St. Johann (Tyrol); C. Bißler aus München; Lorenz Bühl aus München; S. Linner aus Trosberg (Bayern); H. Landis aus Zürich; J. Fr. Schäffer aus Zürich*; Mich. Bauer aus Zeno (Reichenhall)*; Felix Fournier aus Paris; H. Langmeyer aus Wuterengstrich (Zürich); Fz. Maßl aus Straubing; Jac. Krehbell aus Mannheim*; Max. Galimberti aus Bamberg; Dr. jur. Frz. Mittermeyer aus Heidelberg; Achilles Handschin aus Biel (Bern); Johann Jac. Morf aus St. Gallen; Sir Alex. Mollet aus Frankfurt a. M.; W. Pfeiffer aus Offenbach; W. Diemer aus Neukiedendorf (Gotha); J. J. Bunziger aus Wald (Appenzell); W. Känzler aus St. Gallen; F. Probst aus Darmstadt; And. Haßler aus Männedorf (Zürich)*; Ulrich Schläpfer aus Herisau (Appenzell); Jac. Hoy aus Föllanden (Zürich); Jos. Steiner aus Welbering (b. Innspruck); Rudolph Bühler a. Luzern; C. Glenk a. Schweizerhall (Basel); Conr. Fehrmann aus Bremen; Jaques Galathe aus Basel; Fritz Petri aus Offenbach; Joseph Müller aus Tegernsee, Joseph Eck aus Düsseldorf; K. Röder aus Würzburg; C. Netscher aus Bischofsheim (Thurgau); W. Kuhn aus Grünstadt (Pfalz); Leonhard Unterberger a. Aschenthal (Tyrol); F. Grüner aus Frankfurt a; M.; Joh. Glößner aus Mainz; Felix Schmäh aus Basel; Jacob Strirmen aus Etiswyl (Luzern); Ferdinand Probst aus Darmstadt*; Heinrich Breuppacher aus Zürich; Conrad Baumann aus Schönberg*; Michael Echser aus Altorf (Uri); Jacob Stein a. Mainz; Joseph Schneider a. Berchtesgaden (Bayern); Carl Wallau aus Mainz; Hermann Schneider aus Heidelberg; Heinrich Rascher aus Frankfurt a. M.; Caspar Hausser aus Enge (Zürich); Conrad Canbold aus Enge (Zürich); Carl Neubronner aus Frankenthal; A. Sterzing aus Gotha; A. Hauser aus Wädenschwiel (Zürich); Jacob Huber aus Bregenz; Salomon Bänziger aus Wald (Appenzell)*; Caspar Schwider aus Etäfels (Glarus)*; Robert Schwarzenbach a. Thalwyl (Zürich). Joseph Kant aus Landsberg bei Augsburg; W. Stuhmann aus Bremen; W. Becker aus Bremen; Ludwig von Bar aus München; Michael Perthaler aus Innspruck; Georg Mundigl aus Regensburg; Bernhard Rosenberg aus Isenburg; Johann Engster aus Wald (Appenzell)*; Carl Witterstätter aus Oppenheim a. Rh. Hugo von Hastegg aus Bozen (Tyrol); Franz Joseph Insanger aus Altorf (Uri); Carl Sauer aus Ohrdruf bei Gotha; Johann Ulrich Stelger aus Flawhzell (St. Gallen); Dr. Valentin May aus Plesial (Schweiz); Ignaz Faßbinder aus Luzern; Eduard Freyheis aus Ueberlingen am Bodensee.; Jos. Oppenrieder aus Max Josephthal (Bayern); Fritz Greiß aus Schliersee bei München; Oswald Sachse aus Frankfurt a. M.; Ferd. Holzhin aus Offenburg (Baden); Karl Krafft aus Erlangen; Frz. Blank aus Mainz; Frieb. Meyer aus Fürth bei Nürnberg; Andr. Preyer aus Innspruck; Jos. Jac. Müller aus Basel; Aler. Goldschmidt aus Winterthur; Israel Feßler aus Bern; Joh. Ulrich Danziger aus St. Gallen*; Stud. Franz Amand aus Heidelberg; Jos. Poinger aus Aschenthal; W. Reinland aus Braunschweig*; Franz Berger aus Frankfurt a. M.; S. Schwalb aus Frankfurt a. M.; Mayer Gottschall aus Schepfsheim (Baden); Anton Boland aus Mariathal (Tyrol); Philipp Bergetner aus St. Johann im Pusterthal (Tyrol); Christoph Fribe aus Mühlhausen (Thüringen); Frieder. Reißheck aus Bamberg; Georg Heinr. Hellermann aus Frankfurt a. M.; F. Eiler aus Freiburg (Baden); Max. Wittwer aus Ottobeuren (Baden); Max. Reiner aus Fügen (Tyrol); Samuel Beurlinger aus Wald (Appenzell)*; Gottl. Krans aus Basel; B. Ludwig aus Mannheim; Bastian Schubben aus Ets (Tyrol); Georg. Schumacher aus Frankfurt im Main; Carl Luppe aus Heidenheim (Württemberg); J. Schmitt aus Mattmannstetten (Zürich)*; J. Bär aus Männeborf (Zürich)*; Joh. Rub. Guggsberg aus Bern; Kurt Demme aus Salzufeln (Lippe-Detmold); Bened. Boos aus Baisweil (Kaufbeuren); J. Schlumpf aus Wellen (Zürich)*; Andr. Bergmann aus Innspruck; Carl Flechinger aus Frankfurt a. Main; Heinr. Kellenberger aus Walzenhausen*; Robert Capitain aus Frankfurt a. Main; Leopold Etzel aus Innspruck; Barthol. Sutter aus Schöpfheim (Baden); Johann Frischknecht aus Speizer (Schweiz)*; Ant. Busch aus Castel (Mainz); Eduard Hartmann aus Eßlingen; Franz Fabricius aus Frankfurt a. M.; Jak. Brunner aus Küßnacht (Zürich); S. Berger aus St. Johann (Salzburg); Hch Solberger aus Nürnberg; Fr. Bourbonus aus Wiesbaden; Jakob Relffen aus Bremen*; Heinrich Frick aus Frankfurt a. Main; Louis Bourquin aus Lenzburg (Aargau)*; Adolph Wechsler aus Ulm; Jacob Rügemer aus Aargau*; Nic. Tritschler aus Lenzkirch (Baden); J. B. Rieger aus München; Seb. Reden aus Wilten (Tyrol); Jos. Spieler aus Hohenems (Vorarlberg); Jean Kirn aus Mainz; Walther Faller aus Kerschach (St. Gallen); Joh. Pfister aus Gossau (St. Gallen)*; Ed. Kölsch aus Neustadt a. d. H.; Aug. Bollert aus Düsseldorf; Dr. W. Stubmann aus Bremen; Carl Steinfeln aus Frankfurt a. M.; G. F. Leist aus Neckargemünd; Heinr. Fischer aus Neustadt a. d. H.; Nikol. Jeser aus Bregenz a. Bodensee; Ludw. Herklein aus Erlangen; Benedit Platter aus Selden (Tyrol); Gottlieb Ritz aus Brugg (Aargau); Robert Wallis aus Luzern; Amand Heeren aus Hamburg; Jos. Pfenuiget aus Winlton (Luzern)*; Georg Huntel aus Bremen; Max Schlenk aus Brughausen (Bayern); Aloys Boller aus Worms; Carl Petzel aus Bremen: Peter Meßmer aus Brandenberg (Tyrol); Joh. Jacob Flud aus Basel; Jean Schwalbach aus Mainz; Mich. Sennewein aus Jnstng (Tyrol); Joh. Rößler aus Carlsruhe; Fr. Wahl aus Basel; N. Schäffel aus Neckargemünd; Joh. Heinr. Schwalb aus Frankfurt a. Main; Emil Pfenniger aus Stäfa (Zürich)*; Joh. Sutter aus Horchen (Zürich)*; Pet. Frieder. Siebold aus Eschwege (Kurhessen); Heinrich Schäfer aus Mainz; Joh. Raith aus Ottobeuren (Bayern); Caspar Hafner aus Attisweil (Zürich)*; Frz. Windwener aus Heidelberg; Aler. Schaffroth aus Siengen (Seekreis Baden); Hilmer Hücacpohl(?) aus Bremen; Hubert Drößer aus Düsseldorf; Martin Kugel aus Eßlingen (Württemberg); Jakob Schäfer aus Neustadt a. d. H.

Die mit einem * Bezeichneten nahmen statt der Becher die dafür ausgesetzten 30 Gulden.

Preis-Liste.

Auf der Feldfestscheibe Heimath.

39 Punkte. August Böllert in Düsseldorf.*) 1000 Festthaler, Ehrengabe vom Hohen Senat der freien Stadt Frankfurt. Werth: fl. 1750. — W. Krempelhuber in Tegernsee (Bayern). Ein silbernes Trinkhorn vom deutschen National-Verein. Werth: fl. 1050. — Joseph Oppenriter in Max-Josephsthal (Tyrol). Einen silbernen Pokal von den Deutschen in Rotterdam. Werth fl. 600.
38 Punkte. C. Gerecke in Hannover. Einen silbernen Humpen, Ehrengabe der Schützen-Gesellschaft in Nürnberg. Werth: fl. 500 — Georg Mundigl in Regensburg. 1 Elfenbeinpokal, Ehrengabe von Herrn Alchis in Wien. Werth: fl. 400. — J. W. Roß in Bremen. Einen Auerhahn mit 44 Ducaten, Ehrengabe von den Schützen im Vorarlberg. Werth: fl. 270.
37 Punkte. Gg. Bönicke in Braunschweig. Einen Chronometer, Ehrengabe der Kegel-Gesellschaft in Frankfurt a. M. Werth: fl. 240. — A. Barrenschien in Braunschweig. Einen silbernen Pokal, Ehrengabe von den Mitgliedern des Schützenwehr-Vereins in Berlin. Werth; fl. 210.
36 Punkte. Jacob Huber in Dornbirn (Vorarlberg). Einen silbernen Pokal, einen silbernen Teller und eine Sammlung Schweizermünzen, Ehrengabe von dem Cantonal-Schützen in Aargau. Werth: fl. 190. — J. G. Trittscheller in Lenzkirch. Paar fl. 150½; Ehrengabe von Herrn H. H. Goldschmidt in Frankfurt a. M. Werth: fl. 150½. — J. G. Heinzle in Feldkirch (Vorarlberg). Einen silbernen Pokal und einen Stutzen, Ehrengabe der Stadt Lörach (Baden). Werth: fl. 150. — Dr. Renz in Oberdischingen bei Ulm. Ein Oelgemälde (Ehrenscheibe), Ehrengabe von Herrn C. W. Pose in Frankfurt a. M, Werth: fl. 150.
35 Punkte. B. Kofler in Bozen (Tyrol). Eine goldene Uhr mit Kette, Ehrengabe von dem neuen Bürgerverein in Frankfurt a. M. Werth: fl. 140.

---

*) Der erste Preis auf die Scheibe „Heimath" war erst an Herrn Sigrist aus Mühlheim gefallen, — da derselbe 40 Punkte geschossen, — vorbehaltlich des Nachweises, daß er ein Deutscher sei. Doch hat derselbe von Basel aus dem Centralcomité telegraphirt, daß er in der ersten Begeisterung für das Schützenfest sich in den Schützenbund habe aufnehmen lassen, ohne die Statuten vorher genau gelesen zu haben. Da er nun als Schweizer nicht berechtigt sei, Mitglied des Bundes zu werden, so bitte er, seine für die Scheibe „Heimath" gethanen Schüsse als nicht geschehen zu betrachten u. s. w. Die nächste Anwartschaft auf den ersten Preis (1000 Thlr.) hatten nach ihm die Schützen Joseph Oppenriter aus Max-Josephsthal, Wilhelm Krempelhuber aus Tegernsee und Böllert aus Düsseldorf. Das Loos hat für Letzteren entschieden.

— Graf v. Bentheim in Höchst a. M. Einen Stutzen und Kasten, Ehrengabe der Deutschen in Basel. Werth: fl. 140. — G. Spanner in Fürth bei Nürnberg. Sammlung amerikanischer Münzen, Ehrengabe von Philadelphia. Werth: fl. 125.
34 Punkte. Louis Geiger in Möckmühl (Würtemberg). Einen Stutzen, Ehrengabe vom löbl. Central-Comité des eidgenössischen Schützen-Vereins in Stanz. Werth: fl. 120. — F. A. Heimburger in Münster (Westphalen). Einen silbernen Pokal, Ehrengabe von den verbündeten Männer-Gesangvereinen in Frankfurt a. M. Werth: fl. 114.
33 Punkte. Jos. v. Larrinaga in Carlsruhe. Einen Stutzen, Ehrengabe von der löbl. Central-Schützen-Gesellschaft in Zürich. Werth: fl. 110. — Hch. Seekamp in Bremen. Einen Stutzen, Ehrengabe von den Deutschen in Zürich. Werth: fl. 100.
32 Punkte. Ferd. Hölzlein in Offenburg. Ein Trinkhorn, Ehrengabe des Abgeordneten-Hauses in Berlin. Werth: fl. 88. — A. Hofer in Bevey (Schweiz). Ein Trinkhorn, Ehrengabe der Abgeordneten in Berlin. Werth: fl. 88. — Joh. Schäfer in Frankfurt a. M. Ein Trinkhorn, Ehrengabe der Abgeordneten in Berlin. Werth: fl. 88. — Georg Brantl in Meran (Tyrol). Ein Trinkhorn, Ehrengabe der Abgeordneten in Berlin. Werth: fl. 88.
31 Punkte Peter Schmidt in Bregenz. Ein Etui mit 34 Thalern, Ehrengabe der Schützengesellschaft in Freiburg (Baden). Werth: fl. 76. — J. J. Benziger-König in St. Gallen. Einen Stutzen, Ehrengabe der Deutschen in St. Gallen. Werth: fl. 70. — Simon Schmidt in München. 1 Faß Wein, Ehrengabe vom Schützenverein in Glan-Rabe. Werth: fl. 65. — C. W. Schröder, Beamter in Berlin. Einen silbernen Pokal, Ehrengabe der Schützen-Gesellschaft in Göttingen. Werth: fl. 54. — Jos. Horazek in Mindelheim (Bayern). Ein japanesisches Schwert, Ehrengabe des Herrn Nachtrieb in Stangä. Werth: fl. 50. — Fr. Gooß in Heidelberg. 50 Flaschen Wein, Ehrengabe von der Schützen-Gesellschaft in Zell (Pfalz). Werth: fl. 50. — Xaver Schreiner in München. 1 goldene Uhr, Ehrengabe von Ungenannt in Frankfurt a. M. Werth: fl. 50.
30 Punkte. H. Lackenmeyer in Düsseldorf. Auerbachs Schriften, Ehrengabe der Gesellschft zur Verbreitung nützlicher Schriften in Frankfurt a. M. Werth: fl. 50. — Joh. Hohenegger, Oberjäger in Inspruck. Einen silbernen Pokal, Ehrengabe von der Stadt und den Schützen Tübingens. Werth: fl. 48. — Joh. Kempf in Neudorf (Bayern). In Festthalern fl. 44. — Ehrengabe der Schützenge-

— 79 —

sellschaft in Bruchsal. Werth: fl. 44. — J. Kinder in Leinau. Ein halbes Tutzend silberne Löffel, Ehrengabe von der Stadt und den Schützen in Stuttgart. Werth: fl. 42. — F. Bersteсher in Geschind (Würtemberg), ½ Dutzend silberne Löffel, Ehrengabe von der Schützengesellschaft in Eßlingen. Werth: fl. 40. — C. Roleff in Camin (Pommern). 36 Flaschen Wein, Ehrengabe von dem Schützenverein in Endingen. Werth: fl. 40. — Mich. Eder in Ritzbüchel (Tyrol). 1 silberner Pokal, Ehrengabe von den Frauen in Ulm. Werth: fl. 40. — Heinrich Beutler in Reutlingen. 1 Glaspokal, Ehrengabe von dem Bürgerschützencorps in Gablonz. Werth: fl. 36.
29 Punkte. Joseph Müller in München. 1 neusilbernes Besteck, Ehrengabe von Hern G. Fürst in Berlin. Werth: fl. 30. — Jacob Huter in Bregenz. 2 leinene gestickte Taschentücher, Ehrengabe vom Oberschützenmeister Böhler in Plauen. Werth: fl. 35. — J. Hämmerle in Bregenz. Einen silbernen Becher, Ehrengabe von den Schützen und deren Freunden in Jony. Werth: fl. 30. — C. Herbsterl in Lörrach. 21 Bände Universum, Ehrengabe vom bibliographischen Institut in Hildburghausen. Werth: fl. 30. — Joh. Hell in Steinach (Tyrol). Ein halbes Dutzend silberne Löffel, Ehrengabe der Schützen-Compagnie in Mühlhausen. Werth: fl. 30. — A. Barchers in Goslar am Harz. Zwei rothwollene Bettdecken, Ehrengabe von den Schützen in Heidenheim. Werth: fl. 27. — Georg Dörr in Eichtersheim (Baden). Ein Bierglas mit silb. Deckel, Ehrengabe von der Schützengesellschaft in Wetzlar. Werth: fl. 26.
28 Punkte. Gottl. Glöckler in Berg bei Stuttgart. 1 Pokal, Ehrengabe der Schützen in Eisleben. Werth: fl. 26. — Ferd. Rasch in Braunschweig. 1 silb. Zuckerbecher, Ehrengabe der Schützen in Stuttgart. Werth: fl. 25. — Fr. Wehle in Braunschweig. 2 Kisten Pfefferkuchen, Ehrengabe von der Bruderschaft in Thorn. Werth: fl. 25. — Gg. Müller in Schopfheim (Baden). 1 silberne Schnupftabaksdose, Ehrengabe der Bruderschaft in Thorn. Werth: fl. 25. — Hch. Hoffmann in Groß-Umstadt, 1 Schußmesser, Ehrengabe der Schützen und des Schützenvereins in Friedrichsdorf. Werth: fl. 25. — Joh. Rößler in Carlsruhe. 2 blaue Vasen, Ehrengabe eines Ungenannten. Werth: fl. 25. — Fr. Gruner in Frankfurt. 1 Oelgemälde Herzog Ernst, Ehrengabe von einem Ungenannten. Werth: fl. 25. — Louis Vermetinger in Schopfheim. Ein silbernes Besteck, von den verbündeten Frankfurter Männer-Gesangvereinen. Werth: fl. 24. — Chr. Sid in Speyer. 1 silbernen Vorlegelöffel, Ehrengabe von fünf Schützen in Goslar. Werth: fl. 21. — Ferd. Nassauer in Herborn (Nassau). 1 silbernen Becher, Ehrengabe von Herrn Ph. Adam in St.

Georgshausen. Werth: fl. 20. — J. Garni in Frankfurt a. M. 1 silbernen Orden, Ehrengabe des Herrn C. Inden in Cöln. Werth: fl. 20. — Leop. Foli in Botzen (Tyrol). 1 Trinkhorn in Holz, Ehrengabe von Herrn J. L. Jaquet in Frankfurt a. M. Werth: fl. 20.
27 Punkte. G. Poling in Düsseldorf. Einen Schützenpokal in Poriarnmasse, Ehrengabe des Herrn F. L. Perninger in Frankfurt a. M. Werth: fl. 20. — Ph. Leisten in Hamburg. 1 Pack Foulard und 12 Flaschen Malaga doux, Ehrengabe des Schützenvereins in Elberfeld. Werth: fl. 20. — Jacob Ruchenreuter in Regensburg. 1 versi. Brief, Ehrengabe von einem Ungenannten aus Freiberg. Werth: fl. 20. — Paul Dräter in Oberndorf (Würtemberg). 1 westphälischen Schinken, Ehrengabe von den Schützen in Olde. Werth: fl. 20. — Mich. Paaben in Erlangen. 64 Ellen gebr. Piqué, Ehrengabe von den Schützen in Heidenheim. Werth: fl. 18. — C. Bebbis in Braunschweig. 6 Bierkrüge, Ehrengabe von der Schützengesellschaft in Sonneberg. Werth: fl. 18. — J. S. Pertner in Nürnberg. 1 Bernsteincigarrenspitze, Ehrengabe von der Schützenbruderschaft in Danzig. Werth: fl. 18. — J. M. Korb in Oberndorf (Würtemberg). 1 Fernrohr fl. 15, Zulage aus dem Einsatz fl. 3, Ehrengabe des Herrn M. Christiani in Frankfurt a. M. Werth: fl. 18.
26 Punkte. Otto Andreae in Frankfurt a. M. 1 Tintenfaß, Cigarrenetui in Elfenbein fl. 15, Zulage aus dem Einsatz fl. 3, Ehrengabe von den Schützen in Jchtershausen. Werth: fl. 18. — P.-F. Jmmel in Prichsenstadt (Bayern). 1 Cigarrenständer fl. 10, Zulage aus dem Einsatz fl. 8, Ehrengabe des Herrn von Brauch in Gorzyn. Werth: fl. 18. — Bernhart Lehmann II. in Offenbach. Eine Schützenjungfer fl. 10, Zulage aus dem Einsatz fl. 6, Ehrengabe des Herrn G. B. Bruder in Frankfurt a. M. Werth: fl. 16.

Ferner fielen auf nachstehende Punkte Geld-Prämien:

Auf 26 Punkte	2 Gab. à fl.	15	Auf 22 Punkte	3 Gab. à fl.	7
„ 26	„ 2	„ 14	„ 21	„ 1	„ 6
„ 26	„ 3	„ 12	„ 20	„ 16	„ 6
„ 26	„ 4	„ 11	„ 20	„ 20	„ 6
„ 25	„ 6	„ 11	„ 19	„ 6	„ 6
„ 24	„ 3	„ 10	„ 18	„ 4	„ 6
„ 24	„ 5	„ 9	„ 18	„ 19	„ 6
„ 23	„ 2	„ 8	„ 17	„ 45	„ 6
„ 22	„ 4	„ 8	„ 16	„ 7	„ 5

Auf der Feldfestscheibe Schill.

39 Punkte. Joseph Feldmann aus Glarus. Ein silbernes Trinkhorn, Ehrengabe Sr. Hoheit des Herzogs Ernst von Coburg-Gotha. Werth: 368 fl.

— M. Walter, Bauunternehmer aus Thiengen bei Waldshut. Ein Dutzend silberne Löffel und Gabeln in Etui, Ehrengabe der Mitglieder des Schützenbundes und Nationalvereins von Braunschweig. Werth: 200 fl. — Georg Wangersheim, Fabrikant aus Hannover. 6 Gußstahlläufe, Ehrengabe von Herrn Bergen u. Comp. in Witten a. d. Ruhr. Werth: 160 fl.

38 Punkte. F. Jung aus Frankfurt a. M. Eine goldene Uhr, Ehrengabe des Organisations-Comités des schweizerischen Festschießens in La Chaux des Fonds. Werth 140 fl. — Carl Eimen aus Sitten bei Wallis. Einen Glaspokal, Ehrengabe von Hrn. Vogelsang und Söhne in Frankfurt a. M. Werth: 136 fl. — Carl Petz aus Berlin. Einen Revolver in Etui, Ehrengabe der Schützenfreunde in Bockenheim. Werth 100 fl. — Adam Völler aus Schippach bei Aschaffenburg. Einen Stutzen im Kasten, Ehrengabe von den Schützen in Constanz. Werth: 90 fl. — Ph. Rheinberger aus Neustadt a. d. H. Einen Stutzen mit Haubajonett, Ehrengabe der Mitglieder des Schützenbundes Altenburg, Großenhain, Borna u.s.d. Löbau. Werth: 80 fl.

37 Punkte. August Hauser, Kaufmann aus Zürich. Einen Stutzen mit Ehrendiplom, Ehrengabe der Turngemeinde dahier. Werth 75 fl. — Jacob Burr aus Ulm. Eine goldene Damenuhr, Ehrengabe der Deutschen in Basel. Werth: 70 fl.

36 Punkte. Joh. Thaler aus Hering (Tyrol). Einen Schützenanzug, Ehrengabe des Hrn. Groll in Hamburg. Werth: 70 fl. — Fr. Siegenthaler aus Thun. Einen silbernen Pokal, Ehrengabe von Localfreunden des Schützenbundes in Halle a. d. Saale. Werth 66 fl. — E. Mergel aus Frankfurt a. M. Einen Stutzen, Ehrengabe des Schützenvereins in Friebberg. Werth: 60 fl. — J. Siebermann aus Aarau (Schweiz). Einen silbernen vergoldeten Pokal, Ehrengabe des Schützenvereins in Uebelbach. Werth: 60 fl. — H. Schmid aus Thalweil (bei Zürich). Einen Humpen, Ehrengabe des Schützenvereins in Düsseldorf. Werth: 60 fl. — F. Ripert aus Berlin. Einen Revolver mit Zugehör, Ehrengabe der Deutschen in Bratford. Werth: 60 fl.

35 Punkte. Alb. Schraм aus Perlih. Einen Stutzen, Ehrengabe der Schützen in Butzbach. Werth: 60 fl. — Carl Becke aus Frankfurt a. M. Einen Glaspokal, Ehrengabe der Schützengef. in Straubing. Werth: 55 fl. — Munibald Nagel aus Rothelbach (Bayern). Eine Gypsmaske von Schill, Ehrengabe des Hrn. Prof. Lindenschmitt. Werth: 50 fl. — Fr. Puchsinger aus Glarus. Einen Stutzen, Ehrengabe der Schützenges. in Freiburg i. Br. Werth: 50 fl. — Simon Bergen aus St. Johann bei Salzburg. Ein silbernes Besteck, Ehrengabe des Schützenvereins in Weilburg. Werth: 50 fl. — Paul Marchand aus Bern. Einen Stutzen, Ehrengabe des Schützenvereins in Arnstadt. Werth: 50 fl. — Franz Schmitter aus Stäfels (Glarus). 50 Flaschen Wein, Ehrengabe der Schützengesellschaft in Offenburg. Werth: 50 fl. — W. Steinlandt aus Braunschweig. Ein Kasten mit Geräthschaften, Ehrengabe einer anonymen Gesellschaft dahier. Werth: 50 fl. — Enoch Landeregge aus Heiden (Appenzell). Ein Korb Champagner, Ehrengabe des Hrn. P. A. Mumm hier Werth: 50 fl.

34 Punkte. Carl Krafft aus Erlangen. Eine goldene Uhr von einer anonymen Gesellschaft hier. Werth: 50 fl. — Joh. Rif aus Horgen bei Zürich. Einen silbernen Römer, Ehrengabe der Mitglieder des Schützenbundes in Halberstadt. Werth: 50 fl. — Jof. Eck aus Düsseldorf. Einen Stutzen, Ehrengabe der Bürger in Landau. Werth: 50 fl. — Jos. Morassi aus Holzkirchen (Ober-Bayern). Einen Revolver, Ehrengabe des Schützencorps des Turnvereins in Milwaukie. Werth 45 fl. — F. Waltmes aus München. Ein Paar Pistolen in Etui, Ehrengabe der Schützengesellschaft in Sachsenhausen. Werth: 45 fl. — Joh. Freiler aus Glarus. Einen silbernen Pokal, Ehrengabe der Schützengesellschaft in Duberstadt. Werth: 40 fl. — H. Köhnke aus Bremen. Einen Foliobad Kunst u. Literatur, Ehrengabe b. Schützengesellschaft St. Sebastian in Düsseldorf. Werth 40 fl. — W. Lals aus Staufeneick in Württemberg. Einen silbernen Pokal, Ehrengabe des Schützenvereins in Gingen a. d. Brenz. Werth: 35 fl. — Chr. Enderlin aus Melenfeld (Graubünden). Einen Meerschaum-Pfeiffenkopf mit Silber-Beschlag, Ehrengabe von einigen Schützen in Darmstadt. Werth: 30 fl. — Jac. Puntener aus Alborf (Zug). 6 Kisten Cigarren, Ehrengabe der Hrn. Gebrüder Morgenstern in Mannheim. Werth: 30 fl. — Jos. Huber aus Dornbirn (Vorarlberg). Ein Tscherkessendolch, Ehrengabe des Hrn. Dr. E. D. Müller hier. Werth: 25 fl. — Joseph Roth aus Inkwyl (Bern). 10 Flaschen Rhäthzjger Ausbruch, Ehrengabe des Hrn. H. Arnold in Chur bei St. Gallen. Werth: 25 fl. — Schnee-Leuzinger aus Bern. Einen Toilettspiegel mit Hirschhorn, Ehrengabe des Hrn. Bing jun. hier. Werth: 25 fl. — Joh. Hetz aus Oteriden (Zürich). Ein Plaid, Ehrengabe des Schützenvereins in Elberfeld. Werth: 20 fl. — E. Kubli aus Glarus. Ein Paar Pistolen, Ehrengabe des Hrn. Th. Geßner in Meseritsch. Werth: 20 fl. — Herm. Klett aus Zella bei Gotha. Ein Band Schiller-Gallerie, Ehrengabe des Hrn. Brockhaus in Leipzig. Werth: 20 fl. — F. Huster in Chur. Eine Bernstein-Cigarrenspitze, Ehrengabe v. d. Friedrich-Wilhelm Schützenbruderschaft in Danzig. Werth: 18 fl. — B. Lehmann II. aus Offenbach. Einen Malweinlöffel, Ehrengabe d. Bruderschützen in Cöln. Werth: 15 fl. — Jacob Winkler in Zürich. 4 Lithographien 10 fl., Zulage vom Einsatz 5 fl. Werth: 15 fl. — Hauser aus Richterswyl. 2 Kupferstiche 10 fl., Zulage vom Einsatz 4 fl. Werth: 14 fl.

Ferner fielen auf nachstehende Punkte Geld-Prämien:

Auf 33 Punkte 4 Gab. à fl. 12					Auf 27 Punkte 3 Gab. à fl. 7							
"	33	"	1	"	"	11	"	27	"	12	"	" 6
"	33	"	3	"	"	10	"	26	"	8	"	" 6
"	32	"	5	"	"	10	"	25	"	6	"	" 6
"	32	"	2	"	"	9	"	24	"	9	"	" 6
"	31	"	5	"	"	9	"	23	"	16	"	" 6
"	30	"	3	"	"	9	"	22	"	9	"	" 6
"	30	"	5	"	"	8	"	22	"	5	"	" 5
"	29	"	5	"	"	8	"	21	"	17	"	" 5
"	29	"	2	"	"	7	"	20	"	39	"	" 5
"	28	"	16	"	"	7						

Auf der Feldfestscheibe Palm (Buchhändler).

40 Punkte. Kaufmann F. Weber in Hausen (Schweiz). 1 Oelgemälde, Ehrengabe von dem Turnerbund in Bayern. Werth: 500 fl. — Metzgermeister L. Metzger in Feldkirch (Oesterreich). 1 Dampfboot, Ehrengabe von dem Schützenverein in Lübeck. Werth: 350 fl.

39 Punkte. G. Spiegelhalter i. Basel (Schweiz). 1 Elfenbeinpokal, Ehrengabe vom Schützenverein in Graz. Werth: 150 fl. — Kellermeister J. Kirn in Mainz. 1 silb. Pokal, Ehrengabe von Herrn J. H. und C. H. Hayn in London. Werth: 140 fl.

38 Punkte. W. Eipf in Frankfurt a. M. 1 silb. Römer mit Deckel, Ehrengabe von dem Bezirks-Schützenverein in Gotha. Werth: 125 fl. — A. Knapp in Basel (Schweiz). 1 bronzene Statue, darstellend Göthe, Ehrengabe von einer anonymen Gesellschaft in Frankfurt a. M. Werth: 100 fl. — Sattler-Meister P. Feldkirchner in Lörrach (Baden). 1 bronzener Hirsch, Ehrengabe von der zoologischen Gesellschaft in Frankfurt a. M. Werth: 100 fl. — Böttcher-Meister Walther in Schneeberg (Sachsen). 2 silberne Brodkörbchen, Ehrengabe von einer anonymen Gesellschaft in Frankfurt a. M. Werth: 100 fl.

37 Punkte. Finanzrath E. Tarnoeczy in Innspruck (Tyrol). 1 Stutzen mit Tasche, Ehrengabe von der Gesellschaft Frohsinn in La Chaux des Fonds. Werth: 80 fl. — Johann Debler in Wolfhalden (Tyrol). 1 Kiste Wein, Ehrengabe von einem National-Vereins-Mitglied in Rüdesheim. Werth: 80 fl. — Jäger M. Meßner in Brandenberg (Oesterreich). 1 Stutzen, Ehrengabe von dem Bezirksschützenbund in Oldenburg. Werth: 70 fl. — Büchsenmacher J. B. Rieger in London. 1 Stutzen, Ehrengabe von der Schützengilde in Ulm. Werth: 70 fl. — Landwirth E. Baumann in Schönenberg (Schweiz). 1 Stutzen, Ehrengabe von den Deutschen in Solothurn. Werth: 60 fl. — C. Schüler in Sulz (Tyrol). 1 gläsernen Pokal, Ehrengabe von dem Schützenverein in Teplitz. Werth: 60 fl. — Conrad Cristern in Wolfenschiesen (Tyrol). 1 Stutzen, Ehrengabe von den Männergesangverein in Frankfurt a. M. Werth: 60 fl. — M. Frey in Oberstraße (Schweiz). 1 silb. Dose, Ehrengabe von C. Josty in Magdeburg. Werth: 55 fl.

36 Punkte. Privatier P. Rechter in Bremen. 1 Stutzen, Ehrengabe von der Schützengesellschaft in Lahr. Werth: 50 fl. — B. A. Amend in Darmstadt. 2 Lampen, Ehrengabe von einer anonymen Gesellschaft in Frankfurt a. M. Werth: 50 fl. — Forstgehülfe L. Dennecke in Helmstädt (Braunschweig). 1 Ehrenscheibe mit Wolf, Ehrengabe von Barischnikeff in Frankfurt a. M. Werth: 50 fl. — Lehrer C. A. Enderlein in Mainfeld (Schweiz). 1 Reisetasche, Ehrengabe von einer anonymen Gesellschaft in Frankfurt a. M. Werth: 50 fl.

35 Punkte. Studios. A. Heeren in Hamburg. 1 Faß Wein, Ehrengabe von M. J. Heppting in Rotenbach. Werth: 50 fl. — Privatier Fr. Bergmann in Sprendlingen (Hessen-Darmstadt). 1 Stutzen, Ehrengabe von der Feuerwehrschützengesellschaft in Hanau. Werth: 50 fl. — Landwirth M. Steinlechner in Widers (Oesterreich). 12 silberne Theelöffel, Ehrengabe von der Schützengesellschaft in Oberlahnstein. Werth: 50 fl.

34 Punkte. Rentier A. Klein in München. 1000 St. Cigarren, Ehrengabe von Herz und Löwe in Höchst a. M. Werth: 45 fl. — Büchsenmacher C. Meuthof in Langenberg (Preußen). Ehrengabe in Festthaler, von dem Schützenbund in Saargau 44 fl. — Landwirth A. Schmidt in Thalweil (Schweiz). 1 Fußteppich, Ehrengabe von den Schützengesellschaft in Bonn. Werth: 40 fl. — Landwirth H. Bruppacher in Horgen (Schweiz). 2 Thermometer u. 2 Aschenbecher, Ehrengabe von dem Schützenverein in Dietz. Werth: 40 fl. — Holzhändler P. Steurer in Bregenz (Tyrol). 1 Kiste Wein, Ehrengabe vom Schützenverein in Gernsbach. Werth: 40 fl. — Advokat Otto Brückmann in Hannover. 1 silbernen Becher, Ehrengabe von dem Schützenverein in Kehl. Werth: 36 fl. — Student G. Süßkind in Augsburg. 1 Dtz. silberne Theelöffel, Ehrengabe von dem Schützenverein in Alsfeld. Werth: 30 fl. — Gutsbesitzer J. O. Zangenmeister in Wechmar (Gotha). 1 Stahlstich (der vom Blitz erschlagene Schäfer), Ehrengabe von Herrn B. Dondorf in Frankfurt a. M. Werth: 30 fl. — Commis H. Strickler in Seefeld (Schweiz). 1 Bierglas, Ehrengabe von dem Colleg z. f. E. in Frankfurt a. M. Werth: 26 fl. — Staats-Anwalt J. Sterzing in Gotha (Sachsen). 1 Ladkästchen, Ehrengabe von den freien Handschützen in Höchst a. M. Werth: 25 fl. — Kaufmann P. Marchand in Souvillier (Schweiz). 1 Kiste moussirender Weine, Ehrengabe von Kuenzer und Sohn in Freiburg. Werth: 24 fl.

11

33 Punkte. A. Isler aus Richterswyl (Schweiz). 1 Oeldruckbild von Herrn H. Meitzen in Frankfurt a. M. Werth: fl. 25. Fabrikant P. Leisten in Hamburg. 25 Flaschen Förster und 25 Flaschen Ale, Ehrengabe von dem Schützenverein in Puppenheim. Werth: fl. 25. Franz Kriep in Neuenburg, (Schweiz). 1 silb. Leuchter, Ehrengabe von der Schützengilde in Schneeberg. Werth: fl. 22. Pulverfabrikant L. Unterberger in Aachenthal, (Tyrol). 1 Album mit Photographie, Ehrengabe von der adeligen und bürgerlichen Gesellschaft in Salzburg. Werth fl. 20. Grubenbesitzer F. D. Treupel in Herborn (Nassau). 12 Flaschen Wachholdergeist, Ehrengabe von Alpprolsbau-Schappach. Werth: fl. 18. G. Walzer in Giesingen, (Schweiz). Ehrengabe, 1 Buch, Männer der Reformation 5 fl. 24, baar von der Comite-Casse 10 fl. Werth: 15 fl. 24 kr. Landwirth H. Kellenberger in Walzenhausen, (Schweiz). 4 Paar Jagdtamaschen, Ehrengabe von der Schützengesellschaft in Usingen fl. 5. baar von der Comite-Casse fl. 10. Werth: fl. 15. Kaufmann M. Bischoff in Weinfelden (Schweiz). 1 Jatagan-Beil, Ehrengabe von dem Schützenverein in Gotha fl. 5, baar von der Comite-Casse fl. 8. Werth: fl. 13. Kaufmann L. Odenheimer in Mannheim, (Baden), 1 silberne Luntenbüchse, Ehrengabe von Herrn Hofbaurath Demler in Schwerin. Werth: fl. 12. Herr Lieutnant J. Huber in Grungen, (Schweiz), Hartigs Lexikon für Jäger, Ehrengabe von der Nikolai'schen Verlagshandlung in Berlin 6 fl., baar von der Comite-Casse 6 fl. Werth: fl. 12.

Ferner fielen auf nachstehende Punkte Geld-Prämien:

Auf 32 Punkte	3 Gaben	à fl. 11	Auf 27 Punkte	6 Gaben	à fl. 6
„ 31	„ 1	„ 11	„ 25	„ 12	„ 6
„ 31	„ 6	„ 10	„ 24	„ 7	„ 6
„ 30	„ 9	„ 9	„ 23	„ 7	„ 6
„ 29	„ 1	„ 9	„ 22	„ 10	„ 6
„ 29	„ 8	„ 8	„ 21	„ 13	„ 6
„ 28	„ 2	„ 8	„ 20	„ 63	„ 5
„ 28	„ 10	„ 7	„ 19	„ 9	„ 6
„ 27	„ 7	„ 7			

Auf der Feldfestscheibe Andreas Hofer.

40 Punkte. Fridolin Schwitter aus Näfels (Glarus). Ein silbernes Besteck, Ehrengabe vom alten Bürgerverein in Frankfurt am Main. Werth: fl. 400.

39 Punkte. Johann Büchele aus Chur (Schweiz). Ein Schnitzwerk, Ehrengabe von den Schützen in Tyrol. Werth: fl. 300. A. Eiebinger, Bierbrauer in München. 1 silbernen Pokal von der Schützengesellschaft in Hamburg. Werth: fl. 210. Kaspar Schmidt aus Zürich (Schweiz) 2 Glaskandalaber, Ehrengabe von P. A. Tacchi's Nachfolger aus Frankfurt a. M. Werth: fl. 160. H. Bockmann, Maschinenbauer aus Goslar (Hannover) 22 Goldgulden, Ehrengabe von der Schützengesellschaft aus Würzburg. Werth: fl. 125.

38 Punkte. Joseph Auffendorfer, Handelsmann in Niedendorf (Tyrol) 1 Doppelflinte mit Zubehör, Ehrengabe von Waibmännern aus Frankfurt und Sachsenhausen. Werth: fl. 100. Peter Stocker aus Münster (Cant. Luzern). 1 Uhr im Marmorgehäuse, Ehrengabe von einer anonymen Gesellschaft in Frankfurt a. M. Werth: fl. 100. Josef Sattler, Händler aus Dels (Bayern). 1 Kiste Wein, Ehrengabe von Nationalvereinsmitgliedern in Rüdesheim. Werth: fl. 80. Oswald Sachse, Kaufmann in Frankfurt a. M. 1 goldene Vorsiednadel, Ehrengabe von einer anonymen Gesellschaft in Frankfurt a. M. Werth: fl. 100. Jakob Berneggler aus St. Gallen (Schweiz) 1 Stutzen, Pulverhorn und Patrontasche, Ehrengabe von dem Oberrheinischen Turnerbund Werth: fl. 80. J. Kirscher aus Grünstadt (Rhein-Pfalz) 1 Standuhr, Ehrengabe von einigen Bürgern aus Leipzig. Werth: fl. 70.

37 Punkte. Franz Josef Infanger aus Altdorf (Cant. Uri). 1 Standuhr, Ehrengabe vom Turnverein aus Kaiserslautern. Werth: fl. 60. Gottlieb Kitz aus Bruck (Cant. Aargau) 1 silberner Pokal, Ehrengabe von J. H. Ph. Schott Söhne aus Frankfurt a. M. Werth: fl. 70.

36 Punkte. Ferdinand Nassauer, Bäcker aus Herborn (Nassau) 10 Ducaten in Etui, Ehrengabe von der Stadt-Schützengilde aus Reutlingen. Werth: fl. 60. Wilhelm Reiz aus Heusenstamm (Hessen) 1 porzellanenes Déjeuner, Ehrengabe vom Schützenverein aus Meissen. Werth: fl. 55. Johann Hafner aus Bozen (Tyrol) 1 Paar Pistolen in Etui, Ehrengabe vom Schützenverein aus Wiesbaden. Werth: fl. 50. Jakob Spies aus St. Gallen (Schweiz) 2 silberne Leuchter, Ehrengabe von einer anonymen Gesellschaft aus Frankfurt am Main. Werth: fl. 50. Tschudy, Hauptmann aus Schwanden (Cant. Glarus) 1 silbernen Becher, Ehrengabe von der Schützengesellschaft aus Hof (Bayern). Werth: fl. 50. Johann Eugster aus Wald (Cant. Appenzell) 1 silberner Korb, Ehrengabe von S. Sulzbach aus Frankfurt a. M. Werth: fl. 50. N. Mertes, Weinhändler aus Neustadt a. d. Hardt 1 Photographie, (Burg Stein), Ehrengabe vom Schützenverein aus Ems. Werth: fl. 50. Eberhardt, Kupferstecher aus Gotha 8 Ducaten, Ehrengabe von der Schützengilde aus Kaufbeuern (Bayern). Werth: fl. 45. J. Freuler aus Glarus (Schweiz) 24 Flaschen moussirender Wein, Ehrengabe von Ch. Kaiser aus Oppenheim. Werth: fl. 44.

35 Punkte. Conrad Dechslin, Holzhändler aus Basel (Schweiz) Schlosser's Weltgeschichte 19 Bände,

Ehrengabe von F. Flinsch aus Frankfurt a. M. Werth: fl. 42. Caspar Häuser aus Rapperswyl (Schweiz) 1 silbernet Pokal, Ehrengabe von den Mitgliedern des deutschen Schützenbundes von Osnabrück. Werth: fl. 40. Barthl. Flüger, Fabrikant aus Schopfenheim (Baden). 1 silbernes Trinkhorn, Ehrengabe von dem Handwerkerverein aus Stettin (Preußen). Werth: fl. 40. Conrad Baumann aus Zürich (Schweiz) 1 Marmortisch, Ehrengabe vom Schützenverein aus Kreuznach. Werth: fl. 40. Joh. Rinker, Wirth in Langenau (Schweiz) ½ Dutzend porzellanene Teller, Ehrengabe von vier Schützen aus Breitenbach. Werth: fl. 32. H. Waldau, Tischler in Braunschweig 1 silberner Becher, Ehrengabe von der Schützengesellschaft in Ludwigshafen. Werth: fl. 30. Caspar Staub aus Oberüben (Cant. Zürich) 1 silberner Becher, Ehrengabe von der Schützengesellschaft in Eningen. Werth: fl. 30. F. Meebold aus Heldenheim (Würtemberg) 1 Revolver, Ehrengabe von der Schützengesellschaft aus Schweinfurt (Bayern). Werth: fl. 30. 34 Punkte. Heinrich Stuhl aus Herborn (Nassau) 1 Marmorurne, Ehrengabe von den Schützen aus Camberg und Idstein. Werth: fl. 25. G. Spanner aus Fürth (Bayern). 25 Blechflaschen Pulver, Ehrengabe von W. Liesenburg aus Offenburg. Werth: fl. 25. Johann Brügner aus Gratz bei Meran (Tyrol) 1 Becher, Ehrengabe von der Schützengesellschaft aus Speyer (Bayern). Werth: fl. 24. J. F. Sonderegger aus Trogen (Schweiz) 1 Kiste moussirender Wein, Ehrengabe von Kuenzer u. Sohn in Freiburg (Baden). Werth: fl. 24. J. Humbler-Höfler, Bauer aus Steinach (Tyrol) 12 Flaschen Punsch-Essenz, Ehrengabe von J. G. Hüter aus Leipzig. Werth: fl. 21. 33 Punkte. Gottfried Murriggel aus Feldkirch (Vorarlberg) 2 wollene Tischdecken, Ehrengabe vom Schützenverein aus Lauterbach. Werth: fl. 20. J. Linse aus Bopfingen (Würtemberg) 1 Coupon Schützentuch, Ehrengabe vom Schützenverein aus St. Lamprecht. Werth: fl. 20. Nicolaus Hofer aus Hall in Tyrol 1 Jagdmesser, Ehrengabe vom Schützenverein aus Limburg. Werth: fl. 20. Georg Linsenmayer, Gastgeber in Heilbronn 1 Jagdmesser, Ehrengabe vom Schützenverein aus Limburg (Nassau). Werth: fl. 20. Wolbemar Oserbed, Kaufmann aus Wiesbaden (Nassau) 12 Flaschen Himbergeist, Ehrengabe vom Schützenverein aus Rippoldsau-Schappach. Werth: fl. 18. Caspar Hotz, Landwirth in Fölanben (Schweiz) Engel's Schriften und Sagen aus der Schweiz, Vogt's Bilder aus dem Thierleben: Werth fl. 12. in Baar fl. 6. Werth: fl. 18. Gottfried Brendli aus Wendenspyl (Cant. Zürich) 1 Paar Blumenvasen, Ehrengabe von C. Schmidt aus Pößnect fl. 6. in Baar fl. 10. Werth: fl. 16. Johann P. Streif aus Schwanden (Glarus) 6 Flaschen Welsenbitter fl. 12, Ehrengabe von Dr. Georg aus Oldenburg, in Baar fl. 4. Werth: fl. 16. 32 Punkte. J. Euler aus Oberhausingen (Hessen): Hartig's Lexicon für Jäger, Ehrengabe von der Nicolai'schen Verlagshandlung in Berlin fl. 6. an Baar fl. 8. Werth: fl. 14.

Ferner fielen auf nachfolgende Punkte Geld-Prämien:

Auf 32 Punkte	2 Gaben à fl. 12	Auf 27 Punkte	7 Gaben à fl. 6
„ „	2 „ „ 11	„ „	„ 26 „ „ „ 10 „ „ „ 6
„ 31	„ 6 „ „ 10	„ 25	„ 10 „ „ „ 6
„ „	„ 1 „ „ 9	„ 24	„ 9 „ „ „ 6
„ 30	„ 9 „ „ 8	„ 23	„ 7 „ „ „ 6
„ 29	„ 5 „ „ 8	„ 22	„ 17 „ „ „ 6
„ „	„ 2 „ „ 7	„ 21	„ 11 „ „ „ 5
„ 28	„ 15 „ „ 7	„ 20	„ 59 „ „ „ 5
„ 27	„ 3 „ „ 7		

Auf der Feldfestscheibe Körner.

40 Punkte. v. Suri in Köln. 1 silbernes Trinkhorn, Ehrengabe von den Schützen in Wien. Werth: fl. 700. 39 Punkte. Aug. Klein in München. 1 silbernen Pokal, Ehrengabe von dem Schützenverein in Bremen. Werth: fl. 220. Gdr. Friedr. Medel in Herborn (Nassau). 1 Hermanns-Denkmal, Ehrengabe von der Turngemeinde in Hanau. Werth: fl. 175. Jac. Müller in Winterthur (Schweiz). 1 goldne Uhr, Ehrengabe von dem Organisations-Comite in La Chaux des Fonds. Werth: fl. 140. Joseph Beiser in Innspruck (Tyrol). 12 silberne Eß-, 2 Suppen- und 1 Vorleglöffel, Ehrengabe von der Schützengesellschaft in Lüneburg. Werth: fl. 135. Gustav Wilhelm in Oberweilbach (Thüringen). 1 Stutzen, Ehrengabe von den Schützen in Homburg v. d. H. Werth: fl. 100. 38 Punkte. Jacob Fuchs in St. Gallen (Schweiz). 1 Stutzen mit Tasche, Ehrengabe von den Feuerwehrschützen in Basel. Werth: fl. 100. B. Boos in Beßniel bei Kempten. 1 Stutzen, Ehrengabe von dem Schützenverein in Heidelberg. Werth: fl. 100. J. A. Tritscheller in Lenzkirch (Baden). 1 goldne Uhr mit Kette, Ehrengabe von einer anonymen Gesellschaft in Frankfurt am Main. Werth: fl. 100. Emil Pfenniger in Stäfa (Zürich). 1 Dtz. silberne Löffel, Ehrengabe von der Schützengilde in Heilbronn. Werth: fl. 90. J. F. Sturzenegger in Trogen (Appenzell). 1 silberner Pocal mit Teller, Ehrengabe von der Schützengesellschaft in Hagenfurth. Werth: fl. 80. Marx von Gallimberti in Bamberg (Bayern). 1 silbernen Gemüse- und ½ Dtz. silb. Eßlöffel, Ehrengabe von dem freiwilligen Scharfschützen-Corps in Frankfurt am Main. Werth: fl. 70. 37 Punkte. Johann Staub in Wädensweil (Schweiz). 1 silbernes Ventilhorn, Ehrengabe von dem Festausschuß in Gotha. Werth: fl. 70. R.

Maroner in Landeck (Tyrol). 1 Stutzen, Ehrengabe von dem Turnverein in Frankf. a. M. Werth: fl. 70. C. Mergel in Frankfurt a. M. 1 silbernen Pokal, Ehrengabe von dem Schützenverein in Hof. Werth: fl. 60. Johann Sauer in Homburg. Göthe's sämmtliche Werke, Ehrengabe von den Vereinen in Sachsenhausen. Werth: fl. 60. Kaufmann August Schmidt in Neustadt bei Magdeburg. 1 Revolver, Ehrengabe von den Deutschen in Bratford in England. Werth: fl. 60. Franz Tühringer in Micheldorf (Ober-Oesterreich). 1 Stutzen, Ehrengabe von dem Schützenverein in Coburg. Werth: fl. 60. Leop. Prugger in Bozen (Tyrol). 1 neusilbernen Teller, Ehrengabe von Henniger u. Comp. in Berlin. Werth: fl. 55.
  36 Punkte. A. Bremm in Zillerthal (Tyrol). 1 silbernen Pokal, Ehrengabe von dem Schützenverein in Cassel. Werth: fl. 54. J. H. Bemecke in Bremen. 1 silbernen Pocal, Ehrengabe von dem Schützenverein in Sebnitz. Werth: fl. 50. Paul Spamann in Ravenburg. 2 Achat-Schaalen, Ehrengabe von dem Schützenverein in Jbar. Werth: fl. 50.
  35 Punkte. Carl L. Eckstein in Unterschöbling (Schwarzburg-Rudolstadt). 1 Büchse, Ehrengabe von dem Schützenverein in Eppingen. Werth: fl. 50. C. Christern in Wolfenheim. 1 Reisetasche, Ehrengabe von einer anonymen Gesellschaft in Frankfurt a. M. Werth: fl. 50. G. Kohlfuchs in Rorschach (Schweiz). 1 goldne Uhr, Ehrengabe von einer anonymen Gesellschaft in Frankfurt a. M. Werth: fl. 50. T. A. Schneiber in Zell (Baden). 1 silbernen Korb, Ehrengabe von S. Sulzbach in Frankfurt a. M. Werth: fl. 50. J. A. Damm in Elbersfeld. 1 Stutzen, Ehrengabe von den Bürgern in Landau. Werth: fl. 50. Johann Ringer in Langenau (Schweiz). 1 Besteck mit 6 Eßlöffel, Ehrengabe von den Bürgern in Landau. Werth: fl. 50. Franz Tischler in München. 2 silberne Leuchter, Ehrengabe von dem Schützenverein in Gießen. Werth: fl. 50.
  34 Punkte. Gottlieb Glöckner in Berg bei Stuttgart. 1 goldene Nabel und 1 Jaspisring. Werth: fl. 45. C. Wildmer in Etteswyl (Schweiz). 1 vergoldeten Hirschfänger, Ehrengabe von A. Kirschbaum in Solingen. Werth: fl. 45. H. Bruppacher in Horgen (Schweiz). 18 Bände von Göthe, Ehrengabe von dem Frankfurter Verein. Werth: fl. 40. W. Krempelhuber in Tegernsee (Bayern). 25 Flaschen Wein, Ehrengabe von dem Schützenverein in Eltoille. Werth: fl. 35. A. Bairer in Beuthe (Tyrol). 1 silbernen Becher, Ehrengabe von der Schützengesellschaft in Grünstadt. Werth: fl. 33. Jac. Spieß in St. Gallen (Schweiz). 1 silbernen Pocal, Ehrengabe von der Schützengesellschaft in Wertheim. Werth: fl. 30. M. Meßner in Brandenburg (Tyrol). 25 Flaschen Calmüser, Ehrengabe von A. Stahlschmidt in Halberstadt. Werth: fl. 30. Jacob Pfister in Gassan in Zürich. 1 silbernen Vorleglöffel, Ehrengabe von dem Schützenverein in Osterode. Werth: fl. 25. Franz Waldmann, Forstmeister in München. 1 silbernen Vorleglöffel, Ehrengabe von dem Schützenverein in Dresden. Werth: fl. 25. F. W Langenbach in Nürnberg. 1 Kiste Wein, Ehrengabe von den Schützen in Alsheim. Werth: fl. 25. Eduard Freihut in Oberlingen. 1 silberner Vorleglöffel, Ehrengabe von der Schützengilde in Aschersleben. Werth: fl. 25. H. Stard in Buchter (Schweiz). 1 Bierglas mit silbernem Deckel, Ehrengabe von den Frauen und Jungfrauen in Offenbach. Werth: fl. 20.
  33 Punkte. Mathias Lenz in Wilder (Meiningen). 1 Bernstein-Cigarrenspitze, Ehrengabe von der Friedrich-Wilhelm-Bruderschaft in Danzig. Werth: fl. 18. Joh. Stopfer in Horgen (Schweiz). 1 Besteck in Elfenbein, 2 Stahlmesser und 2 Jagdmesser in Schilbkrot. Ehrengabe fl. 15., baar von der Comite-Casse fl. 3. Werth: fl. 18.
  32 Punkte. Aug. Wöllert in Düsseldorf. 1 Cigarren-Becher von Porcellan, Ehrengabe von den Mitgliedern des Schützenbundes in Pösneck. Werth: fl. 15. F. Jäger in Lörrach (Baden). Hartigs Lexikon für Jäger, Ehrengabe von der Nicolai'schen Verlagshandlung in Berlin fl. 6., baar von der Comite-Casse fl. 9. Werth: fl. 15.

Ferner fielen auf nachstehende Punkte Geld-Prämien:

Auf 32 Punkte 2 Gaben à fl. 14	Auf 28 Punkte 2 Gaben à fl. 6
„ 32 „ 2 „ „ 12	„ 27 „ 11 „ „ 6
„ 32 „ 2 „ „ 11	„ 26 „ 9 „ „ 6
„ 32 „ 2 „ „ 10	„ 25 „ 13 „ „ 6
„ 31 „ 2 „ „ 10	„ 24 „ 10 „ „ 6
„ 31 „ 7 „ „ 9	„ 23 „ 7 „ „ 6
„ 30 „ 4 „ „ 8	„ 22 „ 8 „ „ 6
„ 29 „ 5 „ „ 8	„ 21 „ 13 „ „ 5
„ 29 „ 9 „ „ 7	„ 20 „ 51 „ „ 5
„ 28 „ 11 „ „ 7		

Auf der Stand-Festscheibe Deutschland.

Theiler. 14 C. Bechtel, Holzhändler in Hanau. Einen Elfenbeinpokal, Ehrengabe von der Stadt Wien. Werth: fl. 1,300. Th. 20. J. Fey, Oeconom in Bregenz. Im Festthalern eine Ehrengabe von den Schützen in Frankfurt a. M. Werth: fl. 1000. Th. 30. A. Bröß, Buchbinder in Braunschweig. 1 Tafelaufsatz, Ehrengabe von den Abgeordneten in Berlin. Werth: fl. 875. Th. 52. P. Feyer, Kaufmann in Frankfurt a. M. 1 Fahne, Ehrengabe von der privilegirten Hauptschützen-Gesellschaft in München. Werth: fl. 700. Th. 61. H. L. Schöneberger, Kaufmann in Kaiserslautern. 1 Tafelaufsatz, Ehrengabe von den Deutschen in Amsterdam. Werth: fl. 600. Th. 79. R. Mertes, Weinhändler in Neustadt a. d. H. 1 silbernen Pokal, Ehrengabe von P. Bruckmann in Heilbronn. Werth: fl. 400. Th. 80. J. J. v. Jenisch, Kaufmann in Kempten. 1 Stutzen, Ehrengabe von den Turnern in Wien. Werth: fl. 290. Th. 90. A. Majer, Rentier in Feldkirch (Oesterreich). 1 Stutzen, Ehrengabe von deutschen Brüdern in Zürich. Werth: fl. 280. Th. 106. J. Holzapfel, Förster in München. Ehrengabe von den Schützen in Mainz. Werth: fl. 250. Th. 117. F. Lippert, Büchsenmacher in Hof. 1 silbernen Pokal, Ehrengabe von der Stadt Lahr. Werth: fl. 200. Th. 119. G. Clarb, Zimmermann in Waging. 1 Stutzen, Ehrengabe von den Schützen in Tyrol. Werth: fl. 200. Th. 136. L. Dachlauer, Fabrikant in Fürth. 1 silbernen Pokal von den deutschen Turnern in London. Werth: fl. 180. Th. 161. J. Kelsin, Oeconom in Ludwigshafen. 1 silbernes Becken mit 25 Ducaten, Ehrengabe von der Urschützengesellschaft in Frankfurt a. M. Werth: fl. 160. Th. 163. F. Marburg, Kaufmann in Wiesbaden. 1 Stutzen mit Kasten, Ehrengabe von den Deutschen in Basel. Werth: fl. 140. Th. 167. A. Folbeschner, Kaufmann in Tubel (Tyrol). 1 goldene Uhr mit Kette, Ehrengabe von dem neuen Bürgerverein in Frankfurt a. M. Werth: fl. 130. Th. 168. Bücher, Professor in Zürich. 1 Stutzen mit Kasten, Ehrengabe von den Deutschen in Basel Werth: fl. 120. Th. 178. Jos. Feichtinger, Goldarbeiter in Erding (Würtemberg). 1 Stutzen, Ehrengabe von den deutschen Arbeitern in Zürich. Werth: fl. 120. Th. 179. B. Salzmeier, Büchsenmacher in Pelz (Oesterreich). 1 Stutzen von dem löbl. Central-Comité des eidgenössischen Schützenwesens in Zürich. Werth: fl. 120. Th. 192. J. Tischler, Büchsenmacher in München. 1 Stutzen, Ehrengabe von der Central-Schützengesellsch. in Zürich. Werth: fl. 110. Th. 193. J. Heilmann, Techniker in Leipzig. 1 silbernen Pokal, Ehrengabe von den Deutschen in St. Gallen. Werth: fl. 95. Th 195. J Straßberger, Büchsenmacher in Frauenstein. 1 goldene Uhr, Ehrengabe von den Deutschen in Neuenburg. Werth: fl. 95. Th. 196. G. Gobel, Rentier in Eisleben. 1 vergoldeten Hirschfänger, Ehrengabe von dem Schützenverein in Solingen. Werth: fl. 90. Th. 197. E. Müller, Metzger in Magdeburg. 1 Kiste Wein von den Rationalvereinsmitgliedern in Rüdesheim. Werth: fl. 80. Th. 214. D. Johann, Kaufmann in Ludwigshafen. L silbernen Trinkhorn mit Gemskopf, Ehrengabe vom privilegirten Schützenverein in Kempten.Werth:fl. 80. Th. 226. A. Walch, Verleger in Augsburg. 1 goldene Anteruhr, Ehrengabe von den Schützen in Stuttgart. Werth: fl. 77. Th. 230. B. Großauer, Fabrikant in Uebelbach. 1 Stutzen, Ehrengabe von den Deutschen in St. Gallen. Werth: fl. 70. Th. 232. Ph. Jelin in Richterswyl. 1 Kristallpokal, Ehrengabe von dem Schützengesl. in Bamberg. Werth: fl. 70. Th. 232. G. Hösler, Schmied in Fuschere. 1 goldenen Ovalspiegel, Ehrengabe von der Schützengesellschaft in Fürth.

Werth: fl. 70. Th. 236. C. Hammerer, Kaufmann in Augsburg. 2 Blumenvasen, Ehrengabe von der Schützengesellsch. in Leipzig. Werth: fl. 60. Th. 236. Ph. Schrob, Schmied in Speier. 1 Stutzen, Ehrengabe von der Schützengesellschaft in Wiesbaden. Werth: fl. 60. Th. 239. J. Winter, Bäcker in Lörrach. 1 silbernen Pokal, Ehrengabe von der Schützengesellschaft in Schöpfheim. Werth: fl. 60. Th. 245. Dr. J W. Pezold in Solothurn. 1 silbernen Pokal, Ehrengabe von den Schützen in Stuttgart. Werth: fl. 58. Th. 247. E. A. Huber, Büchsenmacher in Stuttgart. Damastgedeb, Ehrengabe von den Bürgern in Bielefeld. Werth: fl. 52½. Th. 250. A. H. Jansen, Weinhändler in Hamburg. 6 silberne Eßlöffel, Ehrengabe von Hrn. Hohenemser in Frankfurt a. M. Werth: fl. 50. Th. 260. E. Herbster, Kaufmann in Lörrach. 1 silbernen Pokal, Ehrengabe vom Schützenverein in Karlsruhe. Th. 261. D. Sulaß, Müller in Leiteisel (Tyrol). 1 Stutzen, Ehrengabe von der Schützengilde in Oberndorf. Werth: fl. 50. Th. 264. A. Kitzel, Hutmacher in Innspruck. 1 Delgemälde von Marell, Ehrengabe von Hrn. J. G. Strauß in Frankfurt a. M. Werth: fl. 50. Th. 266. Chr. Friebe, Büchsenmacher in Mühlhausen. 1 Stutzen, Ehrengabe von dem Schützenverein in Trier. Werth: fl. 50. Th. 272. F. Grether, Oeconom in Lörrach. 1 Hirschfänger, Ehrengabe von 10 deutschen Turnern in Paris. Werth: fl. 45. Th. 282. G. Krauß, Maschinenmeister in Zürich. 1000 St. Cigarren, Ehrengabe von den Hrn. Herz u. Löwe in Höchst Werth: fl. 40. Th. 283. R. Geiger, Kaufmann in Schöpfheim. 36 Flaschen Wein, Ehrengabe vom Schützenverein in Endingen. Werth: fl. 40. Th 292 D. Bleißing, Kaufmann in Neustadt. 1 Korb, Ehrengabe vom Schützenverein in Reutlingen. Werth: fl. 40. Th. 293. F. Waltmann, Förster in München. 1 silbernen Pokal, Ehrengabe von der Schützenbruderschaft in Botsfeld. Werth: fl. 35. Th. 293. F. Thüringer, Wirth in Michelsdorf. 1 silberner Pokal, Ehrengabe von dem Schützenverein in Neustadt a. b. Aich. Werth: fl. 35. Th. 296. M. Rohl Fabrikant aus Offenbach 1 silberne Dose, Ehrengabe von den verbündeten Männer-Gesangvereinen von Frankfurt a. M. Werth: fl. 32. Th. 299. J. Gräber, Bauer aus Bezau (Oesterreich). 1 silbernen Becher, Ehrengabe von dem Schützen von Stuttgart. Werth: fl. 30. Th. 306. F. März, Schlosser aus Bern (Schweiz). 1 silberner Pokal, Ehrengabe von der Schützengilde in Lindau. Werth: fl. 30. Th. 306. E. von Panoozn, Finanzrath von Innsprud. 1 Pokal in Marianmasse, Ehrengabe v. F. L Berninger in Frankfurt a. M. Werth: fl. 30. Th. 306. J. Huter, Kaufmann von Bregenz, 1 Conversations-Lexicon 15 Bände, von dem Bibliographischen Institut in Hildburghausen. Werth: fl. 28. Th. 311. L. C. Exter, Gerber aus Neustadt an der Hardt,

1 silbernen Vorleglöffel Ehrengabe von den Schützen Stuttgart's. Werth: fl. 25. Th. 312. F. Kreuz, Kaufmann aus Barmen, 1 emaillirtes Seidel mit silbernem Deckel, Ehrengabe von dem Schützenverein Bolzenburg. Werth: fl. 25. Th. 322. H. Fischer, Kohlenhändler in Neustadt, 1 Kiste Extrait d'Absinth, Ehrengabe von C. Leichter aus Couvet. Werth: fl. 25. Th. 323. G. Dinkelberg, Gerber aus Tieß, 2 paar Damenschuh in Etuis, Ehrengabe von L. Maisch von Bruchsal. Werth: fl. 25. Th. 324. C. Majer-Goldscholl, Fabrikant aus Schopfheim, 1 silbernen Becher, Ehrengabe von den Mitgliedern der Altschützengesellschaft von Neckargemünd: Werth fl. 25. Th. 325. F. Majer, Wirth aus Eppau (Tirol), 1 Fäßchen Wein, Ehrengabe von dem Schützenverein aus Noth (Pfalz). Werth: fl. 25. Th. 326. P. Wundder, Chirurg aus Riedenborf (Tyrol), 2 Bilder, badische Wappen, Ehrengabe von J. M. Reichel aus Baden-Baden. Werth: fl. 25. Th. 329. L. W. Rieger, Büchsenmacher aus München, 1 Oelgemälde Herzog Ernst, Ehrengabe von dem Schützenverein Ohrdruf. Werth: fl. 25. Th. 330. F. Weigand, Büchsenmacher aus Biebrich 1 silbernen Becher, Ehrengabe von dem Schützenverein Laubstuhl. Werth: fl. 20. Th. 331. L. Steierer, Kaufmann aus Karlsruhe, 1 Kiste moussirenden Wein von Kuenzer u. Sohn in Freiburg (Baden). Werth: fl. 25. Th. 334. S. Busch, Wirth aus Cornbirn (Oesterreich), 1 Lederbecher mit silbernem Fuß, Ehrengabe von 5 Schützen aus Neubietenhof. Werth: fl. 20. Th. 336. H. Cloß, Apotheker aus Aalen, Würtemberg, 1 Panorama von A. Gebhardt in Luzern. Werth: fl. 20. Th. 342. J. J. Heß, Büchsenmacher aus Frankfurt a. M., 1 Bernsteinbriefbeschwerer, Ehrengabe von der Friedrich-Wilhelm Schützenbruderschaft in Danzig. Werth: fl. 18. Th. 343. L. Kettler, Bäcker aus Braunschweig, 1 Fäßchen rothen Wein, Ehrengabe von J. Kirsch von Heidenheim. Werth: fl. 18. Th. 345. J. Baldner, Brauer von Eltville (Nassau), 22 Ellen Parexe, ¼ Dutzend wollene Leibjacken, 1 Hirschfängerkuppelschloß, Ehrengabe von Zwönitz. Werth: fl. 18. Th. 347. Dr. jr. Schärmer von Jmst, 1 Kristalglas mit silbernem Deckel, Ehrengabe von Schützengef. Osterode Werth: fl. 16½. Th. 347. B. Pflüger, Fabrikant aus Schopfheim, 2 weiße Bettüberzüge, Ehrengabe von den Schützen in Heidenheim. Werth: fl. 15. Th. 349. F. J. Böhler, Deconom aus Bregenz, 1 silberner Orden, Ehrengabe von J. Möller von Andernach. Werth: fl. 15. Th. 349. J. Ed, Kaufmann in Düsseldorf, 1 Glasvase mit silb. Fuß, Ehrengabe vom Schützenverein Neustadt und Magdeburg. Werth: fl. 15. Th. 350. J. Betzlar, Forstaccessist in Schwäbisch-Hall, 1 Cigarrenspitze fl. 10. Zulage aus dem Einsatze fl. 5. Ehrengabe von Herrn. Graf v. Bentheim in Höchst. Werth: fl. 15. Th. 355. D. F. Blaas, Dr. jr. aus Innspruck, 1 blaue Glasvase mit silbernem Fuß fl. 10. Zulage aus dem Einsatz fl. 4., Ehrengabe von den Schützen aus Sondershausen. Werth: fl. 14. Th. 355. J. Leist, Kaufmann aus Neckargemünd (Baden), 1 silberne Medaille fl. 10. Zulage aus dem Einsatz fl. 4. Werth: fl. 14. Th. 356. J. Hebting, Weinhändler aus Böhrenbach, Hartig's Lericon fl. 6. Zulage aus dem Einsatz fl 8. Ehrengabe von der Nicolai'schen Verlagshandlung in Berlin. Werth: fl. 14. Th. 366 W. Gloß, Claviermacher von Schorndorf, 1 hölzerner Scepter von Christian VIII. Ehrengabe eines Ungenannten. Zulage aus dem Einsatz fl. 13. Werth: fl. 13. Th. 366 H. Renn, Uhrmacher aus Schweinfurt, 1 Notizbuch mit Deckel vom Holz Christian VIII. fl. 4. Zulage aus dem Einsatz fl. 9. Ehrengabe von Frau v. C. aus Gotha. Werth: fl. 13. Th. 370. P. Spamann, Büchsenmacher aus Ravensburg, 1 Album fl. 2. Zulage aus dem Einsatz fl. 11. Ehrengabe von Hentngs in Bremen. Werth: fl. 13. Th. 376. L. Heinzle, Metzger aus Feldkirch, 1 silberne Denkmütze fl. 3. Baar fl. 9. Werth: fl. 12.

Ferner erhielten Geldprämien:

Theiler Nr. 376. 377.	fl. 12.
„ „ 377. 382. 383. 386.	„ 11.
„ „ 390. 391. 393. 397 — 404.	„ 10.
„ „ 405 — 427.	„ 9.
„ „ 428 — 446.	„ 8.
„ „ 453 — 487.	„ 7.
„ „ 491 — 586.	„ 6.
„ „ 587 — 731.	„ 5.

Auf der Standfestscheibe Rhein.

Theiler 40. Carl Enslin, Revierförster in Schwäbisch-Gmünd (Würtemberg), 1 silbernen Pokal, Ehrengabe vom Liederkranz in Frankfurt a. M. Werth: fl. 400. Th. 41. C. Bockmann, Förster aus Neuhaldensleben (Preußen), 1 silbernen Pokal, Ehrengabe von der Schützengesellschaft in Barmen. Werth: fl. 270. Th. 43. Abraham Stauffer, Brauereibesitzer in Nürnberg (Bayern), 1 Stutzen, Ehrengabe von C. Stiegele in München. Werth: fl. 200. Th. 55. Ignaz Faßbinder, Spengler, Luzern (Schweiz). 60 Flaschen Wein, Ehrengabe von Schützen und Schützenfreunden in Deidesheim. Werth: fl. 150. Th. 58. Heinrich Mehring aus Nürnberg (Bayern). 1 Dutzend silberne Eßlöffel, 1 Suppen- und zwei Gemüßlöffel, Ehrengabe von der Schützengesellschaft in Lüneburg. Werth: fl. 145. Th 62. J. Pohner, Instrumentenmacher, in Hulländer (Hannover). 1 Faß Wein, Ehrengabe von der Schützengesellschaft in Mülheim (Baden). Werth: fl. 100. Th. 80. Georg Schoner, Bauer in Wildschenau (Tyrol), 1 Stutzen, Ehrengabe von H. Schilling in Suhl Werth: fl. 100. Th. 81. N. Mertes, Weinhändler, Neustadt a. b. Hardt (Rhein-

— 87 —

Bayern). Prachtausgabe deutscher Kaiser, Ehrengabe von einer anonymen Gesellschaft in Frankfurt a. M. Werth: fl. 100. Th. 90. W. Rkuinghaus, Kaufmann in Barmen (Rhein-Preußen). 1 silbernen Römer, Ehrengabe von der Schützengesellschaft in Frankenthal. Werth: fl. 60. Th. 90. Josef Faßhuber, Lehrer in Schwaz (Tyrol). 1 Kiste Wein, Ehrengabe vom Schützencorps in Bludenz. Werth: fl. 80. Th. 94. A. Berber, Hausbofmeister in Gotha. 1 Stutzen, Ehrengabe vom Schützenverein in Bremen. Werth: fl. 80. Th 100. Franz Fabricius, Handelsmann in Frankfurt a. M. 1 silbernen Pokal, Ehrengabe vom Schützenverein in Zwickau. Werth: fl. 80. Th. 103. L. Schärer, Med. Dr. aus Bern (Schweiz). 1 Löwe in Bronce, Ehrengabe der zoologischen Gesellschaft in Frankfurt a. M. Werth: fl. 73. Th. 117. A. Herrmann, Oeconom in Unterwalden (Schweiz) 1 Stutzen, Ehrengabe der Deutschen in Winterthur (Schweiz). Werth: fl. 70. Th. 134. Johann Bard, Wirth aus Ulm (Würtemberg). 1 Porzellangemälde (Herzog Ernst), Ehrengabe von C. Schmidt in Bamberg (Bayern). Werth: fl. 70. Th. 186. Bernhard Pfunds, Schützenmeister in Pfunds (Tyrol). 1 Stutzen mit Hirschfänger, Ehrengabe von der Schützengesellschaft in Offenbach. Werth: fl. 66. Th. 138. Josef Hastreiter, Bäcker aus Griesfelhörig (Bayern). 1 Stutzen, Ehrengabe von den Mitgliedern des Schützenbundes in Darmstadt. Werth: fl. 65. Th. 140. Carl Tschuschenthaler, Kaufmann aus Bozen (Tyrol). 1 Stutzen, Ehrengabe vom Schützenverein in Mannheim. Werth: fl. 60. Th. 145. Ernst Paul, Bahnhofinspector aus Neudietendorf (S. Cob.-Gotha). 1 Tafeluhr, Ehrengabe vom Schützenverein aus Neustadt (Schwarzwalde). Werth: fl. 60. Th. 148. Johann Aichner, Deconom aus Steirbach (Tyrol). In Baar fl. 60. — Ehrengabe vom Schützenverein in Bretten. Werth: fl. 60. Th. 149. Sebastian Reden, Vergolder aus Wilten (Tyrol). 1 silbernen Becher, Ehrengabe vom Ausschuß des vorjähr. Schützenfestes. Werth: fl. 56. Th. 156. Adolf Hofmann, Arzt aus Wertheim (Baden). 1 silbernen Pokal, Ehrengabe vom Schützenverein in Neuwied. Werth: fl. 50. Th. 159. Theophil Scheller, Professor in Aarau (Schweiz). 1 Standuhr, Ehrengabe einer anonymen Gesellschaft in Frankfurt a. M. Werth: fl. 50. Th. 182. Johann Bülchele, Kürschner in Chur (Schweiz). 1 Cigarrenkasten, Ehrengabe von einer anonymen Gesellschaft in Frankfurt a. M. Werth: fl. 50. Th. 186. Wilhelm Brauer, Spengler aus Grabow (Preußen). 3 Aquarelle von Maurer, Ehrengabe von einer anonymen Gesellschaft in Frankfurt a. M. Werth: fl. 50. Th. 187. Franz Josef Jnsauger, Commis, Altdorf (Schweiz). 1 Stutzen, Ehrengabe vom Waldecker Schützenbunde. Werth: fl. 50. Th. 188. Albert Ihler, Schiffer in Richterswyl (Schweiz). 1 silbernen Pokal, Ehrengabe vom Schützenverein in Waffenfels. Werth: fl. 50. Th. 197. Johann Landwing, Kaufmann aus Zug (Schweiz).. Ehrengabe vom Central-Comite in Frankfurt a. M. Baar: fl. 44. Th. 201. J. M. Beeri, Kaufmann aus Augsburg (Bayern). 1 goldene Uhrkette, Ehrengabe von deutschen Männern in Sigmaringen. Werth: fl. 44. Th. 202. Johann Siegel, Büchsenmacher aus Salzburg (Ober-Oesterreich). 1 Porzellangemälde (Hirsch im Bach), Ehrengabe von E. Schmidt in Bamberg. Werth: fl. 40. Th. 207. B. Tschudy, Sattler aus Glarus (Schweiz). 1 Schock Leinen, Ehrengabe vom Schützenverein in Gotha. Werth: fl. 40. Th. 208. Carl Furr, Färber aus Kloten (Zürich). 1 Kiste Wein, Ehrengabe vom Schützenverein in Annweiler. Werth: fl. 40. Th. 209. G. Stammberger, Kaufmann aus Innsbruck (Tyrol). 1 silberner Pokal, Ehrengabe von A. Oeier in Annaberg. Werth: fl. 80. Th. 216. Philipp Ackermann, Salzfactor aus Brugga (Schweiz). 1 Hirschfänger mit Silber, Ehrengabe vom Schützenverein in Aschaffenburg (Bayern). Werth: fl. 30. Th. 217. Johann von Adelmeyer, Privatier aus Junsbruck (Tyrol). 1 Porzellan-Pulverdose und 1 Cigarrenbecher, Ehrengabe von Mitgliedern des deutschen Schützenbundes. Werth: fl. 25. Th. 221. Josef Faller, Müller aus Achenthal (Tyrol). 1 Eichenkranz mit 10 Thalern, Ehrengabe von den Schützen in Meran. Werth: fl. 25. Th. 221. Peter Mum, Lieutenant aus Glarus (Schweiz). 1 Becher im Etui, Ehrengabe von den Schützen in Göppingen. Werth: fl. 24. Th. 223. Ferdinand Wegeler, Kaufmann aus Feldkirch (Tyrol). 1 silberner Leuchter, Ehrengabe von der Schützengilde in Schneeberg (Sachsen). Werth: fl. 22. Th. 225. C. Lutz, Rentier aus Lonbau (Baden). 6 silberne Löffel, Ehrengabe von der Schützengilde in Immenstadt. Werth: fl. 22. Th. 229. Paolo Donati aus Pisa (Italien). 1 halbseidene Damastdecke, Ehrengabe vom Schützenverein in Groß- und Reuschönau. Werth: fl. 20. Th. 229. Johann Innerhofer, Gutsbesitzer aus Meran (Tyrol). 1 Beruseinpetschaft, Ehrengabe von der Friedrich-Wilhelm-Schützenbruderschaft in Danzig. Werth: fl. 18. Th. 230. Fr. Mußbach, Schuhmachermeister aus Gotha. 1 Stück Hemden-Shirting, Ehrengabe von den Schützen in Heidenheim. Werth: fl. 15. Th. 232. F. G. Stoß, Gastgeber aus Stuttgart (Würtemberg). Börnes Schriften. Werth: fl. 10., in Baar fl. 5. Werth: fl. 15. Th. 232. F. D. Kaiser, Fabrikant in La Chaux des Fonds (Schweiz). 1 Pumpernickel mit Messer, Ehrengabe von Osnabrück. Werth: fl. 14.

Ferner erhielten Geldprämien:

Theiler	Nr.	233. 234. 239.	fl. 12.
„	„	240. 243. 246. 250.	„ 11.
„	„	250 — 264.	„ 10.
„	„	266 — 283.	„ 9.
„	„	285 — 300.	„ 8.

Theiler Nr. 305 — 330. fl. 7.
„ „ 341 — 460. „ 6.
„ „ 460 — 544. „ 5.

Auf der Standfestscheibe Donau.

Theiler 49. A. Bergmann, Schlosser in Innsbruck, 1 Bilthworth Büchse, Ehrengabe der Deutschen in Manchester. Werth: fl. 300. Th. 61. F. Stabler, Deconom in Steinach (Tyrol) 1 Gemälde, Ehrengabe der Gesellschaft Artaria in Mannheim. Werth: fl. 250. Th. 80. G. Wagner in Emmendingen (Baden). 1 silbernes Besteck, Ehrengabe von den deutschen Schützen in Oberösterreich. Werth: fl. 200. Th. 85. A. Meyer, Uhrmacher in Saarbrücken. 1 silbernen Pocal, Ehrengabe des deutschen Hilfsverein in Bern. Werth: fl. 140. Th. 89. J. Kuntener, Wirth in Altorf (Schweiz). 1 silbernen Pokal, Ehrengabe von den verbündeten Männer-Gesangvereinen in Frankfurt a. M. Werth: fl. 115. Th. 102. Fr. List, Verwalter in Ehingen (Tyrol). 1 Chronometer, Ehrengabe einer anonymen Gesellschaft in Frankfurt a. M. Werth: fl. 108. C. Christern, Fruchthändler in Wolfenschießen. 1 silbernen Pocal und 2 Kisten Wein, Ehrengabe der Schützengesellschaft in Neustadt a. d. Hardt. Werth: fl. 100. Th. 116. J. Meyer, Müller in Emmenbingen (Baden). 1 Stutzen mit Tasche, Ehrengabe von den Feuerwehr-Schützen in Basel. Werth: fl. 90. Th. 127. J. Weisgerber, Wirth in Kehl (Baden). 1 Kiste Wein, Ehrengabe von den Schützencorps in Bingen. Werth: fl. 80. Th. 128. Chr. Meyer, in Meran. 1 Emmenthaler Käse, Ehrengabe von Fl. H. Wüst in Basel. Werth: fl. 80. Th. 134. J. Rothmund, Fabrikant in Hof. Hirsch und Hund in Bronce, Ehrengabe von der Actien-Gesellschaft des zoologischen Garten in Frankfurt a. M. Werth: fl. 75. Th. 136. A. Schwarzenbach, Kaufmann in Thalwyl (Schweiz). 1 Standuhr, Ehrengabe vom neuen Bürgerverein in Frankfurt a. M. Werth: fl. 70. Th. 145. S. Manzlinger, Schreiner in Wald (Schweiz). 1 Stutzen mit Hirschfänger, Ehrengabe der Schützengesellschaft in Offenbach. Werth: fl. 66. Th. 159. J. Müller, Müller in Achenthal (Tyrol). 1 vergoldeter Becher, Ehrengabe von 12 Schützen in Dresden. Werth: fl. 66. Th. 159. August Galfen, Candidat in Zweibrücken. 1 Pendule, Ehrengabe von der Schützengesellschaft in Lenzkirch. Werth: fl. 66. Th. 165. K. Daman, Landwirth in Rustwyl (Schweiz). 1 Stutzen, Ehrengabe der Schützengesellschaft in Mannheim. Werth: fl. 60. Th. 167. A. Wald, Verleger in Augsburg 1 Stutzen, Ehrengabe der Altschützen-Gesellschaft in Gotha. Werth: fl. 60. Th. 169. W. Baluff, Apotheker in Riedlingen (Würtemberg). 1 silbernen Becher, Ehrengabe vom Ausschuß des vorjährigen Schützenfestes in Gotha. Werth: fl. 56. Th. 169. W. Friebe, Büchsenmacher in Mühlhausen (Thüringen). 1 Pendule, Ehrengabe vom Schützencorps in Alzei. Werth: fl. 54. Th. 172. Ph. Iselin, Glashändler in Richterwyl (Schweiz). 1 Reisenecessair vom Schützencorps in Oberösterreich. Werth: fl. 50. Th. 172. A. Simon, Notar in Bern (Schweiz). 1 goldene Uhr von einer anonymen Gesellschaft in Frankfurt a. M. Werth: fl. 50. Th. 177. Johann Wegerle, Büchsenmacher in Feldkirch (Oesterreich). 1 goldene Uhr, Ehrengabe von einem Ungenannten in Frankfurt a. M. Werth: fl. 50. Th. 186. C. Heberlein, Kaufmann in Solingen (Preußen). 1 Liqueur-Korb, Ehrengabe von einer anonymen Gesellschaft in Frankfurt a. M. Werth: fl. 50. Th. 187. A. Siegrist, Kaufmann in Basel, 1 Sessel, Ehrengabe von einer anonymen Gesellschaft in Frankfurt a. M. Werth: fl. 50. Th. 194. J. Hausamann, Metzger in Erlen (Schweiz). 1 Reisenecessair, Ehrengabe einer anonymen Gesellschaft in Frankfurt a. M. Werth: fl. 50. Th. 195. J. Marassi, Kaufmann in Bayern, 1 Kiste Wein, Ehrengabe von den Mitgliedern des National-Vereins in Osthofen. Werth: fl. 50. Th. 198. A. Türtemüller in Kußnacht (Schweiz). 1 Standuhr, Ehrengabe von der Schützengesellschaft in Büdingen. Werth fl. 45. Th. 200. D. F. Hunstedt in Braunschweig, 1 silbernen Pokal, Ehrengabe von Vogelsang und Tambitzer in Elbing. Werth: fl. 44. Th. 204. J. Sträuli, Lieutenant in Zürich. ½ Dutzend silberne Löffel, Ehrengabe der Schützengesellschaft in Turlach. Werth: fl. 42. Th. 209. Joh. Ganz, Wirth in Frankenthal. 1 Jagdhorn, 1 Pulverhorn, Ehrengabe von Hrn. Mallet, großbritannischer Gesandte in Frankfurt a. M. Werth: fl. 40. Th. 214. G. Reil, Canzlist in Sondershausen (Preußen). 1 Tisch von Gußeisen, Ehrengabe der Frauen in Aalen. Werth: fl. 40. Th. 214. L. Gödel, Director in Frankfurt a. M. 19 Flaschen Magenbitter, Ehrengabe von den Hrn. M. Kaffier u. Comp. in Königshütte. Werth: fl. 40. Th. 218. D. Berg, Conditor in Offenbach a. M. 24 Flaschen Brombeergeist, Ehrengabe von dem Schützenverein in Rippoldsau-Schappach. Werth: fl. 36. Th. 219. J. d. Wech, Bierbrauer in Waldshut (Bayern) 1 silbernen Pokal, Ehrengabe von Hrn. Fr. A. Oeser in Annaberg Werth: fl. 20. Th. 222. G. Seidler Kaufmann in Münden (Hannover). 3 Friedrichsd'or, Ehrengabe von dem Hirschschützen in Münden. Werth: fl. 30. Th. 225. R. Mertes, Weinhändler in Neustadt a. H. 1 Cigarrenkiste, Ehrengabe der Schützengesellschaft in Niederwöllstadt. Werth: fl. 26. Th. 228. A. Romberg, Kaufmann in Dornbirn (Tyrol). 500 St. feine Cigarren, Ehrengabe von Hrn. Burghold in Frankfurt a. M. Werth: fl. 25. Th. 231. M. Eppensteiner, Schmied in St. Johann

(Tyrol). 1 silberne Tasse, Ehrengabe von 4 Schützen in Kiel. Werth: fl. 25. Th. 231. S. Berger, Gutsbesitzer in St. Johann (Tyrol). Ehrengabe vom Central-Comite in Frankfurt a. M. Werth: fl. 21. Th. 234. C. Arnoldi, Brauer in Gotha. 1 Schützenorden, Ehrengabe vom Schützenverein „Tell" in Düsseldorf. Werth: fl. 20. Th. 238. H. Merian von der Mühl, Rentier in Basel. 2 Vasen und Tabaksdosen von Porcellan, Ehrengabe des Schützenvereins in Cronach. Werth; fl. 20. Th. 238. H. König, Sattler in Frankfurt a. M. 2 Porcellanvasen, Ehrengabe des Schützenvereins in Schramberg. Werth: fl. 20. Th. 240. H. Obrist, Schützenmeister in Kühnacht b. Zürich. 6 silberne Kaffeelöffel, Ehrengabe der Schützen in Süssen. Werth: fl. 20. Th. 246. W. Gebhard in Carlsbad (Böhmen). 12 Flaschen Gunters Leberbitter, Ehrengabe von Hrn. R. Langenbach in Bielefeld. Werth: fl. 20. Th. 250. J. Holz, Landwirth in Oberrieden (Schweiz). 1 Paar Schützenstiefel, Ehrengabe von Hrn. G. W. Bauer in Frankfurt a. M., fl. 14., baar fl. 2. Werth: fl. 16. Th. 254. A. G. Boch in Dresden. 1 silberne Spindeluhr, Ehrengabe von den Frauen in Eisfeld. Werth: fl. 10. baar fl. 6. Werth: fl. 16.

Ferner empfingen Geldprämien:
Theiler 259. 263. à fl. 14
" 271. 275. 279. 280 " " 12
" 287—293. " " 11
" 307—314 " " 10
" 315—328 " " 9
" 330—344 " " 8
" 347—471 " " 7
" 371—455 " " 6
" 456—540 " " 5

Auf der Standfestscheibe Elbe.

Theiler 18. P. Spamann, Küfermeister in Ravensburg, (Württemberg). 1 silbernen Tafel-Aufsatz, Ehrengabe von den Deutschen in Prag. Werth: fl. 750. Th. 55. Fr. Frankenberger, Verwalter in Kaiserslautern. 1 silbernes Trinkhorn, Ehrengabe von einigen Bürgern in Leipzig. Werth: fl. 230. Th. 65. B. Goos, Schreiner in Geisweil, (Bayern). 1 Tischdecke, Ehrengabe vom Schützenverein in Elberfeld. Werth: fl. 200. Th. 90. W. Nägele in Ottobeuern (Bayern). 1 Doppelflinte, Jagdtasche, Pulver- und Schrothorn. Ehrengabe von den Schützenfreunden in Hannover. Werth: fl. 150. Th. 90. E. Müller, Rentier in Freiburg, (Baden). 1 Th. silberne Eßlöffel, 1 Dtz. silberne Theelöffel, Ehrengabe von einigen Bierbrauern in Frankfurt am Main. Werth: fl. 149. Th. 99. K. Leiter in Steinach, (Tyrol). 1 Doppelflinte, Ehrengabe von den Schützenvereinen in Erlangen und Neustadt a. b. A. Werth: fl. 180. Th. 101. J. Santl, Büchsenmacher in Bozen;

(Tyrol). 1 Chronometer, Ehrengabe von einer anonymen Gesellschaft in Frankfurt a. M. Werth: fl. 100. Th. 102. J. Bräme, Büchsenmacher in Winterthur, (Schweiz). 1 silbernen Pokal, Ehrengabe der Stadt Stuttgart. Werth: fl. 100. Th. 122. H. Brunner, Deconom in Geiselhöring, (Bayern). 1 Stutzen mit Tasche, Ehrengabe der Feuerwehrschützen in Basel. Werth: fl. 90. Th. 130. Ph. Geyer, Rentier in Hamburg. 1 Bild mit 12 Ducaten, Ehrengabe der Schützen-Gesellschaft in Kaiserslautern. Werth: fl. 80. Th. 136. H. Montandon, Uhrmacher in Ponts, (Schweiz). 1 Stutzen, Ehrengabe von der Schützengesellschaft in Baden-Baden. Werth: fl. 80. Th. 126. M. Weimmeister, Fabrikant in Michelsdorf, (Oesterreich). 1 Stutzen, Ehrengabe der Schützengesellschaft in Karlsruhe. Werth: fl. 75. Th. 149. J. Beglinger in Wallis, (Schweiz). 1 Stutzen, Ehrengabe von der Schützengesellschaft in Pforzheim. Werth: fl. 65. Th. 151. D. Wetzlen, Deconom in Ravensburg, (Württemberg). 1 Stutzen, Ehrengabe des Nationalvereins in Darmstadt. Werth: fl. 60. Th. 153. H. Beuter, Büchsenmacher in Reutlingen, (Württemberg). 1 Kupferstich, (Madonna), Ehrengabe des Herrn B. Dondorf in Frankfurt a. M. Werth: fl. 60. Th. 163. C. Ganahl, Fabrikant in Feldkirch (Oesterreich). 1 Etui mit 7 Ducaten u. 1 Krone, Ehrengabe der Feuerwehrschützen in Augsburg. Werth: fl. 56. Th. 154. J. J. Bänziger, Kaufmann in Wald, (Schweiz). 1 Chronometer, Ehrengabe einer anonymen Gesellschaft in Frankfurt a. M. Werth: fl. 50. Th. 157. G. Grether, Fabrikant in Lörrach (Baden). 1 goldne Uhr, Ehrengabe von einem Ungenannten. Werth: fl. 50. Th. 158. J. Ryf, Advokat in Horgen, (Schweiz). 2 silberne Leuchter, Ehrengabe von einer anonymen Gesellschaft in Frankfurt am Main. Werth: fl. 50. Th. 160. W. Lother, Apotheker in Eppingen, (Baden). 2 Candelaber, Ehrengabe von einer ungenannten Gesellschaft. Werth: fl. 50. Th. 177. J. P. Streif, Kaufmann in Schwanden, (Schweiz). 1 antiq. Krug mit 6 Gläsern, Ehrengabe von einer anonymen Gesellschaft in Frankfurt a. M. Werth: fl. 50. Th. 179. Comite, 1 Reisenecessair, Ehrengabe der Nationalvereinsmitglieder in London. Werth: fl. 50. Th. 183. G. Heim, Fabrikant in Offenbach am Main. 1 Stutzen, Ehrengabe von den Bürgern in Landau. Werth: fl. 50. Th. 185. G. Nicolady, Kaufmann in Bamberg. 1 Stutzen, Ehrengabe von den Bürgern in Landau. Werth: fl. 50. Th. 187. Johann Gatt, Kaufmann in Innspruck, (Tyrol). 1 Kiste Wein, Ehrengabe der Mitglieder des Nationalvereins in Osthofen. Werth: fl. 50. Th. 190. G. Schoner, Bauer in Wildscheinau, (Tyrol). In Festthalern, Ehrengabe vom Schützenverein in Herborn. Werth: fl. 45. Th. 190. H. L. Schöneberger, Kaufmann in Kaiserslautern 28.

Flaschen Kirschwasser, Ehrengabe von den Schützenverein in Rippoldsau-Schappach. Werth fl. 42. Th. 195. A. Christern, Drechsler in Wolfenschießen (Schweiz) 1 Fußteppich, Ehrengabe des Schützenverein in Nördlingen. Werth: fl. 40. Th. 202. F. Holzgang, Maler in Küßnacht (Schweiz) 1 Glaspokal, Ehrengabe der Kranzschützen in Höchst a. M. Werth: fl. 36. Th. 202. Joh. Wieseneder in Kufstein (Tyrol). 24 Flaschen Heidelbeergeist, Ehrengabe des Schützenverein in Rippoldsau-Schappach. Werth: fl. 36. Th. 216. H. Kellenberger in Wulzenhausen (Schweiz). 25 Flaschen Wein, Ehrengabe vom Schützenverein in Weinheim. Werth: fl. 30. Th. 207. L. Roth, Müller in Rappelsrobed (Baden). 1 Kristallpokal Ehrengabe vom Schützenverein in Leippa. Werth: fl. 30. Th. 208. A. Pupert, Arzt in Wunsiedel (Baiern). 25 Fl. Kirschwasser, Ehrengabe der Schützen in Zell am Hammersbach. Werth: fl. 25. Th. 210. A. Mayer, Rentier in Feldkirch (Oesterreich). 1 silberne Uhr, Ehrengabe des Herrn Schlesiky in Frankfurt a. M. Werth: fl. 25. Th. 213. H. Hirzel, Stabtrath in Zürich. 1 Weinflasche mit 6 Gläsern in Holzgestell, Ehrengabe des Schützenvereins in St. Goar. Werth: fl. 25. Th. 214. A. Eti, Kaufmann in Wangen (Würtemberg). 1 silbernen Suppenlöffel, Ehrengabe vom Schützenverein in Frankenhausen. Werth: fl. 21. Th. 214. F. v. Bondel, Gutsbesitzer in Ravensburg. 1 Bettdecke, Ehrengabe des Schützenvereins in Gotha. Werth: fl. 20. Th. 215. A. Ritzel, Hutmacher in Innsbruck. 1 Faß Nordhäuser, Ehrengabe von Ungenannt. Werth: fl. 20. Th. 216. F. Schlegel, Buchsenmacher in Locle (Schweiz). 1 Bernsteinspitze, Ehrengabe der Schützenbruderschaft in Danzig. Werth: fl. 18. Th. 224. C. H. Volker, Kaufmann in Neustadt (Baiern). 2 silberne Leuchter, Ehrengabe der Schützenfreunde in Münden (Hannover). Werth: fl. 16. Th. 225. Comité. Germania in Gyps, Ehrengabe des Hrn. Henrich in Frankfurt a. Main. Werth: fl. 14. Th. 226. J. B. Federl, Förster in Oberammergau (Baiern). 12 Bierkrüge, Ehrengabe aus Höhr bei Coblenz. Werth fl. 6., baar fl. 8. Werth: fl. 14.

Ferner empfingen Geldprämien:
Th. 229 — 248. à fl. 12. Th. 303 — 324. à fl. 8.
„ 250 — 257. „ „ 11. „ 329 — 362. „ „ 7.
„ 259 — 281. „ „ 10. „ 363 — 483. „ „ 6.
„ 285. 295. „ „ 9. „ 485. 575. „ „ 5.

Auf der Standfestscheibe Weser.

Theiler 29. J. Hausmann, Metzger aus Ellen (Schweiz) 100 Ducaten, Ehrengabe Sr. Durchlaucht des Fürsten Thurn und Taxis in Regensburg. Werth: fl. 560. Th. 42. E. Schwitter, Wirth aus Räfels (Schweiz) 1 Paar Pistolen, Ehrengabe von der Schützengesellschaft in Hanau. Werth: fl. 225. Th. 48. A. Meßler, Kaufmann aus Ulm (Würtemberg) 1 Paar Pistolen in Etui, Ehrengabe von der Hauptschützengesellschaft in Regensburg. Werth: fl. 220. Th. 52. C. von Krempelhuber, Revierförster aus Tegernsee (Baiern) 1 Stutzen Revolver, Ehrengabe von dem deutschen Nationalverein in Gotha. Werth: fl. 175. Th. 54. Oscar Bauer, Gärtner aus Schweinfurt (Bayern), 1 Doppelflinte, Ehrengabe von den Schützengesellschaft in Reichenberg. Werth: fl. 150. Th. 60. L. Stefanus, Buchbinder in Frankfurt a. M. 1 Oelgemälde und 50 Flaschen Wein, Ehrengabe von der Schützengesellschaft in Oppenheim. Werth: fl. 140. Th. 61. J. Berninger, Stecher aus Glarus (Schweiz), 1 Faß Rein, Ehrengabe von der Schützengesellschaft in Dürkheim. Werth: fl. 130. Th. 68. F. Sehner, Wirth aus Entlswyl (Schweiz), 1 Doppelflinte, Ehrengabe von den Schützen in Cassel. Werth: fl. 110. Th. 76. H. Obrist, Schützenmeister in Küßnacht (Cant. Zürich), 4 silberne Leuchter, Ehrengabe von einer anonymen Gesellschaft in Frankfurt a. M. Werth: fl. 100. Th. 79. G. Eder, Wirth aus Kitzbüchl (Tyrol), 1 silbernen Pokal, Ehrengabe von der städtischen Resource und Fortschrittspartheil in Breslau. Werth: fl. 90. Th. 90. F. Loy, Revierförster aus Rohrbrunn (Bayern), 50 Thaler in einem Netze, Ehrengabe von Schützenfreunden in Meiningen. Werth: fl. 88. Th. 94. F. Bondel, Kaufmann aus Braunschweig, 1 goldene Ankeruhr, Ehrengabe von den verbündeten Männergesangvereinen in Frankfurt a. M. Werth: fl. 82. Th. 100. L. Gran, Rentier aus Fürth (Bayern), 1 Stutzen, Ehrengabe von den Deutschen in Bern. Werth: fl. 80. Th. 102. F. Meyer, Architekt in Zürich (Schweiz). Von der Schützengesellschaft in Schwäb. Hall, baar in Etui fl. 75. Th. 107. U. Matthy, Kaufmann aus La Chaux des Fonds (Schweiz). 1 Stutzen, Ehrengabe vom Turnverein in Frankfurt a. M. Werth: fl. 70. Th. 114. Johann Rpf, Procurator in Horgen (Schweiz). 1 silbernen Pokal, Ehrengabe von der Schützengesellschaft in Baltimore. Werth: fl. 65. Th. 127. A. Rocher, Notar in Riebau (Schweiz). Ehrengabe vom Central-Comité in Frankfurt a. M., baar. Werth: fl. 60. Th. 138. C. Kübler, Metallschläger in Fürth (Baiern). 1 Stutzen. Ehrengabe vom Schützenverein in Fulda. Werth: fl. 60. Th. 138. B. Ernl, Landwirth aus Rußwyl, (Schweiz). 1 Stutzen, Ehrengabe von dem Schützenverein aus Biedenkopf. Werth: fl. 55. Th. 141. F. Boldsberger, Goldarbeiter aus Kitzbüchl, (Tyrol). 1 Ballen Tabak, Ehrengabe von den Deutschen in Athen. Werth: fl. 50. Th. 146. J. A. Michels, Rentier aus Nürnberg (Bayern). 1 Punschbowle, Ehrengabe von einer anonymen Gesellschaft in Frankfurt am Main. Werth: fl. 50. Th. 150. Ch. Lonica, Ingenieur aus Chur, (Schweiz). 1 goldne Uhr, Ungenannt aus Frankfurt a. M. Werth: fl. 50.

Th. 163. A. Krapp, Gerichtsrath aus Crouach, (Bayern). 1 silbernen Pokal, Ehrengabe von der Schützengesellschaft in Wolfenbüttel. Werth: fl. 50. Th. 164. H. Gugholz, Landwirth aus Langnau (Canton Zürich). Prachtausgabe von „Schiller u. seine Zeit" und Göthe's Werke, Ehrengabe von einer anonymen Gesellschaft in Frankfurt a: M. Werth: fl. 50. Th. 169. C. Kirchner aus St. Johann. 1 silbernen Römer, Ehrengabe von Mitgliedern des Schützenbundes in Halberstadt. Werth: fl. 50. Th. 171. P. Stoder, Landwirth aus Gunzwyl (Schweiz). 1 Stutzen, Ehrengabe von den Bürgern in Landau (Bayern). Werth: fl. 50. Th. 180. A. Walch, Verleger aus Augsburg (Bayern), 1 Faß Ungarwein, Ehrengabe von J. Tarzsau u. Arzty in Pesth. Werth: fl. 50. Th. 183. Johann Bermaneser, Kaufmann aus Kitzingen (Bayern). 1 Stück Leinwand, Ehrengabe von der Schützengilde in Gotha. Werth: fl. 45. Th. 185. S. Schmidt, Uhrmacher aus München. 1 Pfeifengestell mit Stickerei, sammt Pfeifen und Zubehör, Ehrengabe von A. Fleischmann in Frankfurt a. M. Werth: fl. 40. Th. 187. H. Wimpf, Wirth aus Weilburg (Nassau). 1 silbernen Pokal, Ehrengabe von der Schützengesellschaft in Worms. Werth: fl. 40. Th. 189: J. Mißmer, Gastwirth aus Grub (Schweiz). 1 silbernen Pokal, Ehrengabe von der Schützengesellschaft in Mannheim. Werth: fl. 40. Th. 191. J. Pfenniger, Laber aus Winikon (Schweiz). 6 Hemden, Ehrengabe von Frau Hermann in Frankfurt a. M. Werth: fl. 36. Th. 196. W. Grinberg, Dreher aus Weißenburg (Bayern). 2 halbleinene Tischteppiche, Ehrengabe der privilegirten Schützengesellschaft in Chemnitz (Sachsen). Werth: fl. 30. Th. 202. W. F. Knochenhauer, Kaufmann aus Bremen. 1 Etui mit diversen Münzen, Ehrengabe vom Schützenverein in Bruck a. b. Leitha. Werth: fl. 30. Th. 204. J. Niedermeser, Bäder in Hopfgarten (Tyrol). Conversations-Lexikon, Ehrengabe vom Hr. Brockhaus in Leipzig. Werth: fl. 28. Th. 204. Heinrich Landolt, Oeconom aus Zürich (Schweiz). 1 Stück Brillantine, Ehrengabe von den Schützen aus Heidenheim. Werth: fl. 25. Th. 204. Halle-Hoffmann, H., Kaufmann aus Basel (Schweiz). 1 Blumenvase von der Schützengilde in Potsdam. Werth: fl. 25. Th. 206. Josef Schiele, Badewirth aus Buchau (Würtemberg). 1 westphälisches Frühstück, Ehrengabe vom Schützenbund in Hannöverisch-Münden. Werth: fl. 25. Th. 206. J. Trittscheller, Fabrikant aus Lenzkirch (Baden). Ehrengabe vom Schützenverein in Olshatz. Baar: fl. 21. Th. 208. Joh. Wurm, Bauer in Feldkirch (Vorarlberg). 1 Porzellan-Service, Ehrengabe von der Schützengilde in Jlmenau. Werth: fl. 20. Th. 210. F. Engel, Goldschmied aus Thun (Schweiz). 1 Bernstein-Cigarrenspitze, Ehrengabe von der Friedrich-Wilhelm-Schützenbruderschaft in Danzig. Werth: fl. 18. Th. 214. Th. Fleckinger,

Drechsler aus Innsbruck (Tyrol). Ehrengabe von Ungenannt aus Cöln, 1 Hirschkopf und ein Hundskopf fl. 12. Baar fl. 4. Werth: fl. 16. Th. 214. A. Tollinger, Fabrikant in Innsbruck. 4 Paar Jagdtamaschen fl. 5. Baar fl. 10. Werth: fl. 15.

Ferner erhielten Geldprämien:

Theiler	217. 220. 222. 224.	fl.	12.
"	" 226. 231. 233.	"	11.
"	" 235 — 243.	"	10.
"	" 248 — 273.	"	9.
"	" 273 — 294.	"	8.
"	" 295 — 325.	"	7.
"	" 326 — 414.	"	6.
"	" 415 — 507.	"	3.

Auf der Standfestscheibe Oder.

Theiler 37. Lorenz Faller, Fabrikant in Lenzkirch (Baden). 1 goldenen Pokal, Ehrengabe von der Schützengesellschaft in Coblenz. Werth: fl. 105. Th. 46. Jacob Hotz, Landwirth in Föllanden (Schweiz). 1 Stutzen mit Pulverhorn, Ehrengabe von der Ges. Germania in Genf. Werth: fl. 100. Th. 48. Georg Rescher in Bremen. 1 Wappen mit 12 halben Kronen, Ehrengabe von den Vorstehern der königlichen Haus- und Schießstände in Bozen. Werth: fl. 100. Th. 49. A. Kirschbaum, Kaufmann in Solingen. 1 Kaffee- und Theeservice, Ehrengabe vom Schützenverein in Königsee. Werth: fl. 80. Th. 55. Ernst Paul, Bahnhofsinspector in Tietendorf (Gotha). 1 Emmenthaler Käs, Ehrengabe vom dem Schützenverein in Lindenberg. Werth: fl. 60. Th. 61. Paul Trittscheller, Fabrikant in Lenzkirch (Baden). 1 goldne Uhr, Ehrengabe des Schützenvereins in Marktheidenfeld. Werth: fl. 50. Th. 65. Jacob Kohl, Ziegeleibesitzer in Großbreitenbach (Thüringen). 1 silbernen Pokal, Ehrengabe von der Schützengesellschaft in Waldshut. Werth: fl. 50. Th. 83. Emanuel Walcher, Fellhändler in Glarus (Schweiz). 1 Photographie von Stein's Haus, Ehrengabe von der Schützengesellschaft in Ems. Werth: fl. 50. Th. 91. Friedrich v. Sury, Kaufmann in Cöln. 1 Sessel, Ehrengabe von einer anonymen Gesellschaft in Frankfurt a. M. Werth: fl. 50. Th. 98. Eduard Röser, Kaufmann in Stadtilm (Schwarzburg-Rudolstadt). 1 Korb Champagner, Ehrengabe von Herrn P. A. Mumm in Frankfurt a. M. Werth: fl. 50. Th. 103. Eduard Zelle, Kaufmann in Potsdam u. Berlin. 1 Fußteppich, Ehrengabe von einer anonymen Gesellschaft in Frankfurt a. M. Werth: fl. 50. Th. 108. Philipp Jselin, Glashändler in Atha (Baden). 1 silberne Leuchter, Ehrengabe von der Altschützengesellschaft in Geislingen. Werth: fl. 44. Th. 108. Heinrich Waldau, Tischler-Meister in Braunschweig. 1 Blumenvase, Ehrengabe von den Schützen in Carlsbad.

Werth: fl. 40. Th. 108. Friedrich Feldhaus, Kaufmann in Obenkirchen. 2 silberne Leuchter, Ehrengabe von der Schützengesellschaft in Burg bei Magdeburg. Werth: fl. 40. Th. 112. Frieb. Sauter, Kaufmannn in Eßlingen in Würtemberg. 1 Porzellan-Pokal, Ehrengabe des Hrn. N. Franz in Frankfurt a. M. Werth: fl. 30. Th. 113. Markus Pflüger, Posthalter in Lörrach (Baden). 1 silberne Cylinder-Uhr mit Porzellangestell, Ehrengabe von dem Schützenverein in Cronach. Werth: fl. 30. Th. 117. Jacob Walther, Bergolder in Wiesbaden. 1 Revolver, Ehrengabe von dem Schützenverein in Herzberg. Werth: fl. 25. Th. 122. Friedr. Krüger, Schornsteinfegermeister in Burg bei Magdeburg. Rückerts „Liebesfrühling", Ehrengabe von J. D. Sauerländer in Frankfurt a. M. Werth: fl. 21. Th. 124. Friedr. Otto, Zimmermeister in Herzberg am Harz. 1 kupferne Ralanluchenform, Ehrengabe vom Schützenverein in Oberursel. Werth: fl. 20. Th. 128. Joseph Strater, Kaufmann in Achen (Preußen). 1 Schiller-Album, Ehrengabe von Hrn. H. Keller in Frankfurt a. M. fl. 10. Baar von der Comite-Casse fl. 10. Werth: fl. 20. Th. 132. J. Bayerer, Amtsdiener in Innsprud (Tyrol). 1 Arbeitskörbchen, Ehrengabe von dem Schützenverein in Gotha. fl. 6. Baar von der Comite-Casse fl. 12. Werth: fl. 18. Th. 132. Franz Egger in Unterwalden (Schweiz). 4 Paar Jagdgamaschen, Ehrengabe vom Schützenverein in Usingen fl. 5. Baar von der Comite-Casse fl. 13. Werth: fl. 18. Th. 147. J. Immerhofer, Gutsbesitzer in Meran (Tyrol). 1 gläserne Wasserkanne, Ehrengabe von A. Behrens in Berlin fl. 5., baar von der Comite-Casse fl. 13. Werth: fl. 18. Th. 150. Carl Peters, Fabrikant in Wülperode bei Halberstadt, 1 Schlummerrolle, Ehrengabe von dem Schützenverein in Gotha fl. 5.

baar von der Comite-Casse fl. 13. Werth: fl. 18. Th. 151. Baron von Speth in Ravensburg (Würtemberg). 1 Blasrohr mit 1000 Stück Kugeln, Ehrengabe von Breitenbach fl. 7, baar von der Comite-Casse fl. 2. Werth: fl. 16. Th. 156. F. Bersteher, Amtsnotar in Schwäbischgemünd (Würtemberg). Hartigs Lexicon für Jäger, Ehrengabe von der Nicolai'schen Verlagshandlung in Berlin fl. 6, baar von der Comite-Casse fl. 8. Werth: fl. 14. Th. 158. Ludwig Heinzle, Metzger in Feldkirch (Oberösterreich). 2 Geldtafeln, Ehrengabe von W. A. Zöllner in Zittau fl. 4, baar von der Comite-Casse fl. 10. Werth: fl. 14. Th. 158. F. M. Brill, Feilenhauer in Dornbirn (Tyrol). 1 Buch, Bilder aus dem Jägerleben, Ehrengabe von A. Mahlau in Frankfurt a. M. 1½ fl., baar von der Comite-Casse fl. 11. Werth: fl. 12¾.

Ferner erhielten Geldprämien:
Theiler 162. 165. 167. 169. 170. 173. 179. 181. 185. à fl. 10.
Th. 188. 189. 190. 194. 198. 200. 205. à fl. 9.
Th. 211. 212. 214. 215. 218. 221. 225. 232. à fl. 8.
Th. 232. 232. 236. 238. 239. 241. 242. 243. 244. 246. 248. 250. 251. 258. 259. 260. 261. à fl. 7.
Th. 263. 264. 266. 268. 270. 272. 274. 275. 280. 281. 283. 284. 285. 286. 288. 289. 291. 292. 296. 297. 298. 300. 301. 302. 304. 307. 311. 314. à fl. 6.
Th. 315. 318. 319. 320. 322. 323. 324. 325. 326. 327. 332. 333. 335. 336. 340. 341. 342. 344. 346. 348. 349. 351. 352. 354. 355. 357. 361. 363. 365. 366. 370. 372. 373. 375. 376. 378. 380. 382 — 384. 388 — 390. 393. 398. 401. 404 — 405. 408. 410. 413. 414. à fl. 5.